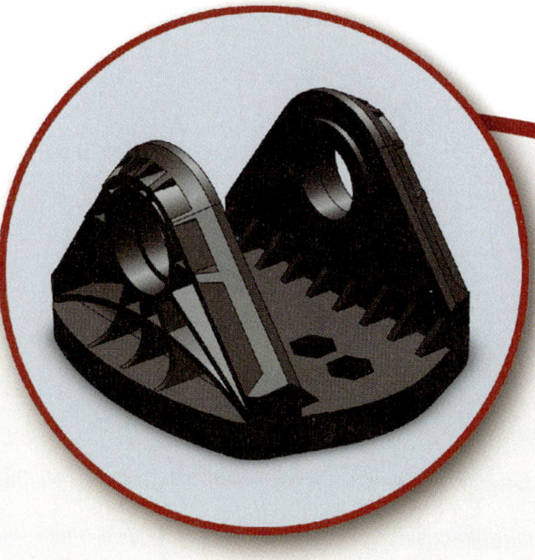

AutoCAD 2013 전산기계제도 기초

황병복, 고병갑, 오 선,
한규상, 홍성일, 김화정 공저

D.B.Info

Preface

컴퓨터의 등장과 더불어 수작업으로 행하던 모든 도면 작성에 AutoCAD와 같은 컴퓨터 응용 소프트웨어를 사용하게 되면서 도면작성 및 관리가 보다 수월해지고 체계화되었다. 본 교재에서는 AutoCAD 2013을 기반으로 기계관련 학과 학생들의 CAD 학습을 위한 기초지식과 기본적인 명령어들을 순차적으로 설명함으로서 AutoCAD를 처음 접하는 학생들이 따라 하기를 통하여 기능을 쉽게 이해할 수 있도록 구성하였다.

본 교재는 1장에서 AutoCAD 2013의 개선된 내용을 기존 버전과 비교 설명함으로서 이전 버전의 모든 AutoCAD에서 활용이 가능하도록 하였다. 2장부터는 2D-Drawing에 관한 기초적인 명령어부터 시작하여 도면 작성에 자주 사용되는 명령어 위주로 명령의 실행과정을 간단한 형상을 이용하여 따라하고 이후에 실제 기계부품의 예제를 따라 하기 하면서 점차적으로 명령어의 활용 범위를 확장시키도록 하였다. 또한 9장과 10장에서는 모든 2D-drawing 명령어에 대한 기본적인 내용을 숙지할 수 있도록 구성하였고, 치수기입 및 도면의 출력 방법을 다루었다. 11장부터 13장까지는 AutoCAD에서 수행할 수 있는 3D-Modeling에 관한 내용을 원시명령을 이용한 방법과 2D-Drawing을 연계하는 방법을 다루었다. 본 교재를 집필하는데 있어 주안점은 학생 스스로가 교재의 예제를 따라함으로서 혼자서도 기초적인 투상도 개념을 이해하면서 2D-Drawing과 3D-Modeling을 배울 수 있도록 구성하는데 역점을 두었다.

본 교재는 대학과 전문대학의 기계관련 학과에서 CAD 실습 입문서로서의 활용을 목적으로 집필되었으며 각 장의 내용을 모든 학생들이 약 2시간이면 숙지할 수 있도록 구성하였다. 따라서 주당 2시간의 수업을 기준으로 한 학기에 약 26시간의 실습 시간으로 본 교재의 내용을 모두 소화할 수가 있다. 단순한 명령어의 설명 또는 나열보다는 학생들 스스로 명령어의 실행과정을 따라함으로서 한 학기 동안의 실습시간을 통해 CAD의 기초적인 지식을 습득할 수 있도록 교재의 내용을 구성하였다. 본 교재를 집필하는데 있어 역점을 둔 사항은 실습을 담당하는 강사가 보다 쉽게 수업 교재로 활용할 수 있도록 교재의 제반 구성 및 내용을 정리하였다는 점이다.

본 교재를 훌륭한 교재로 나오도록 애써주신 복두출판사의 송광헌 사장님께 감사를 드린다. 끝으로 본 교재로 공부하는 모든 지성들에게 찬란한 미래가 함께하길 바라는 바이다.

2013. 2. 저자 씀

Contents

Chapter 01 AutoCAD 시작

Chapter 02 선 작성과 삭제

Chapter 03 도면 양식

Chapter 04 직선으로 이루어진 기초투상도

Chapter 05 곡선이 들어가는 기초투상도

Chapter 06 복사, 이동, 회전

Chapter 07 변형

Chapter 08 단면도와 확대도

Chapter 09 문자와 치수기입

Chapter 10 도면 출력

Chapter 11 원시(Prinitive) 명령을 이용한 3차원 모델링

Chapter 12 2차원 도면을 이용한 3차원 모델링

Chapter 13 3차원 형상의 분해도 및 2D 윤곽도

Chapter 01

AutoCAD 시작

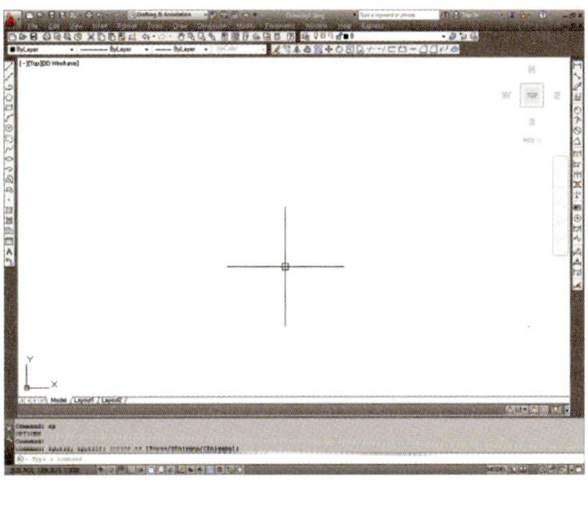

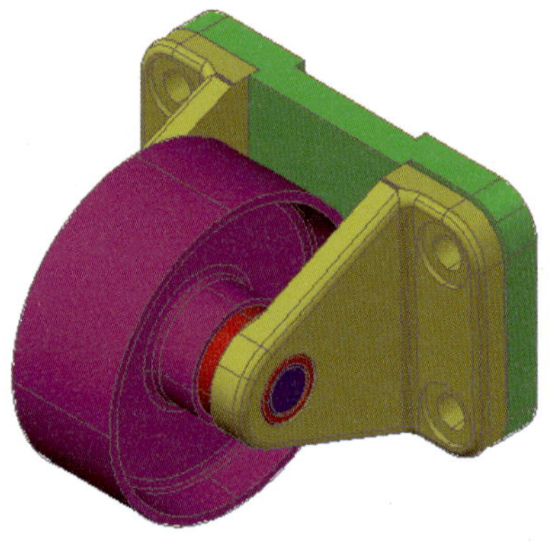

AutoCAD 2013

실습 목적

① AutoCAD의 시작, 화면 구성, 기본 조작법을 배운다.
② AutoCAD의 특징, 2013에서 새로워진 기능 등을 알아본다.

AutoCAD 2013

실습 시간

0.5 hr ~ 1.0 hr

AutoCAD 2013

실습 내용

① AutoCAD 기본
② AutoCAD 2013의 새로운 기능
③ AutoCAD 시작과 종료
④ AutoCAD 2013의 인터페이스
⑤ AutoCAD 기본 조작법
⑥ 파일 관리
⑦ 화면 제어
⑧ 단위 설정

AutoCAD 2013

참고 사항

- AutoCAD의 화면 구성 및 기본 조작방법
- AutoCAD에서 파일 관리 요령

01 SECTION

AutoCAD 기본

1 AutoCAD는...

1982년 미국에서 AutoDESK®사가 발표한 버전 1.0의 AutoCAD®는 하드웨어의 발달과 더불어 계속적인 업그레이드를 하여 현재의 최신 버전인 AutoCAD® 2013을 발표하였다.

AutoCAD®는 2D 설계 · 제도 및 3D 설계 도구로써 설계 도면을 신속하고 정확하게 제작 및 수정할 수 있는 강력한 프로그램이며, 세계적으로 가장 많은 유저들이 사용하는 소프트웨어이다.

AutoCAD®는 기계, 건축, 토목, 제품 디자인 등의 여러 분야에서 활용될 수 있도록 만들어진 범용성 프로그램으로 실무현장, 학교, 학원 뿐만 아니라 국가 기술 검정에까지 활용되고 있다.

2 AutoCAD의 실행을 위한 시스템 사양

32비트 AutoCAD 2013인 경우

시스템 사양	내 용
OS	Microsoft® Windows® 7 또는 Windows® XP(SP3 이상)
CPU	Windows 7인 경우, Intel® Pentium® 4 또는 AMD Athlon™ 듀얼 코어프로세서, 3.0 GHz 이상
	Windows XP인 경우, Pentium 4 또는 AMD Athlon 듀얼 코어 프로세서, 1.6GHz 이상
RAM	2GB RAM(4GB 권장)
HDD	설치를 위한 6GB 여유 디스크 공간
그래픽카드	1,024×768 해상도 이상 (1,600×1,050 권장)
웹브라우저	Microsoft® Internet Explorer® 7.0 이상
ODD	다운로드 또는 DVD로 설치

02

SECTION

AutoCAD 2013의 새로운 기능

1 설계

1) 곡면 추출

새로 도입된 곡면 추출 도구는 서페이스의 어느 한 점이나 솔리드의 어느 한 면에서 등치곡선을 추출할 수 있다.

2) 상황별 PressPull

PressPull 도구가 더욱 유연해졌으며 상황에 맞는 정보를 제공할 수 있도록 개선되었다. 이 도구를 사용해 곡선을 추출 및 상쇄하고 서페이스와 솔리드를 만들 수도 있다. PressPull 도구에 새롭게 추가된 다중 옵션 덕분에 한 번의 작업으로도 객체를 여러 개 선택할 수 있다.

3) 포인트 클라우드 지원

3D 스캔을 실현해 시간 소모가 많은 리노베이션과 복구 공사의 능률을 높일 수 있다. 점을 20억 개까지 지원하므로 모델링 작업공간 내에서 직접 스캔한 객체의 표면으로 신속하게 스냅하고 시각화할 수 있다.

4) 캔버스 내 뷰포인트 컨트롤

새로운 뷰포트 컨트롤을 사용해 뷰포트 캔버스에서 직접 뷰포트 설정, 뷰, 비주얼 스타일 등을 변경할 수 있다.

2 문서화

1) 단면도와 상세도

새로 추가된 모델 문서화 탭에서는 단면도와 상세도 제작 도구를 더욱 쉽게 사용할 수 있다. 전체(Full), 반(Half), 오프셋(Offset), 정렬(Aligned) 등 일반 단면도 제작 방법 중 원하는 것을 선택할 수 있다. 그리고 상세도 경계의 모양으로 원형과 직사각형 중 하나를 지정할 수 있다. 도면에서 단면도 라인과 상세도 경계를 키포인트로 제한하면 모델이나 배치가 변경되더라도 충실도를 쉽게 유지할 수 있다. 또한 사용자화 할 수 있는 뷰 스타일을 이용해 여러 단면도나 상세도에 걸쳐 일관성을 유지할 수 있다.

2) 텍스트 취소선

Mtext, 다중지시선, 치수, 표 및 ArcText에 사용할 수 있는 취소선이 새로 추가되어 문서에서 텍스트를 표시하는 유연성이 향상되었다.

3) 특성 편집 미리보기

객체 특성을 변경하면 이를 적용하기에 앞서 변경될 사항을 미리 확인할 수 있다. 예를 들어, 객체를 선택한 다음 특성 팔레트를 사용해 색상을 변경하면, 커서로 목록에 있는 각 색상을 기리킬 때마다 선택한 객체의 색상이 동적으로 변경된다

4) 모델 문서화 도구

AutoCAD® 소프트웨어, Autodesk® Inventor® 소프트웨어 및 기타 모델의 지능형 도면을 자동으로 만들 수 있어 시간을 절약하는 데 효과적이다. SolidWorks®, Pro/ENGINEER®, CATIA®, Rhino, NX®를 포함한 다양한 형식도 가져올 수 있다. 엔지니어링 변경이 이루어질 때마다 도면 뷰, 에지 디스플레이, 로케이션이 즉시 업데이트 된다.

5) 명령행 강화

AutoCAD 2013은 자동 완성 옵션을 지원하기 때문에 명령어에 더욱 효율적으로 액세스할 수 있다. 명령 프롬프트에 입력하기 시작하면 AutoCAD가 자동으로 입력한 문자가 포함된 AutoCAD 명령어나 명령어 별칭을 자동으로 완성해준다. 입력을 멈추면, 접두어가 입력한 문자와 일치하는 명령어 목록이 나타나기 때문에 목록에서 원하는 명령어를 찾아 선택할 수 있다.

3 연결

1) Autodesk 360 연결성

한층 향상된 Autodesk® 360 연결 기능으로, 파일 동기화가 가능해졌다. 여기에는 AutoCAD® 소프트웨어에서 도면과 폴더를 온라인 계정과 직접 동기화할 수 있는 기능도 포함된다. 또한 오토데스크 온라인 계정을 통해서 파일을 SSO(Single Sign-On) 계정으로 직접 내보내거나 첨부해 다른 작업자와 파일을 공유할 수 있다.

2) AutoCAD WS 응용프로그램

AutoCAD 2013 인터페이스에서 직접 액세스할 수 있는 AutoCAD® 소프트웨어용 AutoCAD® WS 웹 및 모바일 응용프로그램 에서는 웹 상에서 또는 모바일 기기를 통해 설계도에 접속된 상태를 유지할 수 있다.

3) DWG로 파일 저장 및 공유

오토데스크 DWG™ 기술은 미적 측면과 정확성을 모두 고려한 기술이기 때문에 업계의 누구와 작업을 하든 설계 데이터를 저장하고 공유할 수 있다.

4 사용자화

1) 사용자화 및 지원 파일 동기화

AutoCAD® 사용자화 환경 설정과 지원 파일을 쉽게 공유 및 액세스할 수 있고 컴퓨터를 옮기더라도 설정을 그대로 가져갈 수 있다.

2) Autodesk Exchange에서 지원하는 AutoCAD 응용프로그램

AutoCAD 소프트웨어 성능을 쉽게 확장할 수 있는 AutoCAD Family 응용프로그램을 오토데스크® 개발자 네트워크 가입자들이 상당수 개발하였다. 필요한 애드인을 구하는 것 또한 매우 쉬워졌다. 단일화된 대상을 방문하면 오토데스크가 엄선한 수백 가지 익스텐션 중에서 원하는 것을 선택할 수 있다.

3) 간편한 AutoCAD 2013 마이그레이션

향상된 새로운 도구들 덕분에 사용자 설정을 마이그레이션하거나 AutoCAD 소프트웨어를 설치 시 기본 설정으로 재설정하는 작업이 더욱 쉬워졌다. 또한 개선된 도구 팔레트 사용법과 새로 추가된 사용자 재료 마이그레이션 덕분에 AutoCAD 2013으로 전환하는 것이 더욱 쉬워졌고 재설정 도구를 사용해 기본 설정으로 쉽게 되돌릴 수 있다.

5 AutoCAD 버전 비교

1) 사용자 조작

	2011	2012	2013
다기능 그립	✔	✔	✔
객체 숨기기 및 분리	✔	✔	✔
유사 객체 작성 및 선택	✔	✔	✔
명령어 입력 자동 완성		✔	✔
중복 객체 삭제		✔	✔
Content Explorer		✔	✔
연관 배열		✔	✔
클릭 가능한 명령행 옵션			✔
특성 편집 미리보기			✔

2) 디자인 기능

	2011	2012	2013
솔리드 모델링	✔	✔	✔
메쉬 모델링	✔	✔	✔
서페이스 모델링	✔	✔	✔
Autodesk® 재료 라이브러리	✔	✔	✔
포인트 클라우드 지원	✔	✔	✔
편집 가능한 UCS 아이콘		✔	✔
캔버스 내 뷰포트 컨트롤		✔	✔
Inventor® Fusion		✔	✔
곡면 추출			✔
상황별 눌러당기기 도구			✔

3) 연결 기능

	2011	2012	2013
DGN 8 가져오기/내보내기/언더레이	✔	✔	✔
PDF 게시/언더레이	✔	✔	✔
FBX 가져오기/내보내기	✔	✔	✔
DWG™ 변환		✔	✔
IGES, CATIA, Rhinoceros, Pro/ENGINEERING 및 STEP 가져오기		✔	✔
AutoCAD® WS 웹 및 모바일 응용프로그램		✔	✔
Inventor® 파일 가져오기			✔
Autodesk® 360 클라우드 연결			✔

4) 문서화 기능

	2011	2012	2013
형상 측정 도구	✔	✔	✔
파라메트릭 구속조건	✔	✔	✔
객체 및 도면층 투명도	✔	✔	✔
해치 미리보기	✔	✔	✔
해치 뒤로 보내기	✔	✔	✔
구속조건 추론	✔	✔	✔
곡선혼합		✔	✔
배열 복사		✔	✔
기준 및 투영 뷰		✔	✔
단면 및 상세 뷰			✔
간격띄우기 미리보기			✔
문자 취소선			✔

5) 사용자화 기능

	2011	2012	2013
CUIx 파일 형식	✔	✔	✔
온라인 라이센스 전송	✔	✔	✔
마이그레이션 재설정		✔	✔
다중 플롯 파일 검색 경로		✔	✔
사용자화 및 지원 파일 동기화			✔
Autodesk® Exchange에서 AutoCAD® 응용프로그램 지원			✔

03
SECTION

AutoCAD 시작과 종료

1 AutoCAD 시작과 종료

1) AutoCAD 2013 시작하기

바탕화면의 AutoCAD 2013 아이콘을 더블클릭하여 프로그램을 실행한다.

2) AutoCAD 2013 종료하기

❶ ▸메뉴 표시줄 [File] – [Exit] 선택
▸우측 상단의 [닫기] 선택

❷ Command : QUIT Enter↵ or Ctrl + Q

04
SECTION

AutoCAD 2013의 인터페이스

1 AutoCAD 2013의 화면 구성

AutoCAD 2013의 작업 화면은 다음과 같이 구성되어 있다.

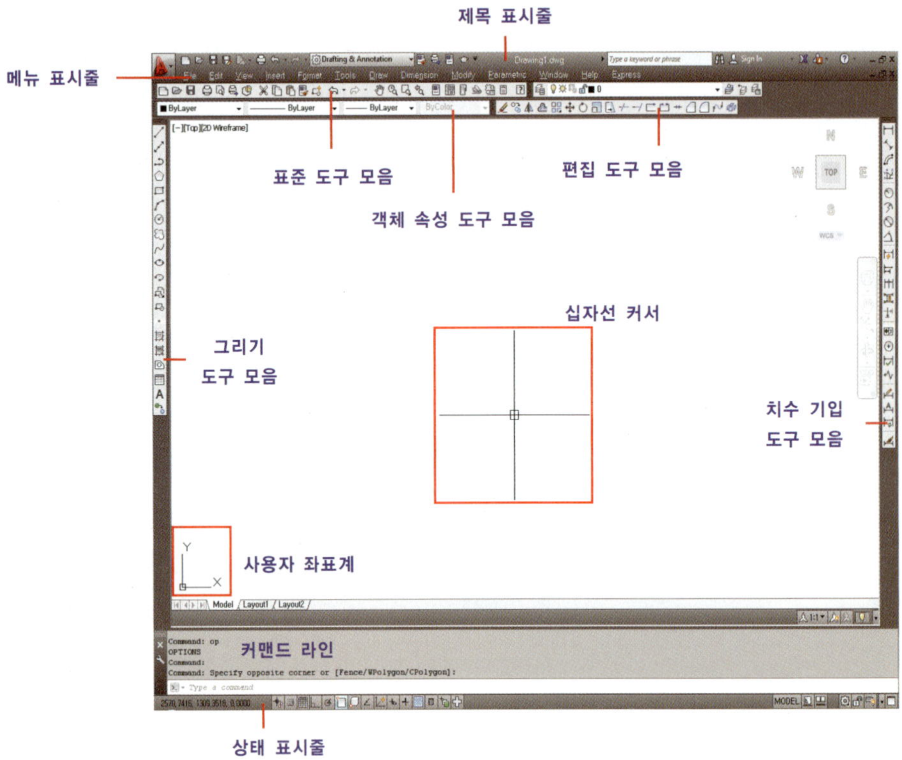

1) AutoCAD 2013의 화면 구성 요소

- 제목 표시줄 - 현재 작업하고 있는 도면의 이름과 파일의 경로를 표시
- 표준 도구 모음 - 새 도면, 파일 열기 등 일반적인 명령
- 객체 속성 도구 모음 - 선 종류, 색상, 두께와 같은 속성 및 도면층에 대한 명령
- 치수 기입 도구 모음 - 선형 치수 기입, 지시선 등과 같은 치수 기입 관련 명령
- 상태 표시줄 - 현재 커서의 좌표값과 각종 설정 사항 등에 대해 표시
- 커맨드 라인 - 사용자가 명령을 입력하기 위한 명령어 실행 창
- 사용자 좌표계 - 도면의 X, Y 방향을 표시
- 그리기 도구 모음 - 직선, 원, 원호 등과 같은 그리기와 관련된 명령
- 편집 도구 모음 - 복사, 삭제, 파생 복사 등과 같은 편집 명령
- 메뉴 표시줄 - AutoCAD 2013의 모든 명령을 선택할 수 있는 메뉴

2) 상태 표시줄 및 토글키

상태 표시줄에서는 각종 도면 설정 사항들의 활성화 여부를 표시한다.
각각의 기능은 키보드의 Function 키를 이용하여 On/Off를 전환할 수 있다.

구분	내용	기능(function)키
SNAP	커서의 이동 간격화	F9
GRID	격자점 모드	F7
ORTHO	직교 모드	F8
POLAR	극좌표 추적 기능	F10
OSNAP	객체 스냅 기능	F3
OTRACK	객체 스냅 추적 기능	F11
DUS	동적 사용자 좌표계(UCS)	F6
DYN	동적 입력	F12
	도움말	F1
	명령어 입력 창 전환	F2

3) 도구 모음과 명령 아이콘의 추가

신속하고 편리한 도면 작업을 위하여 사용자가 필요로 하는 도구 모음 및 명령 아이콘을 추가할 수 있다.

❶ 도구 모음 추가하기

메뉴 표시줄의 [Tools]에서 [Toolbars]를 선택한다.
바로가기가 나타나면 [AUTOCAD]를 선택한다.
사용가능한 도구 모음이 나타나면 원하는 도구모음을 선택한다.

❷ 명령 아이콘 추가하기

메뉴 표시줄의 [Tools]에서 [Costomize...]를 선택한다.
바로가기가 나타나면 [Import Costomizations...]를 선택한다.
사용 가능한 명령 아이콘이 나타나면 추가할 아이콘을 드래그 하여 도구 모음 위에 놓는다.

05

SECTION

AutoCAD 기본 조작법

1 마우스와 키보드 사용방법

1) 마우스와 키보드의 기본 사용법

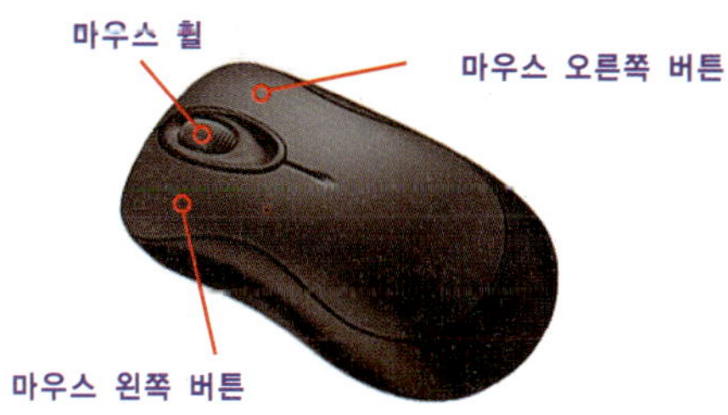

❶ (마우스) 사용법

- 마우스 왼쪽 버튼 클릭 - 선택
- 마우스 오른쪽 버튼 클릭 - 명령 진행(Enter, Space-bar와 동일)
- 마우스 휠 버튼 클릭 후 드래그 - 화면 이동(PAN)
- 마우스 휠 버튼 회전 - 화면 확대/축소(ZOOM)

❷ (키보드) 사용법

- ESC – 명령 진행 취소
- Space-bar – 명령 진행 또는 종료(Enter, 마우스 오른쪽 버튼과 동일)
- Enter – 명령 진행 또는 종료(Space-bar, 마우스 오른쪽 버튼과 동일)
- 숫자키 – 수치 입력
- 문자키 – 명령어 입력
- 기능키 – 각종 기능을 활성화 또는 비활성화

2 명령어 실행하기

명령을 실행시키는 방법 중 사용자에게 맞는 방법을 사용해야 하며, 단축 명령을 암기하여 실행시키는 것을 추천한다. 본 교재에서는 단축 명령 위주로 도면을 작성하는 법을 설명하였다.

1) 마우스와 키보드를 이용한 3가지의 명령 실행법

❶ (마우스)를 이용한 실행 1 – 메뉴표시줄에서 명령을 클릭

- 메뉴 표시줄 [Draw] – [Rectangle] 선택

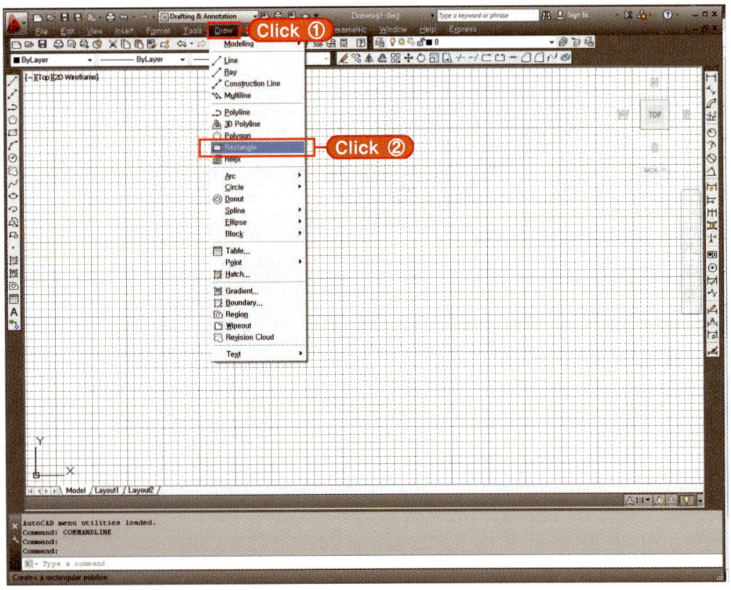

❷ (마우스)를 이용한 실행 2 – 도구 모음에서 명령을 클릭

▸[Draw] 도구모음에서 [Rectangle] 선택

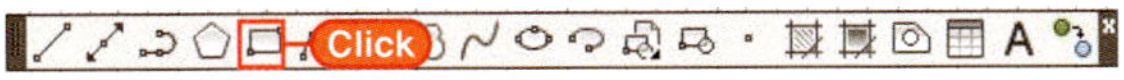

❸ (키보드)를 이용한 실행 – 커맨드 라인에 명령을 입력 후 Enter↵

Command : RECTANGLE 또는 REC *II*

06 SECTION 파일 관리

새로운 빈 도면을 열거나, 기존에 작업된 양식이 있는 도면을 불러올 수 있다.
도면 작업을 마친 후에는 작업한 내용을 저장한다.

1 새 파일로 시작하기

1) 명령어의 실행

❶ ▸메뉴 표시줄 [File] – [New...] 선택
▸Standard 도구모음 [QNEW] 선택

❷ Command : NEW Enter↵

TIP
➡ 빈 도면으로 시작하기 위해 [STARTUP] 명령 사용

2 기존 파일 불러오기

1) 명령어의 실행

❶ ▸메뉴 표시줄 [File] – [Open...] 선택
▸Standard 도구모음 [Open...] 선택

❷ Command : OPEN Enter↵

3 파일 저장하기

1) 명령어의 실행

❶ ▸메뉴 표시줄 [File] – [Save] 선택
▸Standard 도구모음 [Save] 선택

❷ Command : QSAVE Enter↵

현재 작업 중인 파일의 이름이 지정된 경우 대화창을 열어 물어보지 않고 도면을 저장한다. 파일 이름을 지정하지 않은 경우에는 저장 경로와 파일 이름을 입력해야 한다.

4 다른 파일 이름으로 저장하기

1) 명령어의 실행

❶ ▸메뉴 표시줄 [File] – [Save As...] 선택

❷ Command : SAVE Enter↵

현재 작업 중인 파일을 다른 이름으로 저장한다.

07
SECTION

화면 제어

1 화면의 확대/축소 – 도면의 전체를 표시(All)

도면의 전체 모습을 화면에 표시하는 옵션으로 설정된 도면의 한계영역(LIMIT 명령)을 화면 전체에 표시한다.

1) 명령어의 실행

❶ ▸메뉴 표시줄 [View] – [Zoom] – [All] 선택
▸Zoom 도구모음 [Zoom All] 선택

❷ Command : ZOOM 또는 Z Enter↵ A Enter↵

2 화면의 확대/축소 – View Box를 이용(Dynamic)

View Box 윈도우를 이동시키거나 크기를 조절하여 윈도우 내부에 해당되는 부분을 화면 전체에 표시한다.

1) 명령어의 실행

❶ ▸메뉴 표시줄 [View] – [Zoom] – [Dynamic] 선택
▸Zoom 도구모음 [Zoom Dynamic] 선택

❷ Command : ZOOM 또는 Z Enter↵ D Enter↵

2) 명령어 사용법(View Box 조작법) 따라하기

❶ ▸명령을 실행, (Z Enter↵ D Enter↵)
▸View Box가 나타남
▸마우스 왼쪽버튼 – View Box의 크기를 조절
▸마우스 왼쪽버튼 클릭 – View Box의 크기를 고정

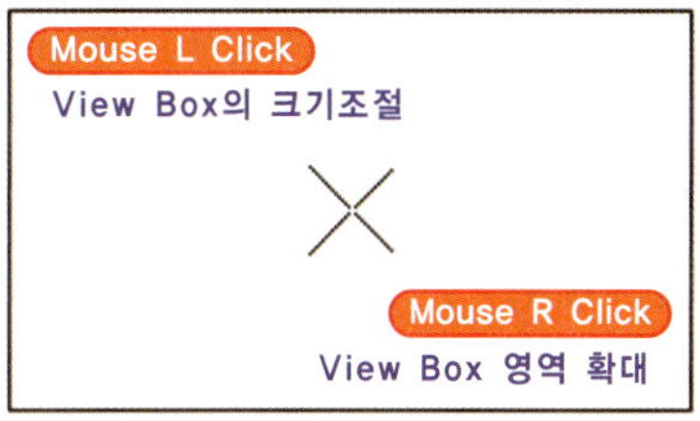

❷ ▸View Box의 크기가 결정되면,
▸확대하고자 하는 영역으로 View Box를 이동
▸마우스 오른쪽버튼 선택하여 확대

3 화면의 확대/축소 – 모든 객체를 표시(Extents)

도면상의 모든 객체를 화면에 전부 채워지도록 표시한다.

1) 명령어의 실행

❶ ▸메뉴 표시줄 [View] – [Zoom] – [Extents] 선택
▸Zoom 도구모음 [Zoom Extents] 선택

❷ Command : ZOOM 또는 Z Enter↵ E Enter↵

4 객체 좌표 및 해상도 재생성하기

AutoCAD에서는 곡선 또는 경사진 선을 일정 시간 후에 직선으로 표현한다. 이러한 객체 표현을 원상태로 되돌리기 위하여 화면의 객체들을 재생성한다.

1) 명령어의 실행

❶ ▸메뉴 표시줄 [View] – [Regen] 또는 [Regen All] 선택

❷ Command : REGEN 또는 RE Enter↵

5 화면에 모눈(Grid) 나타내기

도면 작업중 화면에 모눈이 표시되어 있으면 객체간의 근사적 위치를 쉽게 파악할 수 있다.

1) 명령어의 실행

❶ ▸메뉴 표시줄 [Tools] – [Drafting Settings] – [Snap and Grid] 선택
▸상태표시줄 [GRID 탭에서 마우스 오른쪽 버튼] – [Settings...] 선택

❷ Command : GRID Enter↵

2) 모눈(Grid) 설정 대화창

❶ ▸명령을 실행, (GRID Enter↵)
▸ON / OFF

❷ ▸명령을 실행, (GRID Enter↵)
▸x 방향 모눈 간격 설정 〈10〉 Enter↵
▸y 방향 모눈 간격 설정 〈10〉 Enter↵
▸또는 대화창에서 설정

6 커서 이동 간격(Snap) 사용하기

도면 작업중 커서를 지정된 간격으로 이동하게 하는 명령이다.

1) 명령어의 실행

❶ ▸메뉴 표시줄 [Tools] – [Drafting Settings] – [Snap and Grid] 선택
▸상태표시줄 [SNAP 탭에서 마우스 오른쪽 버튼] – [Settings...] 선택

❷ Command : SNAP 또는 SN Enter↵

2) 커서 이동 간격(Snap) 설정 대화창

❶ ▸ 명령을 실행, (SN Enter↵)

▸ ON / OFF

❷ ▸ 명령을 실행, (SN Enter↵)

▸ 스냅 간격 설정 ⟨10⟩ Enter↵

▸ 또는 대화창에서 설정

08

SECTION

단위 설정

1 기본 단위 설정

AutoCAD에서 사용되는 수치의 단위를 설정한다.

1) 명령어의 실행

❶ ▸메뉴 표시줄 [Format] – [Units...] 선택

❷ Command : UNITS Enter↵

2) 명령어 사용법 따라하기

❶ ▸명령 실행, (UNITS Enter↵)
▸길이의 유형(Length type)과 정밀도(Length precision)를 선택
▸각도의 유형(Angle type)과 정밀도(Angle precisoin)를 선택
▸설정을 적용하기 위해 〈OK〉 선택

Chapter 02

선 작성과 삭제

AutoCAD 2013

실습 목적

① 좌표계에 대하여 이해한다.
② 객체 선택 및 스냅점을 이해한다.
③ 예제를 통해 좌표 입력 방법 및 명령 사용법을 익힌다.

AutoCAD 2013

실습 시간

1.5 hr ~ 2.0 hr

AutoCAD 2013

실습 내용

① 좌표계 _ 절대, 상대, 상대 극 좌표계
② 객체 선택과 스냅(OSNAP)
③ 직선 그리기 _ LINE
④ 선 자르기 _ TRIM
⑤ 선 삭제하기 _ ERASE
⑥ 명령 취소하기 _ UNDO
⑦ 실행 취소 명령 복구하기 _ REDO

AutoCAD 2013

참고 사항

- 좌표 입력을 위한 절대, 상대, 상대 극 좌표계
- 창 선택, 교차 선택 방법
- 객체 스냅 사용법
- LINE, TRIM, ERASE 명령 사용법

SECTION 01

좌표계 _절대, 상대, 상대 극좌표계

AutoCAD에서 명령을 진행하기 위해서 좌표를 입력해야 한다. 절대 좌표계, 상대 좌표계, 상대 극좌표계 등을 이용하여 객체의 위치 좌표를 입력할 수 있다.

1 절대 좌표계(Absolute Coordinate System)

절대 좌표계는 원점(0,0)을 기준으로 위치 좌표를 원점에서의 x, y 방향의 거리로 나타낸다.

1) 절대 좌표계 사용

- Specify first point : x 방향 거리, y 방향 거리 Enter↵

2) 절대 좌표계 따라하기

❶
- ▸ 명령을 실행. (L Enter↵)
- ▸ 2,2 Enter↵
- ▸ 4,6 Enter↵
- ▸ 8,2 Enter↵
- ▸ 2,2 Enter↵
- ▸ 명령 종료. (Enter↵)

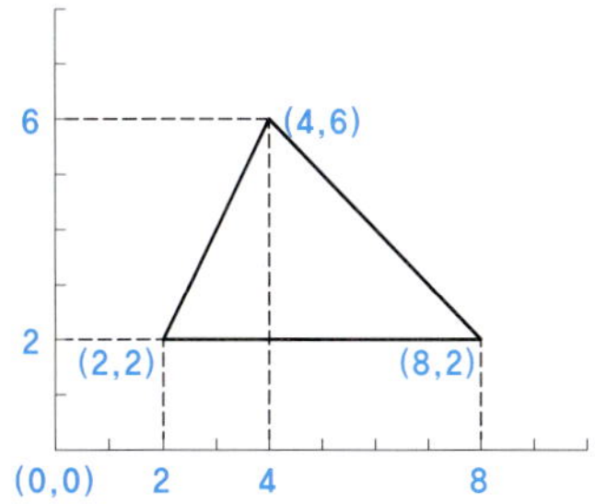

2 상대 좌표계(Relative Coordinate System)

상대 좌표계는 사용자가 마지막에 선택 또는 입력한 좌표를 기준으로 다음 위치의 좌표를 거리로 나타낸다.

1) 상대 좌표계 사용

- Specify next point : @x 방향 상대 거리, y 방향 상대 거리 [Enter↵]

2) 상대 좌표계 따라하기

❶

- ▸명령을 실행. (L [Enter↵])
- ▸2,2 [Enter↵]
- ▸@2,4 [Enter↵]
- ▸@-4,-4 [Enter↵]
- ▸@-6,0 [Enter↵]
- ▸명령 종료. ([Enter↵])

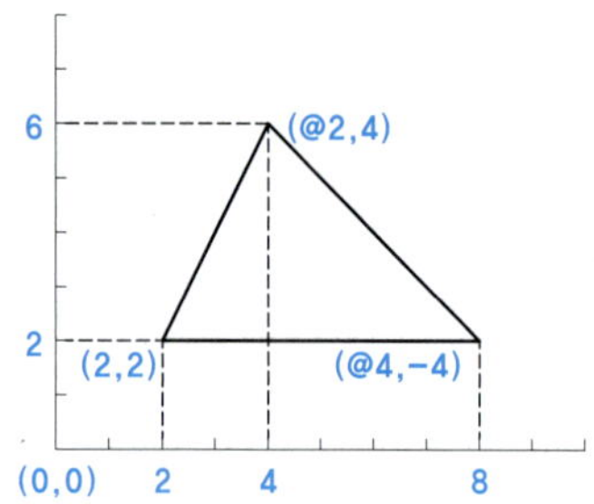

3 상대 극 좌표계(Relative Polar Coordinate System)

상대 극 좌표계는 상대 좌표계와 마찬가지로 사용자가 마지막에 선택 또는 입력한 점의 좌표를 기준으로 다음 위치의 좌표를 거리와 각도로 나타낸다. 좌표 입력 대기상태에서 아래와 같이 입력한다.

1) 상대 극좌표계 사용

- Specify next point : @기준 점에서의 거리<수평축과 이루는 각도 [Enter↵]

2) 상대 극좌표계 따라하기

❶ ▸ 명령을 실행, (L [Enter↵])
▸ 2,2 [Enter↵]
▸ @4.472<63 [Enter↵]
▸ @5.657<-45 [Enter↵]
▸ @6<180 [Enter↵]
▸ 명령 종료, ([Enter↵])

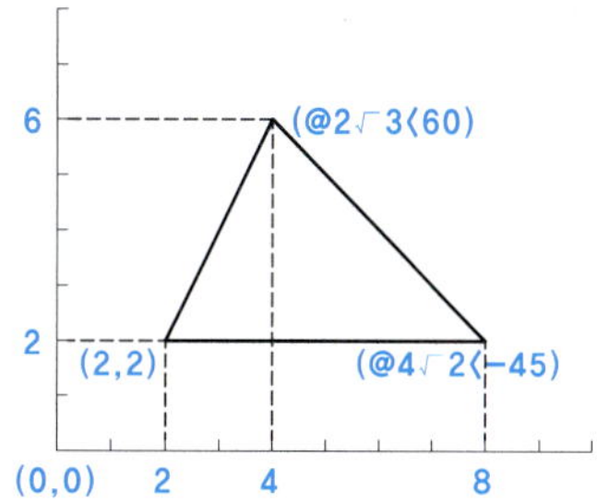

4 기타 좌표 입력 방법

1) 마지막에 입력한 좌표 다시 입력

- Specify next point : @ [Enter↵]

2) 자동 좌표 입력

- Specify next point : 마지막 좌표에서 마우스 커서 이동, 거리 [Enter↵]

02

SECTION

객체 선택과 스냅(OSNAP)

1 객체 선택 방법

여러 객체를 한 번에 선택하기 위해서 객체 선택방법을 이용한다. 복잡한 형상에서 각각의 객체를 선택하는 것보다 창 선택이나 교차 선택을 이용하면 편리하고 빠르게 객체들을 선택할 수 있다.

1) 창 선택(Select Window)

창 선택(Select window)는 직사각형의 창(window)를 이용하여 객체를 선택한다. 창 선택으로 객체를 선택하는 경우 파란색 직사각형의 내부에 포함된 객체만 선택된다.

창 선택을 위해 직사각형을 정의할 때 좌측을 먼저 클릭하고 우측을 클릭한다.

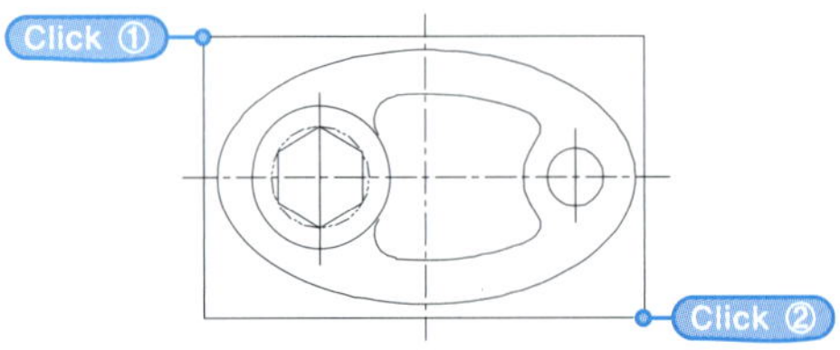

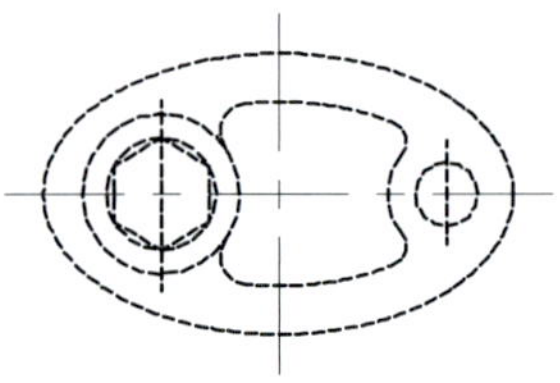

2) 교차 선택(Select Crossing)

교차 선택(Select crossing)도 직사각형을 이용하여 객체를 선택한다. 교차 선택으로 객체를 선택하는 경우 녹색 직사각형의 내부와 경계선에 걸쳐지는 모든 객체가 선택된다. 교차 선택을 위해 직사각형을 정의할 때 우측을 먼저 클릭하고 좌측을 클릭한다.

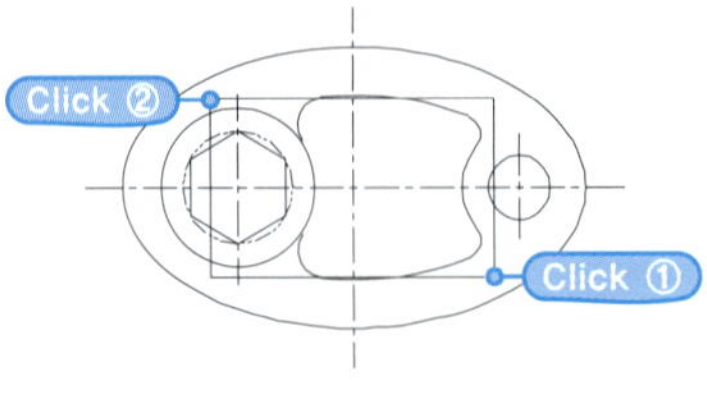

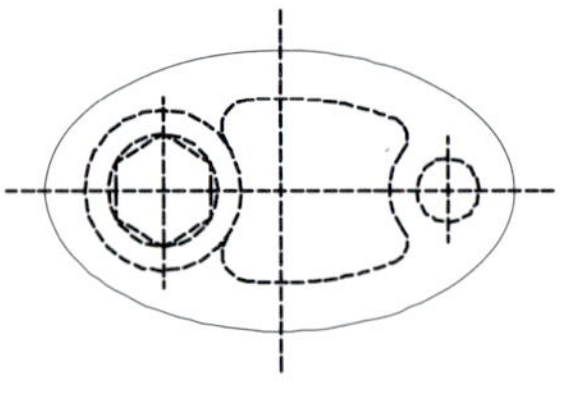

3) 울타리 선택(Select Fence)

가상의 울타리(fence)를 만들어 그 울타리와 교차하는 모든 객체를 선택하는 방법이다. 울타리 선택으로 객체를 선택하기 위해서 'Select Objects' 대기 상태에서 〈F〉를 입력하고 명령을 진행한다.

두 점 이상을 선택하면서 그려지는 선에 교차하는 객체들이 선택된다.

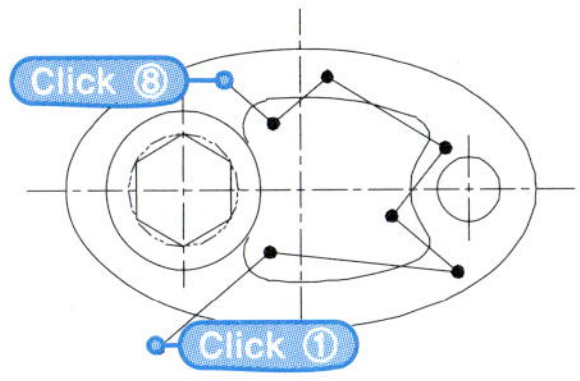

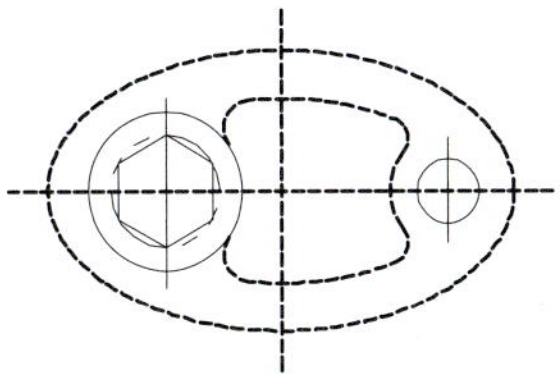

4) 그 밖의 선택 방법

- 폴리곤 창(Wpolygon) : 사각형이 아닌 다각형을 이용하여 창 선택을 한다.
- 폴리곤 교차(Cpolygon) : 사각형이 아닌 다각형을 이용하여 교차 선택을 한다.
- 지난 선택(Last Select) : 명령어 실행 전 마지막으로 선택된 객체를 선택한다.
- 모두(All) : 모든 객체를 선택한다.
- 이전(Previous) : 바로 전의 객체를 선택한다.
- 추가(Add) : 객체를 추가로 선택한다.
- 제거(Remove) : 특정한 객체의 선택을 취소한다.

4 객체 스냅(OBJECT SNAP) 사용하기

객체 상의 위치를 선택할 때 객체들이 갖는 끝점, 중간점과 같은 속성점을 이용한다.

① 바로가기 메뉴에서 선택

사용법 : 객체 속성점 선택 전에 SHIFT 키와 마우스 오른쪽 버튼을 동시에 누르면 속성점 선택을 위한 바로가기 메뉴가 나타나고 원하는 객체 속성점을 선택한다.

② 속성점을 약자로 입력한다.

사용법 : 객체 속성점 선택 전에 선택 대기 상태에서 각 속성점의 세 글자를 입력한다.
끝점 : END, 중심점 : CEN, 교차점 : INT

③ 선택할 속성점을 객체 스냅(OSNAP) 대화창에서 미리 선택한다.

사용법 : OSNAP 명령을 이용하여 객체 스냅 대화창을 나타나게 한 후 원하는 객체 속성점을 선택한다.

1) 객체 속성점 선택을 위한 바로가기 메뉴

Endpoint : 끝점
Midpoint : 중간점
Intersection : 두 객체의 교차점
Apparent Intersection : 실제 교차하지 않는 두 객체의 교차점
Extension : 실제 교차하지 않는 두 객체의 교차점과의 연장선
Center : 원, 원호의 중심점
Quadrant : 원, 타원의 사분점
Tangent : 원, 원호, 타원의 접점
Perpendicular : 수직점
Parallel : 평행점
Node : 점
Insert : 문자나 블록의 시작점
Nearest : 객체의 가장 근접점
None : 선택점 취소

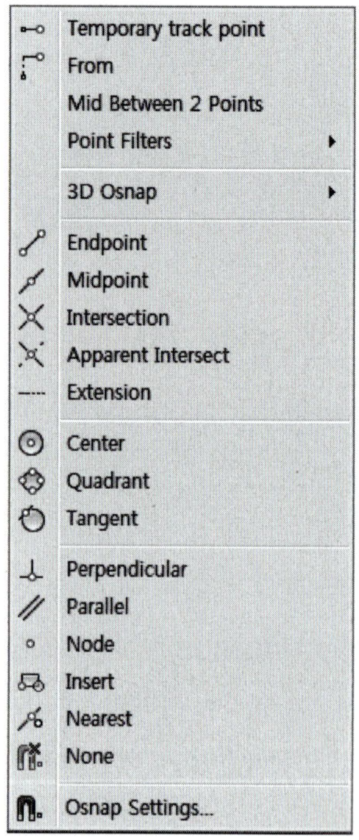

2) 객체 속성점 선택을 위한 OSNAP 명령

❶ ▸ 메뉴 표시줄 [Tools] – [Drafting Settings] – [Object Snap] 선택
▸ Object Snap 도구모음 [Osnap Settings...] 선택

❷ Command : OSNAP 또는 OS Enter↵

3) 객체 속성점 선택을 위한 OSNAP 대화창

❶ ▸명령을 실행, (OS Enter↵)
▸필요한 객체 속성점 선택
▸OK

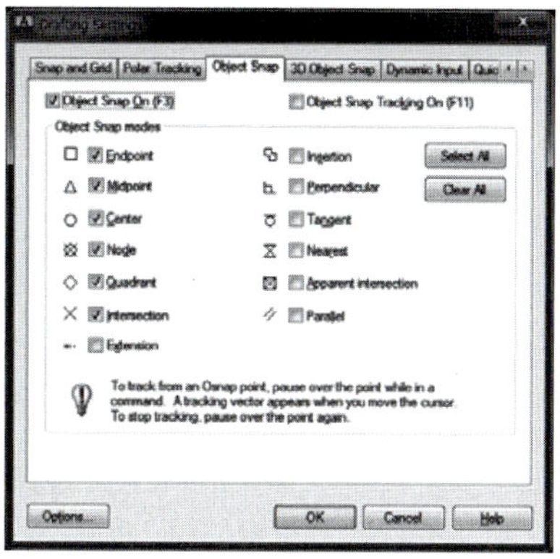

03
SECTION

직선 그리기 _LINE

LINE 명령은 가장 많이 사용되는 명령이다. 시작점과 끝점의 위치 좌표를 좌표계 입력방법으로 수치를 입력하거나 객체 속성점 (Object Snap)을 이용한다.

1 객체 속성점(Object Snap)을 이용하여 직선 그리기

1) 명령의 실행

❶ ▸메뉴 표시줄 [Draw] – [Line] 선택
▸Draw 도구모음 [Line] 선택

❷ Command : LINE 또는 L Enter↵

2) 명령 사용법 따라하기

마우스를 이용하여 시작점과 끝점의 위치를 객체의 속성점으로 선택, 연결하여 직선을 그린다.

❶ ▸명령 실행, (L Enter↵)
▸도면의 한 점을 클릭
▸도면의 다른 한 점을 클릭

▸다음 직선의 끝점을 클릭
▸다음 직선의 끝점을 클릭
▸명령 종료(Enter↵)

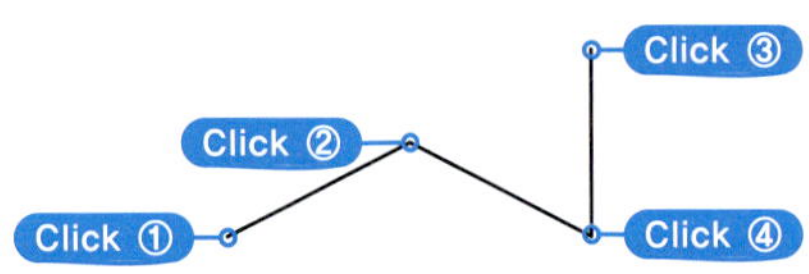

❷ ▸명령 실행, (L Enter↵)
▸객체 스냅(endpoint)을 클릭
▸객체 스냅(midpoint)을 클릭
▸객체 스냅(center)을 클릭
▸닫힌 삼각형을 그리기 위하여 〈C〉를 입력하고 진행(Enter↵)

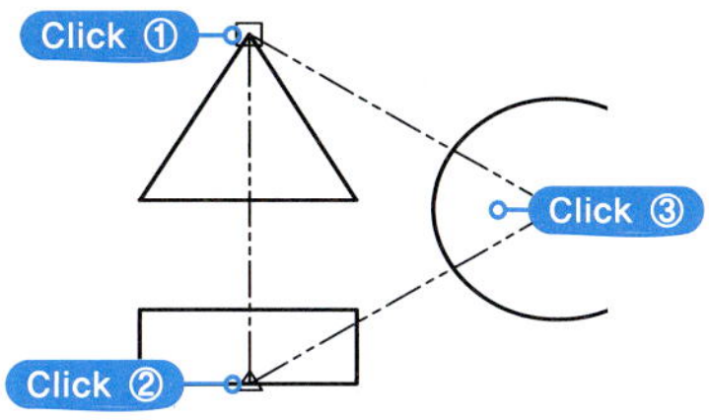

TIP

➡ 선택 가능한 객체 스냅점

□	끝점 :	객체의 끝점을 스냅
△	중간점 :	객체의 중간점을 스냅
⊕	중심점 :	원, 호와 같은 객체의 중심점을 스냅
⊗	노드점 :	점과 같은 객체의 노드를 스냅
◇	사분점 :	원, 호와 같은 객체의 사분점을 스냅
×	교차점 :	두 객체의 교차점을 스냅
---	연장 :	평행하지 않는 객체의 연장
⮻	삽입점 :	문자와 같은 객체의 삽입점을 스냅
⊾	수직점 :	객체와 객체가 수직으로 만나는 점을 스냅
◯	접점 :	원, 호와 같은 객체와 다른 객체들 간의 접점을 스냅
⧖	근처점 :	가장 근처에 존재하는 점을 스냅
⊠	가상 교차점 :	객체와 객체의 가상의 교차점을 스냅
⫽	평행 :	객체와 다른 객체를 평행

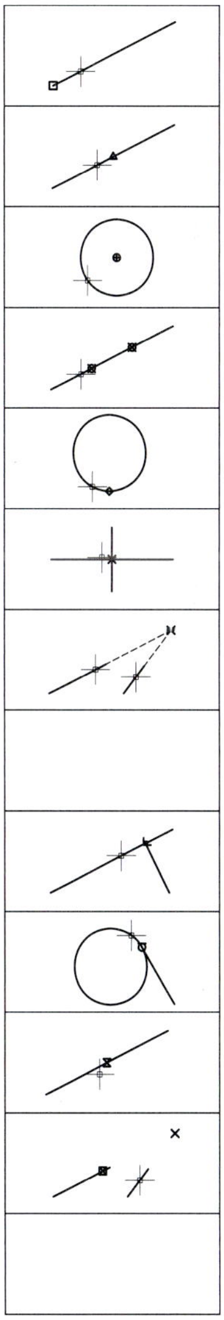

2 좌표 입력 방법을 이용하여 직선 그리기

절대 좌표계, 상대 좌표계, 상대 극좌표계의 좌표 형식으로 위치 좌표를 지정한다.

1) 명령 사용법 따라하기

❶ ▸명령 실행, (L Enter↵)
▸첫 번째 점의 절대좌표
100,100 Enter↵
▸두 번째 점의 절대좌표
125,150 Enter↵
▸연결된 직선을 그리는 절대좌표
170,130 Enter↵
▸명령 종료(Enter↵)

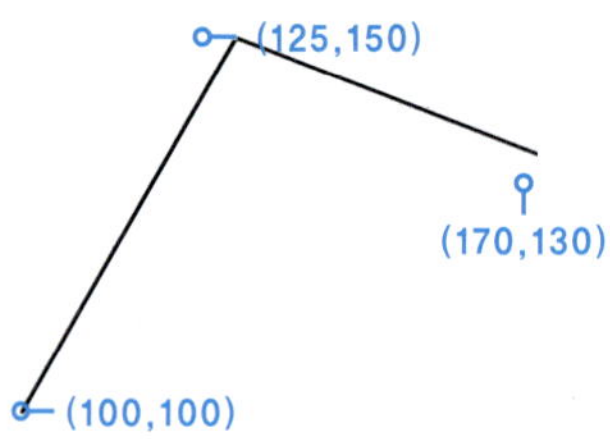

❷ ▸명령 실행, (L Enter↵)
▸첫 번째 점의 절대좌표
100,100 Enter↵
▸두 번째 점의 상대좌표
@25,50 Enter↵
▸연결된 직선을 그리는 상대좌표
@45,-20 Enter↵
▸명령 종료(Enter↵)

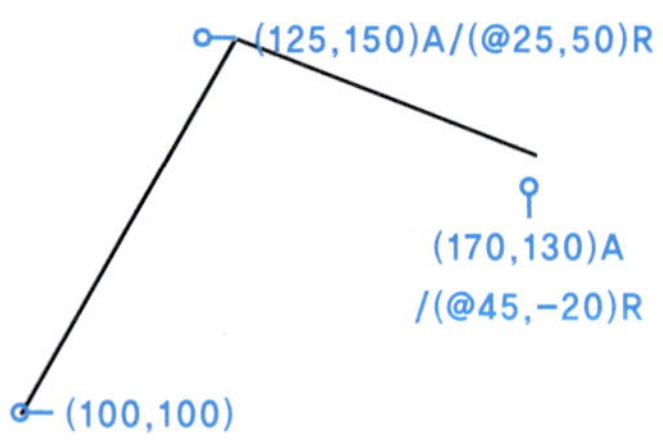

❸ ▸명령 실행, (L Enter↵)
▸첫 번째 점의 절대좌표
100,100 Enter↵
▸두 번째 점의 상대 극좌표
@56<63 Enter↵
▸연결된 직선을 그리는 상대 극좌표
@49<-24 Enter↵
▸명령 종료(Enter↵)

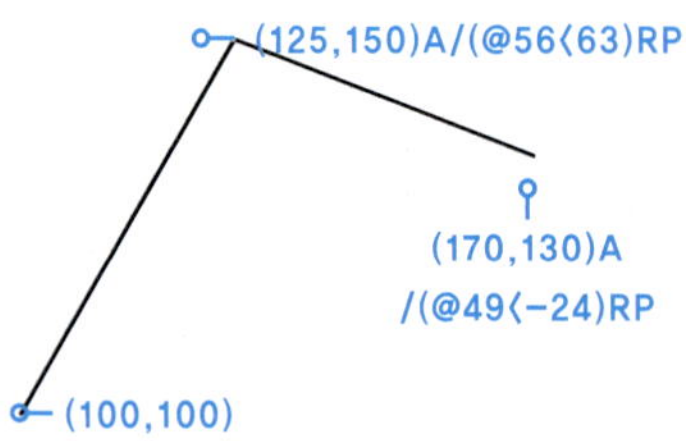

SECTION 04

선 자르기 _TRIM

두 객체들이 교차하고 있을 때, 한 객체가 자르는 가위(기준 객체)가 되어 종이(잘려지는 객체)의 한쪽 부분을 잘라내어 제거하는 명령이다.

1 객체를 개별적으로 선택하여 자르기

1) 명령의 실행

❶ ▸메뉴 표시줄 [Modify] – [Trim] 선택
▸Modify 도구모음 [Trim] 선택

❷ Command : TRIM 또는 TR Enter↵

2) 명령 사용법 따라하기

교차하는 두 객체에 대하여 한 객체를 기준으로 선택하고 대상 객체를 선택하여 삭제한다.

❶ ▸명령 실행, (TR Enter↵)
▸교차하는 기준 객체를 클릭(Enter↵)
※ 여러 객체 선택도 가능하다.

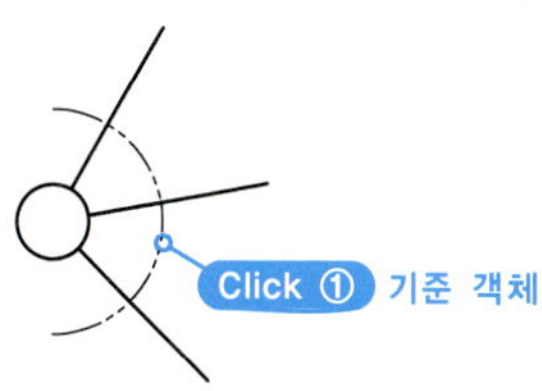

▸자르는 대상의 잘릴 부분을 클릭
▸계속해서 잘릴 부분을 클릭

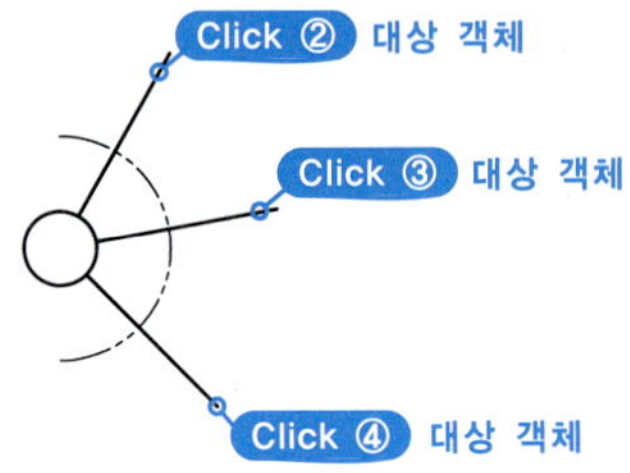

▸TRIM 명령을 종료(Enter↵)

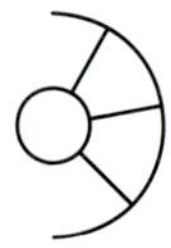

TIP

➡ **TRIM 명령에서 기준 객체의 선택**

기준 객체 선택시 특정한 선택 없이 명령을 진행(Enter↵) 시키면 모든 객체들이 기준 객체가 된다.

2 울타리(fence)와 교차하는 객체 선택하여 자르기

두 점 이상으로 연결된 가상의 울타리를 이용하여 잘릴 객체를 한 번에 선택하여 자르기를 한다.

1) 명령 사용법 따라하기

❶ ▸명령 실행, (TR Enter↵)
▸교차하는 기준 객체를 클릭(Enter↵)
※ 여러 객체 선택도 가능하다.

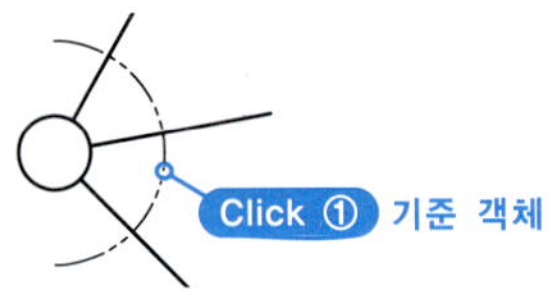

▸ F Enter↵

▸ 잘릴 부분이 모두 지나도록 오른쪽과 같이 객체 사이를 클릭

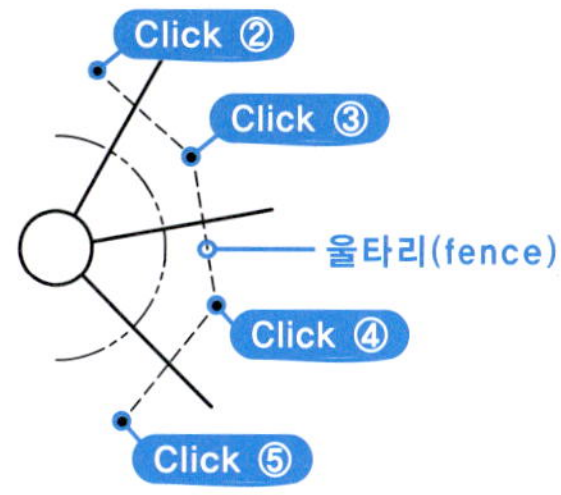

▸ TRIM 명령을 종료(Enter↵)

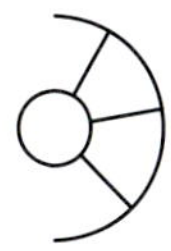

❷ ▸ 명령 실행, (TR Enter↵)

▸ 특정한 기준 객체를 선택하지 않고 명령 진행(Enter↵)

▸ F Enter↵

▸ 잘릴 부분이 모두 지나도록 오른쪽과 같이 객체 사이를 클릭

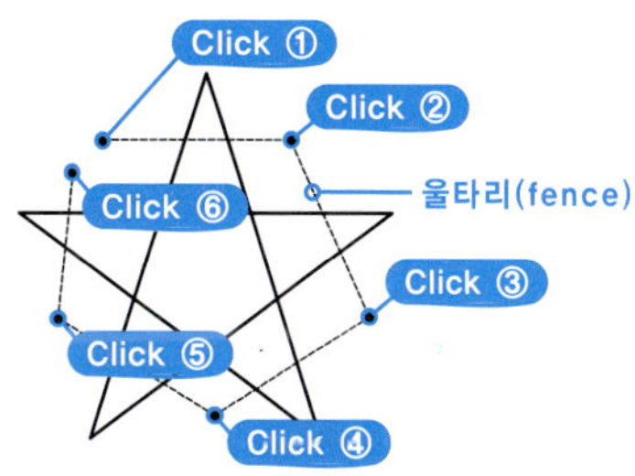

▸ 명령 종료(Enter↵)

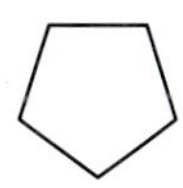

05
SECTION

선 삭제하기 _ERASE

도면 작업시 그렸던 선이 필요하지 않는 경우 삭제하는 명령이다.

1 필요없는 객체 지우기

1) 명령의 실행

❶ ▸메뉴 표시줄 [Modify] – [Erase] 선택
▸Modify 도구모음 [Erase] 선택

❷ Command : ERASE 또는 E Enter↵

2) 명령 사용법 따라하기

삭제할 객체를 선택하고 명령을 실행한다.

❶ ▸명령 실행 후, (E Enter↵)
▸삭제하기 위한 객체들을 선택
▸명령 진행(Enter↵)

06 SECTION

명령 취소하기 _ UNDO

최근에 실행한 명령을 실행 취소하는 명령으로 UNDO를 사용한다. 최근에 실행한 명령부터 순서대로 명령을 취소할 수 있다.

1 최근 명령 실행 취소하기

1) 명령의 실행

❶ ▸메뉴 표시줄 [Edit] – [Undo] 선택
▸Standard 도구모음 [Undo] 선택

❷ Command : UNDO 또는 U Enter↵

2) 명령 사용법 따라하기

❶ ▸명령 실행, (U Enter↵)
※ 명령을 입력할 때마다 가장 최근의 명령부터 한 개씩 취소된다.

07

SECTION

실행 취소 명령 복구하기 _ REDO

UNDO 명령으로 취소한 작업을 다시 복구하는 명령이다. REDO 명령은 UNDO 명령 실행 후 바로 실행해야 취소 작업을 복구 할 수 있다.

1 실행 취소된 명령 복구하기

1) 명령의 실행

❶ ▸메뉴 표시줄 [Edit] – [Redo] 선택

▸Standard 도구모음 [Redo] 선택

❷ Command : REDO Enter↵

2) 명령 사용법 따라하기

❶ ▸명령 실행, (REDO Enter↵)

※ 명령을 입력할 때마다 가장 최근의 명령 취소를 한 개씩 복구한다.

08
SECTION

연습과제

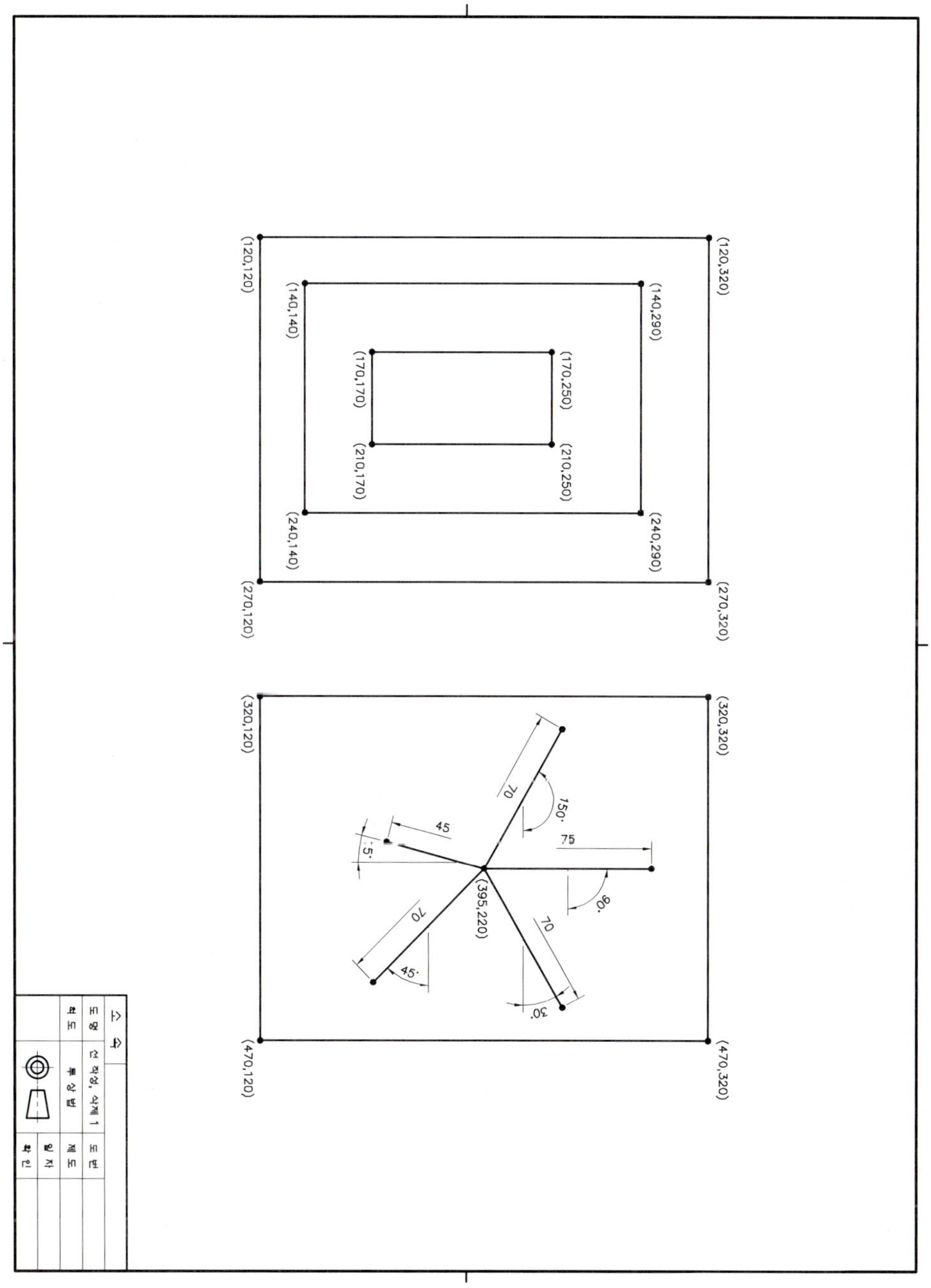

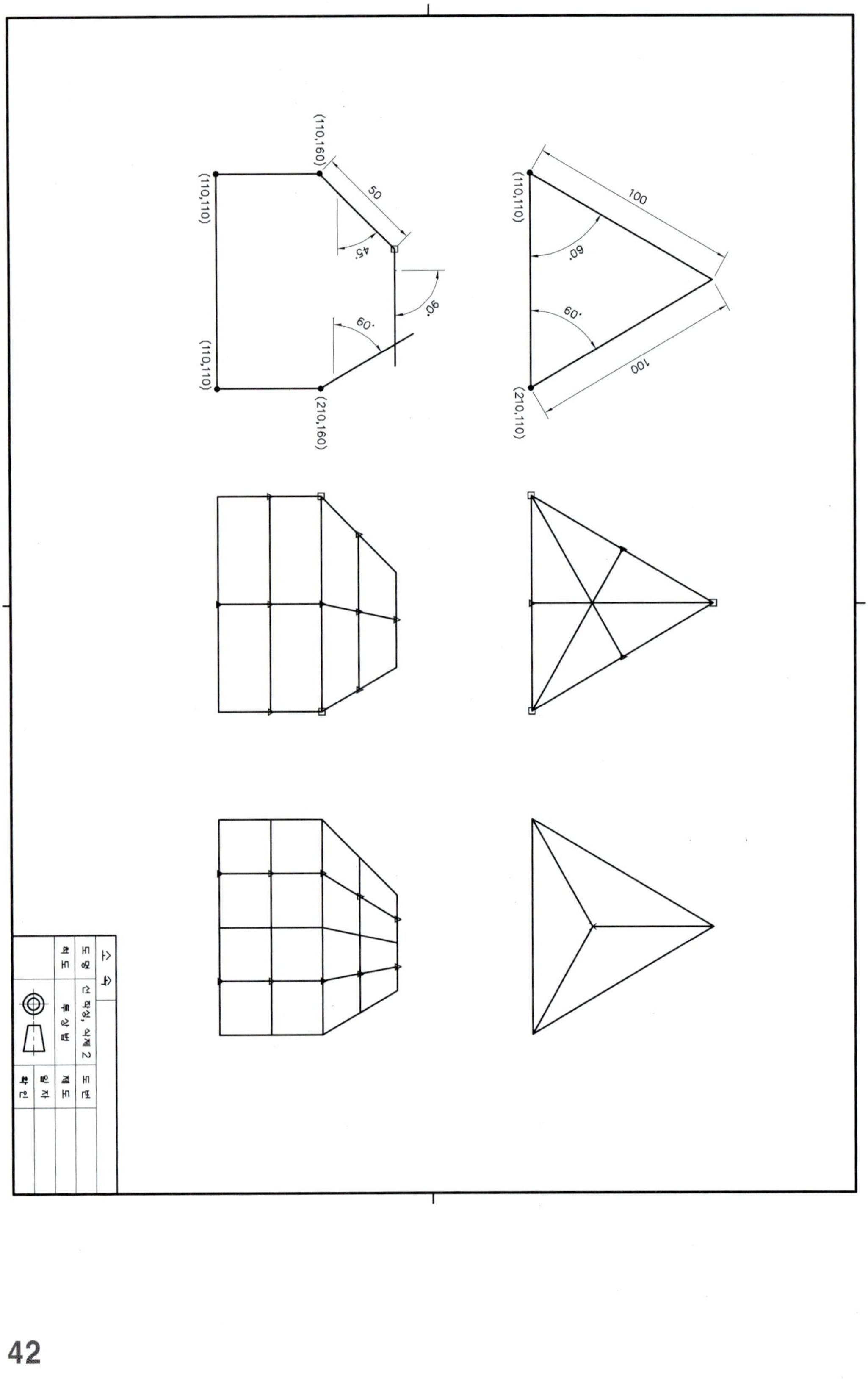
(110,160)
(110,110)
(110,110)
(210,160)
50
45°
90°
60°
(110,110)
(210,110)
100
100
60°
60°

Chapter 03

도면 양식

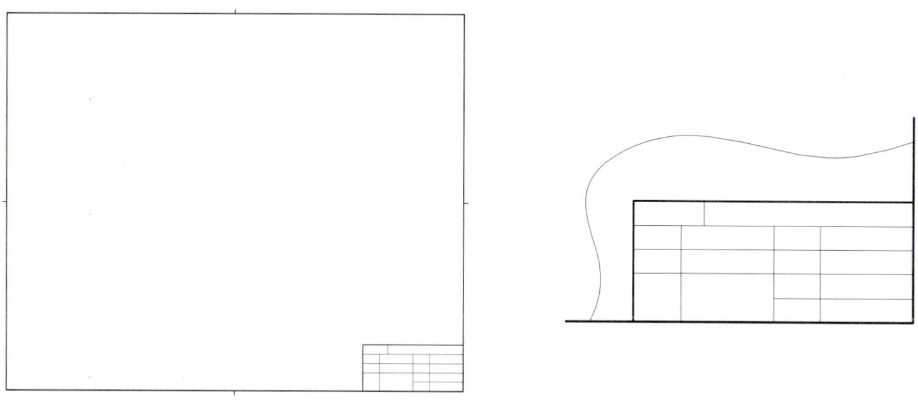

AutoCAD 2013

실습 목적

① 환경 설정 및 레이어 설정에 대하여 배운다.
② 도면 양식에 대하여 이해한다.
③ 도면 양식 만드는 방법을 배운다.

AutoCAD 2013

실습 시간

1.5 hr ~ 2.0 hr

AutoCAD 2013

실습 내용

① 도면 작업을 위한 환경 설정하기 _ OPTIONS
② 도면층 설정하기 _ LAYER
③ 도면영역 설정하기 _ MVSETUP
④ 파생선 그리기 _ OFFSET
⑤ 객체 분해하기 _ EXPLODE
⑥ 도면 구성 및 도면 양식

AutoCAD 2013

참고 사항

- AutoCAD 작업을 위한 기본 환경 설정
- 도면의 구성을 이해하고 도면 양식 작성

01 SECTION 도면 작업을 위한 환경 설정하기 _ OPTIONS

1 2차원 도면 작업을 위한 AutoCAD의 환경 설정

도면 작업을 빠르고 편리하게 하기 위하여 AutoCAD의 환경 설정이 필요하다. 환경 설정 대화창을 실행시켜 아래에서 권장하는 내용으로 설정한다.

1) 명령어의 실행

❶ ▸메뉴 표시줄 [Tools] – [Options...] 선택

❷ Command : OPTIONS 또는 OP Enter↵

2) 빠르고 편리한 작업을 위한 환경설정 사항

❶ [Files] 탭

Files는 AutoCAD에서 사용되는 파일들을 관리한다.

Automatic Save File Location 항목에서 자동 저장 파일이 저장될 폴더를 지정한다.

❷ [Display] 탭

Display는 작업 화면에 대하여 설정한다.

Crosshair size는 조준점(aperture)을 가로지르는 참조선의 크기이다.

객체 간의 비교 및 대조를 위하여 100으로 지정한다.

❸ [Open and Save] 탭

Open and Save는 도면의 열기와 저장하기에 대하여 설정한다.

Automatic save 항목에서 도면이 자동으로 저장되는 시간을 2분으로 지정한다.

❹ [User Preference] 탭

User Preference는 사용자의 선호사항을 설정한다.

Shortcut menus in drawing area 항목을 체크해제 한다.

이 항목은 마우스 오른쪽 버튼을 명령진행 키로 사용하는 기능이다.

❺ [Drafting] 탭

Drafting은 제도(Drafting)작업에 대하여 설정한다.

AutoSnap Maker size와 **Aperture size**를 사용자에 맞게 조절한다.

❻ [Selection] 탭

Selection은 명령이나 객체를 선택하는 방법을 설정한다.

Pickbox size와 Grip size의 조절은 편리한 도면 작성을 돕는다.

Selection mode는 객체 선택이나 실행 방법에 대하여 설정한다.

▸ None/verb selection

객체를 먼저 선택한 후 명령어를 입력하여 명령을 진행시킬 수 있다.

▸ Implied windowing

마우스 끌기로 객체를 교차 선택(점선박스 선택)이나 창 선택(실선박스 선택) 기능을 사용할 수 있다.

▸ Object grouping

치수(Dimension), 블록(Block), 사각형(Rectangular)과 같은 그룹으로 묶인 요소를 한번의 클릭으로 선택할 수 있다.

SECTION 02

도면층 설정하기 _ LAYER

1 도면층(Layer) 설정하기

도면층(Layer)은 같은 속성(선 두께, 모양, 색상)들을 갖는 객체들을 편집 잠금, 화면 표시 등을 관리한다. 객체들은 도면층으로 구분하여 여러 속성을 동시에 적용시킬 수 있다.

1) 명령의 실행

❶ ▸메뉴 표시줄 [Format] – [Layer...] 선택
▸Layers 도구모음 [Layer Properties Manager] 선택

❷ Command : LAYER 또는 LA Enter↵

2) 명령 사용법 따라하기

❶ ▸명령 실행, (LA Enter↵)
▸〈NEW〉를 선택하여 새로운 도면층 생성
▸각 도면층마다 색상, 선 모양, 선 가중치 등을 선택
▸도면층 설정을 적용하기 위해서 Apply나 OK 선택

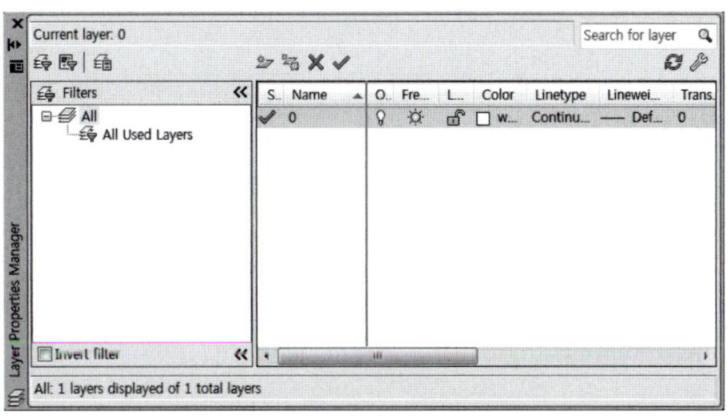

TIP

➡ LAYER 명령의 옵션

- 켜기/끄기(On/Off) : 도면층의 화면 표시
- 해동/동결(Thaw/Freeze) : 도면층의 화면 표시와 인쇄
- 잠금/풀림(Lock/Unlock) : 도면층의 편집
- 색상(Color) : 도면층의 색상
- 선 모양(Linetype) : 도면층의 선 모양

➡ 기본적인 도면층 설정

0번 레이어 – 기본색 – Continuous (도면 양식에 사용)
1번 레이어 – 빨간색 – Center (중심선에 사용)
2번 레이어 – 노란색 – Hidden (숨은선에 사용)
3번 레이어 – 초록색 – Continuous (외형선에 사용)
4번 레이어 – 흰색 – Continuous (가는 실선에 사용)
5번 레이어 – 흰색 – Phantom2 (가상선에 사용)

2 객체의 도면층(Layer) 변경하기

1) 명령 사용법 따라하기

❶
- 도면층을 변경할 객체들을 선택
- Layers 도구모음의 도면층 목록에서 해당하는 도면층을 선택
- ESC 키를 이용하여 명령 종료

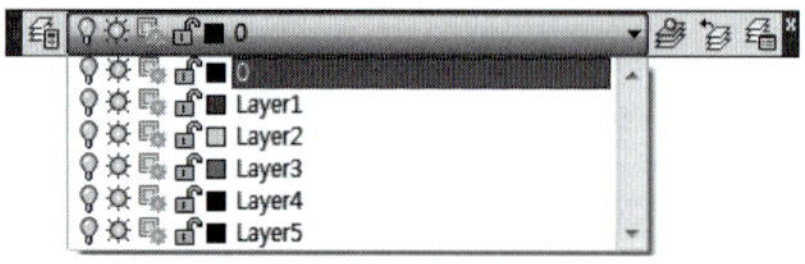

SECTION 03

도면 영역 설정하기 _ MVSETUP

1 도면 영역 및 지정사항을 설정하고 도면 영역 표시하기

뷰포트(Viewport)를 설정하는 명령으로 도면 영역을 설정, 표시하고 기본 단위를 설정한다. 도면 영역의 윤곽선을 생성할 수 있다.

1) 명령어의 실행

❶ Command : MVSETUP Enter↵

2) 명령어 사용법 따라하기

A2 size [594mm×420mm]의 용지에 도면 영역을 설정하고 그 외곽선을 나타내기 위하여 MVSETUP 명령을 사용한다. 도면 작성시 사용할 단위로 미터법을 사용하고 척도는 1:1로 설정한다.

❶
- ▸명령 실행, (MVSETUP Enter↵)
- ▸N Enter↵ (도면 공간 이동)
- ▸M Enter↵ (metric)
- ▸1 Enter↵ (1:1)
- ▸594 Enter↵ (용지 가로 길이)
- ▸420 Enter↵ (용지 세로 길이)

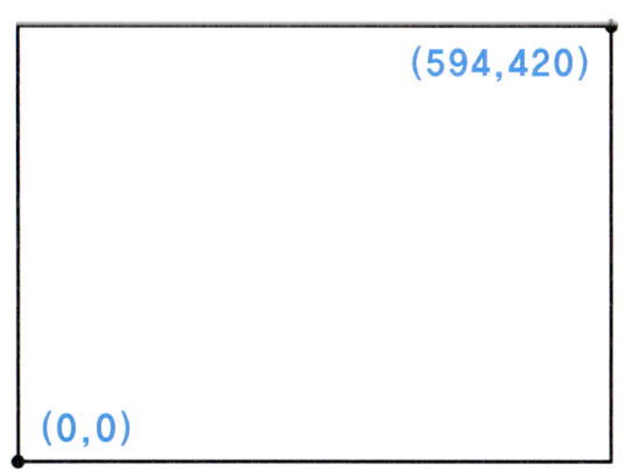

TIP

➡ 모형 공간(model space)과 도면 공간(paper space)

일반적으로 모형 공간에서 도면을 그리고(drawing) 도면 공간에서 도면을 인쇄(plotting)한다.

➡ 설정 가능한 기본 단위 유형

과학 단위 (Scientific) : 표기 예) 1.5E+00, 3.0E+00<45,0.0E+00
십진 단위 (Decimal) : 표기 예) 1.5, 3<45,0
공학 단위 (Engineering) : 표기 예) 1.5″, 3″<45,0″
건축 단위 (Architectural) : 표기 예) 1 1/2″, 3″<45,0″
분수 단위 (Fractional) : 표기 예) 1 1/2, 3<45,0

➡ 설정 가능한 축척 비율 (미터법 단위)

Metric Scales
(5000) 1:5000
(2000) 1:2000
(1000) 1:1000
(500) 1:500
(200) 1:200
(100) 1:100
(75) 1:75
(50) 1:50
(20) 1:20
(10) 1:10
(5) 1:5
(1) FULL

04

SECTION

파생선 그리기 _ OFFSET

원본 객체에서 간격이 일정하게 평행한 파생선을 작성할 때 사용한다.

1 원본과 평행하게 파생선 그리기

도면 작업에서 어떤 객체에 대하여 일정한 간격이 떨어진 파생된 형상의 객체가 필요한 경우에 사용한다.

1) 명령의 실행

❶ ▸ 메뉴 표시줄 [Modify] – [Offset] 선택
▸ Modify 도구모음 [Offset] 선택

❷ Command : OFFSET 또는 O Enter↵

2) 명령 사용법 따라하기

❶
- ▸ 명령 실행, (O Enter↵)
- ▸ 5 Enter↵
- ▸ 파생되어질 기존의 객체 클릭
- ▸ 사각형 안쪽을 클릭
- ▸ 명령 종료(Enter↵)

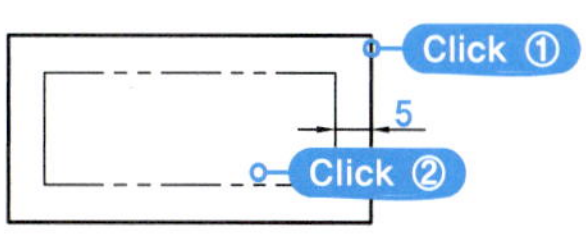

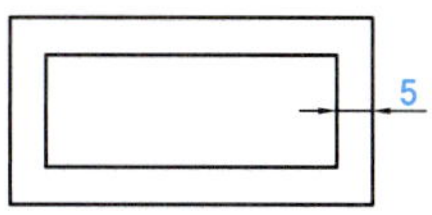

❷
- 명령 실행, (O Enter↵)
- 'Cal Enter↵ (계산기)
- 5*2 Enter↵
- 가장 안쪽의 사각형을 클릭
- 사각형 바깥쪽을 클릭
- 명령 종료(Enter↵)

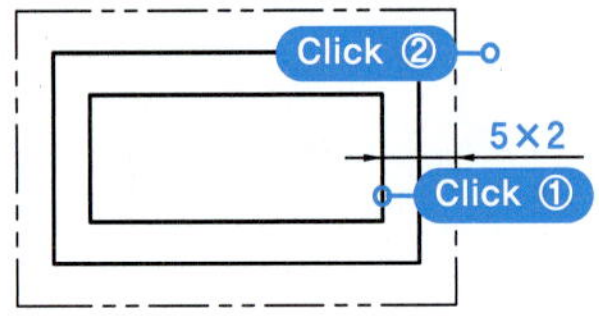

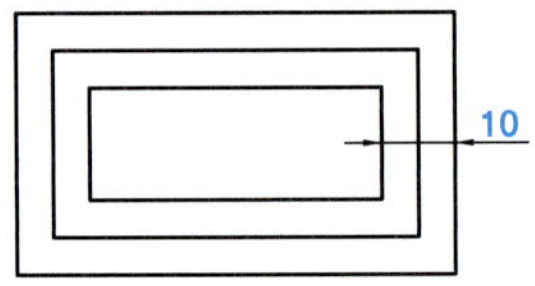

❸
- 명령 실행, (O Enter↵)
- T Enter↵ (통과점)
- 기존의 객체를 클릭
- 사각형 바깥쪽을 클릭
- 명령 종료(Enter↵)

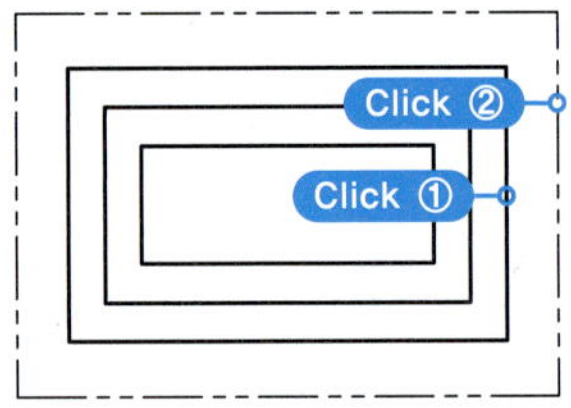

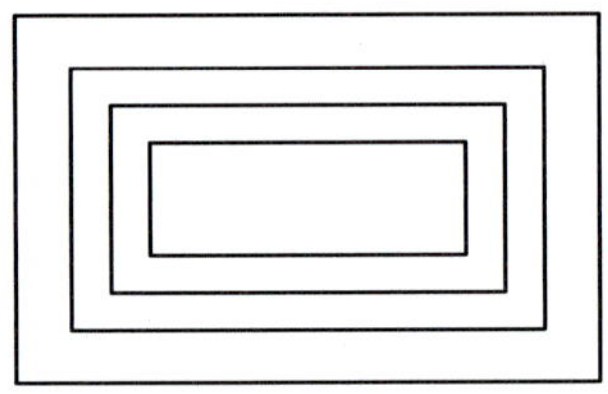

05 SECTION

객체 분해하기 _ EXPLODE

폴리선, 블록 등으로 묶여 있는 객체들을 분해하여 개별적인 객체로 나누는 명령이다. 치수선과 치수를 분해하기 위해서 EXPLODE 명령을 사용하기도 한다.

1 폴리선, 블록 등으로 묶여 있는 객체 분해하기

1) 명령의 실행

❶ ▸메뉴 표시줄 [Modify] – [Explode] 선택
▸Modify 도구모음 [Explode] 선택

❷ Command : EXPLODE 또는 X Enter↵

2) 명령 사용법 따라하기

❶ ▸명령 실행, (X Enter↵)
▸분해하고자 하는 폴리선, 블록 객체를 클릭
▸명령 종료 (Enter↵)

06

SECTION

도면 구성 및 도면 양식

1 AutoCAD의 제도 작업을 위한 도면의 구성

1) 도면 종류

도면은 도면의 성질, 용도, 내용에 따라 여러 종류로 나뉘게 된다. 그 중에서도 용도에 따라 계획도, 제작도, 주문도, 견적도, 승인도, 설명도 등으로 나눌 수 있다.

제작도는 내용에 따라 부품도, 부품 조립도, 공정도로 구분할 수 있다.

2) 도면 크기

KS규격에서 도면의 크기로 A열 size의 규격인 A0, A1, A2, A3, A4를 사용한다. 각각의 A열 size 도면의 크기는 아래와 같으며 규격화된 도면 크기를 기억하여 도면 작성 초기에 그 크기를 설정해야 한다.

	길이(X 방향 크기)[mm]	폭(Y 방향 크기)[mm]	윤곽선 표시[mm]
A0	1189	841	20
A1	841	594	
A2	594	420	10
A3	420	297	
A4	297	210	

3) 도면 양식

도면 양식은 도면의 관리 및 취급, 뿐만 아니라 도면을 이해하는데 반드시 필요한 사항으로 KS 규격에 의하여 다음과 같은 항목들을 표시하도록 되어 있다.

▸ 반드시 도시할 항목

윤곽선, 중심마크, 표제란

▸ 도시하면 편리한 항목

비교눈금, 도면의 구역표시, 재단마크

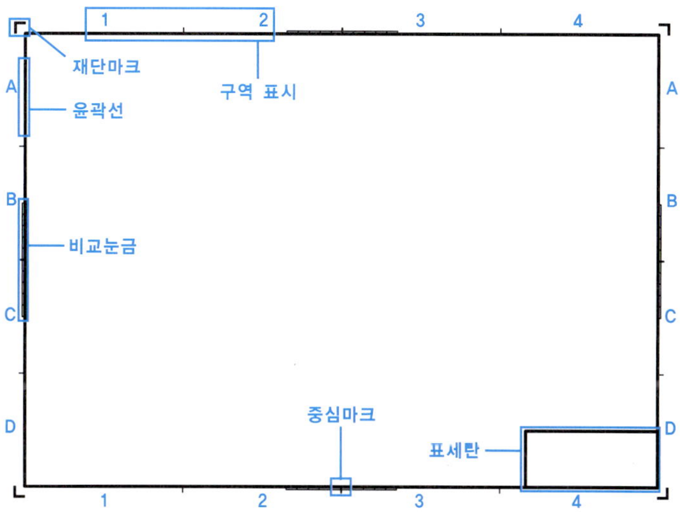

07

SECTION

환경 설정 및 도면 양식 따라 그리기

A2 size(594mm×420mm)의 용지에 척도 1:1의 도면양식 환경 설정 및 레이어 설정을 하여 도면 작업을 위한 준비를 한다.

1 AutoCAD 설정하기

1) 환경 설정하기

❶ ▸명령 실행, (OP Enter↵)
▸Files 탭 클릭
▸Automatic Save File Location 항목에서 자동 저장 파일이 저장될 폴더를 지정

▸Display 탭 클릭
▸Crosshair size 항목에 100 입력

▸Open and Save 탭 클릭
▸Automatic save 항목에서 2 입력

▸User Preference 탭 클릭
▸Shortcut menus in drawing area 항목을 체크해제

▸Drafting 탭 클릭
▸AutoSnap Maker size와 Aperture size를 화면에 보이는 글자 크기로 조정

▸Selection 탭 클릭
▸None/verb selection 항목 체크
▸Implied windowing 항목 체크
▸Object grouping 항목 체크
▸OK 클릭

2) 도면층 설정하기

❶ ▸명령 실행, (LA Enter↵)
▸Alt + N (5회-5개의 레이어 생성)
▸Layer 1의 Color 클릭
▸빨간색 선택
▸OK 클릭
※ 같은 방법으로 Layer 2(노란색), Layer 3(녹색), Layer 4, 5(흰색) 선택

▸Layer 1의 Linetype 클릭
▸Load... 클릭
▸Center, Hidden, Phantom2 선택 (Ctrl 키 이용)
▸OK 클릭
▸Center 선택
▸OK 클릭
※ 같은 방법으로 Later 2(Hidden), Layer 5(Phantom2) 선택

❷ ▸Layer 도구모음에서 Layer 0 선택
▸명령 종료 (ESC)

2 도면 양식 그리기

1) 도면 한계영역 설정 및 도면 윤곽선 그리기

❶ ▸명령 실행, (MVSETUP Enter↵)
▸N Enter↵ (도면영역 사용안함)
▸M Enter↵ (미터법 단위 사용)
▸1 Enter↵ (척도 1:1)
▸594 Enter↵ (영역의 가로 크기)
▸420 Enter↵ (영역의 세로 크기)

❷ ▸명령 실행, (O Enter↵)
▸5 Enter↵ (OFFSET 거리)
▸첫번째 사각형 선택 (원본 객체)
▸사각형 내부 클릭 (파생 방향 지정)
▸두번째 사각형 선택 (원본 객체)
▸사각형 내부 클릭 (파생 방향 지정)
▸명령 종료 (Enter↵)

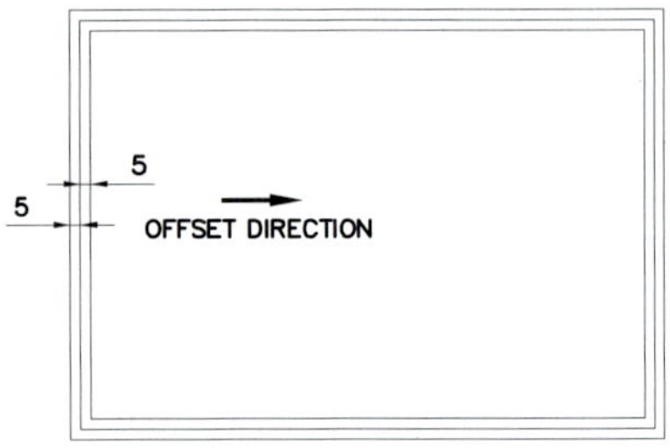

2) 윤곽선, 중심마크 그리기

❶ ▸명령 실행, (L Enter↵)
▸좌측 가운데 수직선의 중간점 클릭
▸우측 가운데 수직선의 중간점 클릭
▸상측 가운데 수평선의 중간점 클릭
▸하측 가운데 수평선의 중간점 클릭
▸명령 종료 (Enter↵)

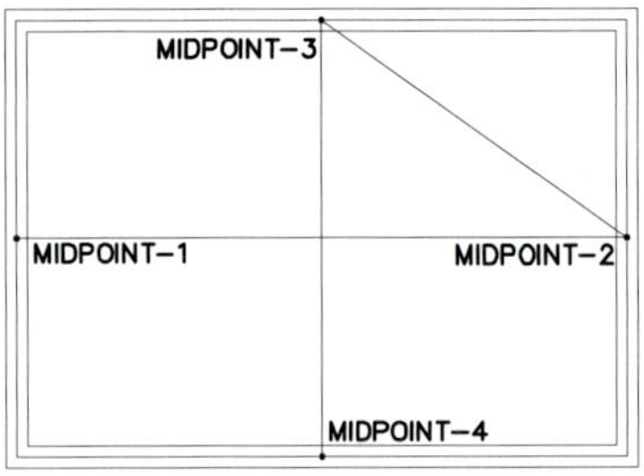

❷ ▸명령 실행, (TR Enter↵)
▸가장 안쪽 사각형 선택 Enter↵ (기준)
▸십자선의 우측 하단 선택 (Click-1)
▸십자선의 좌측 상단 선택 (Click-2)
▸명령 종료 (Enter↵)

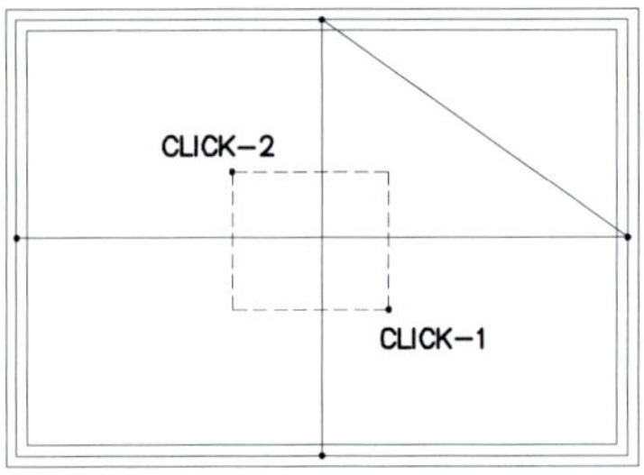

❸ ▸명령 실행, (E Enter↵)
▸경사선, 사각형 선택 Enter↵ (명령진행)

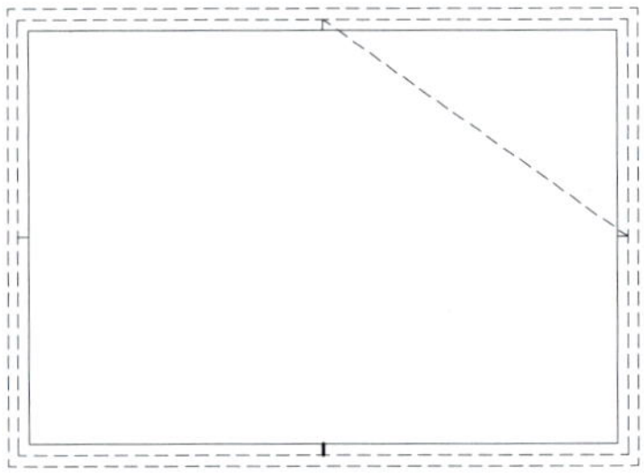

❹ ▸중심마크 선택
▸속성 도구모음에서 녹색 선택
▸객체 선택 취소 (Esc)
▸윤곽선 선택
▸속성 도구모음에서 하늘색 선택
▸객체 선택 취소 (Esc)

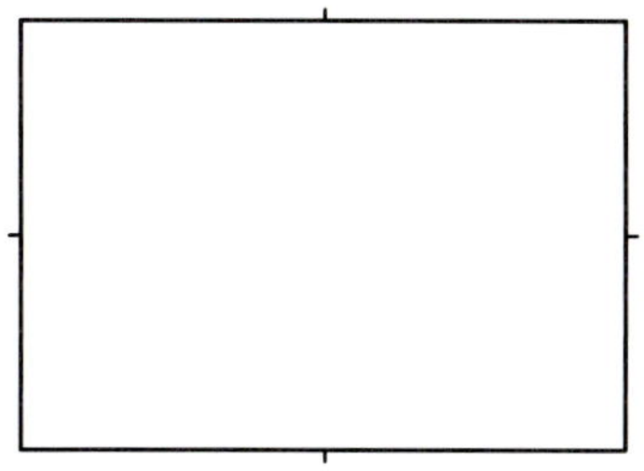

3) 표제란 그리기

❶ ▸명령 실행, (X Enter↵)
▸사각형 선택
▸명령 진행 (Enter↵)

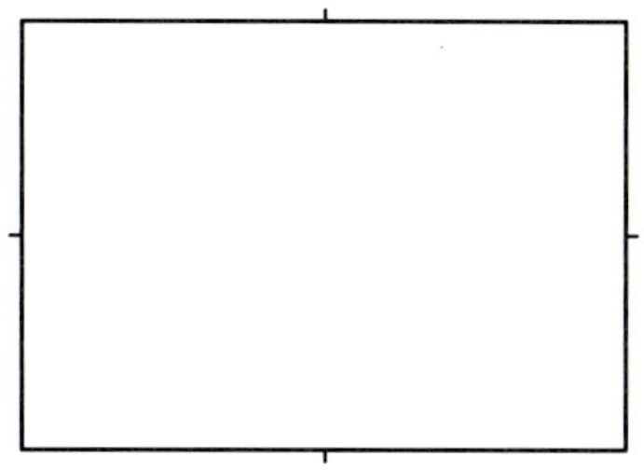

❷ ▸명령 실행, (O Enter↵)
▸120 Enter↵
▸수직선 선택 (원본객체)
▸사각형의 내부 선택 (파생 방향 지정)
▸명령 종료 (Enter↵)

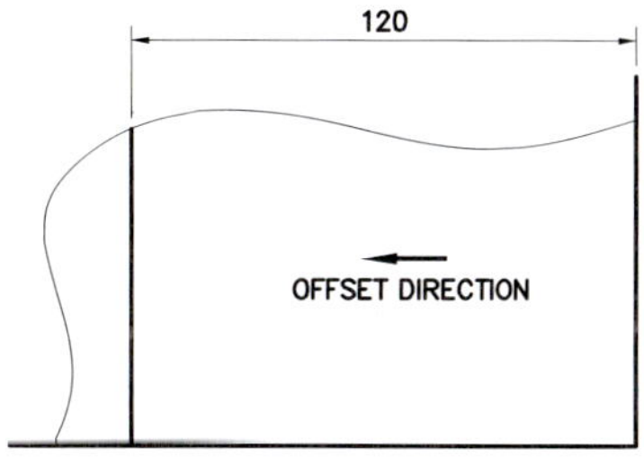

※ 같은 방법으로 오른쪽과 같이 완성

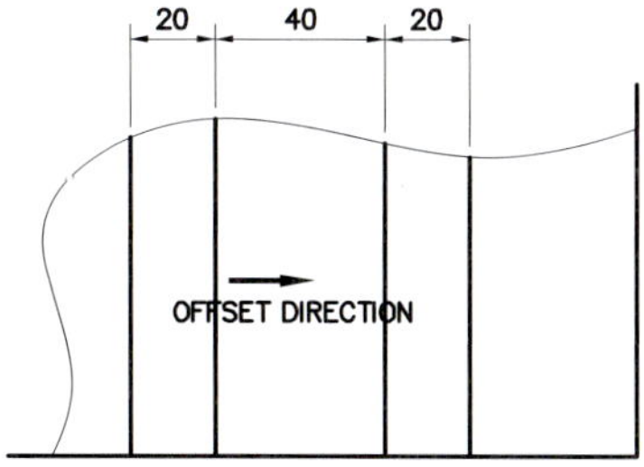

❸ ▸명령 실행, (O Enter↵)
▸10 Enter↵
▸수평선 선택 (원본객체)
▸사각형의 내부 선택 (파생 방향 지정)
※ 5회 반복 (5줄의 표 만들기)
▸명령 종료 (Enter↵)

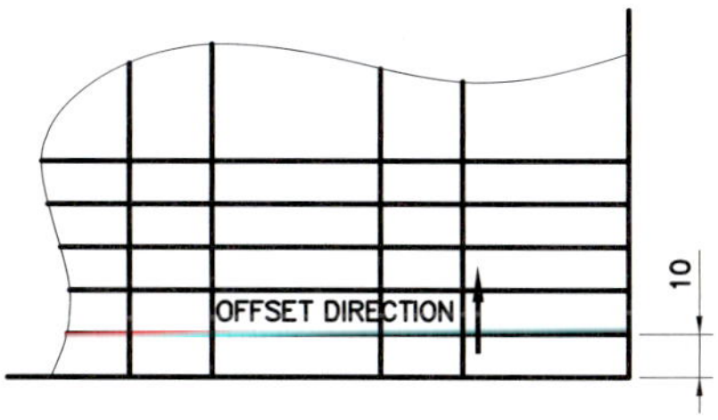

④
- 명령 실행, (TR Enter↵)
- 상단 수평선 선택
- 좌측 수직선 선택 Enter↵ (기준 객체)
- 표제란의 우측 하단 선택 (Click-1)
- 표제란의 좌측 상단 선택 (Click-2)
- 명령 종료 (Enter↵)

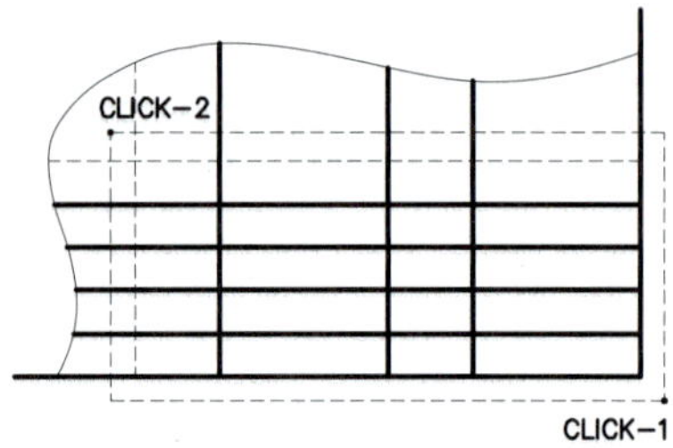

⑤
- 표제란 경계선 선택
- 도구모음에서 녹색 선택
- 객체 선택 취소 (Esc)
- 표제란 내부선 선택
- 도구모음에서 빨간색 선택
- 객체 선택 취소 (Esc)

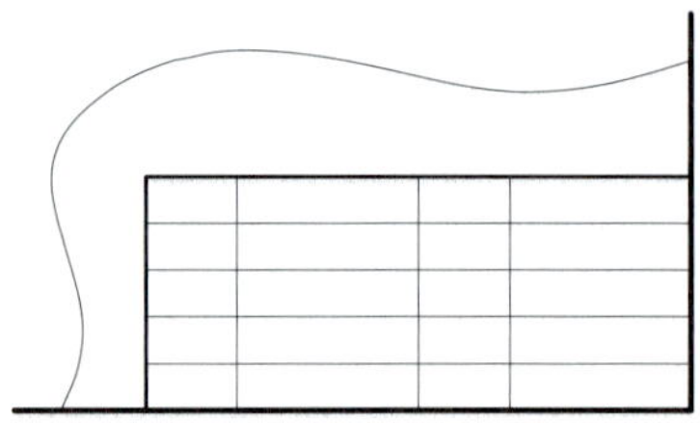

⑥
- 명령 실행, (O Enter↵)
- 10 Enter↵
- 수직선 선택 (원본 객체)
- 수직선 오른쪽 선택 (파생 방향 지정)
- 명령 종료 (Enter↵)

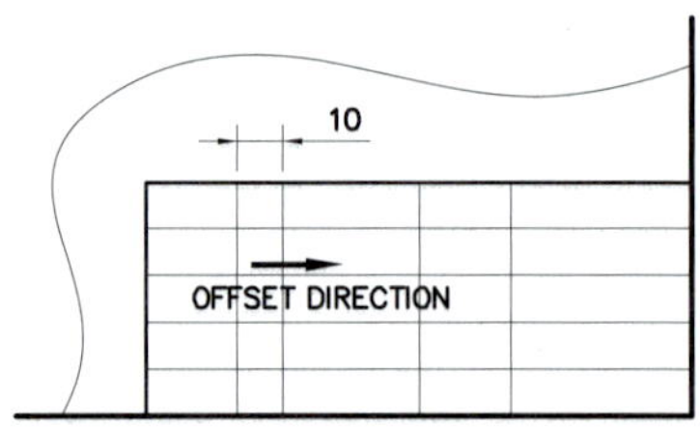

⑦
- 명령 실행, (TR Enter↵)
- 위에서 두 번째 수평선 선택 Enter↵
- 수직선 선택 (Click-1)
- 수직선 선택 (Click-2)
- 수직선 선택 (Click-3)
- 수직선 선택 (Click-4)
- 명령 종료 (Enter↵)

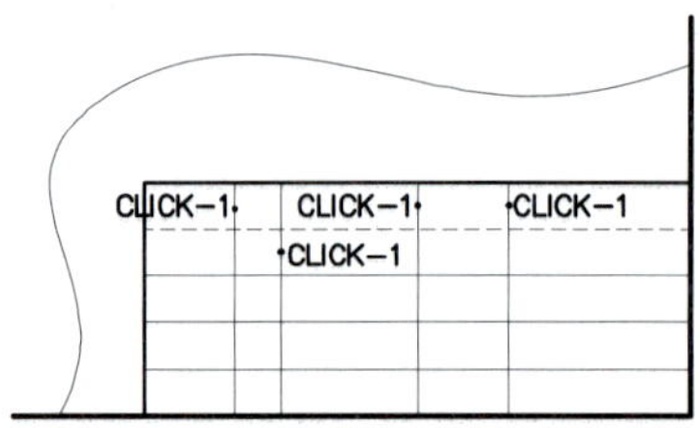

※ 같은 방법으로 오른쪽과 같이 완성

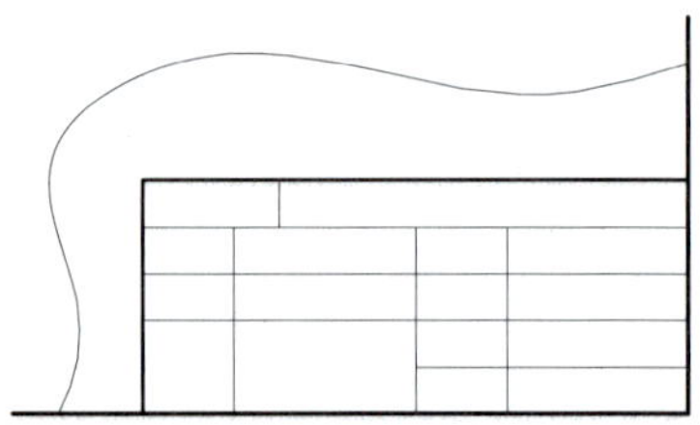

08 SECTION 연습 과제

Chapter

04

직선으로 이루어진 기초투상도

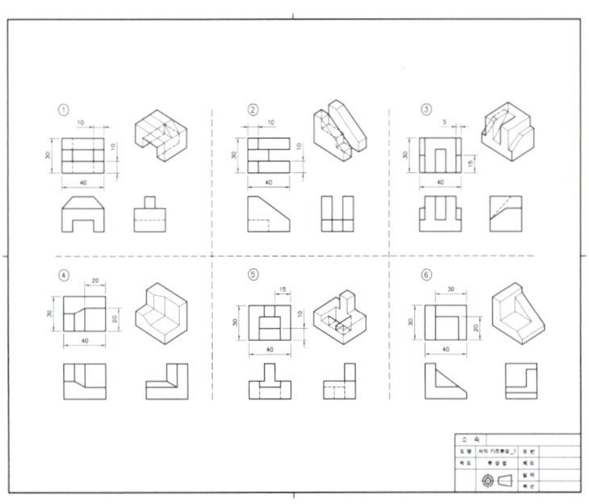

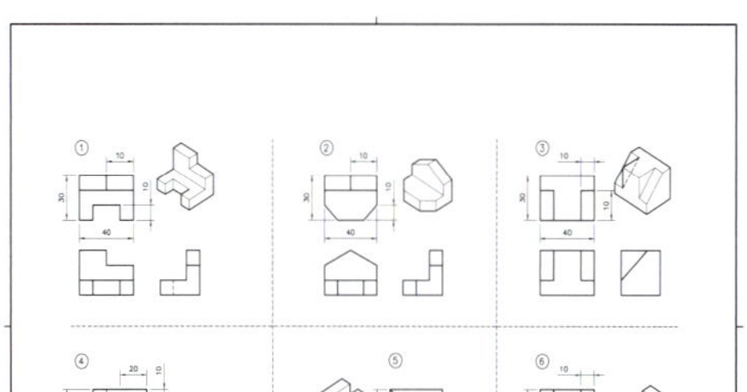

실습 목적

① 객체의 색, 모양 특성을 바꾸는 방법을 배운다.
② 경사선 그리는 방법을 배운다.
③ 기초투상도에 대하여 이해하고 실습한다.

실습 시간

1.5 hr ~ 2.0 hr

실습 내용

① 객체 속성 입히기 _ COLOR, LINETYPE, LTSCALE
② 객체 속성 변경하기 _ CHPROP, PROPERTIES
③ 무한선 그리기 _ XLINE
④ 형체 늘리기 _ STRETCH
⑤ 투상도법

참고 사항

- 객체의 색, 모양, 크기를 바꾸는 방법
- 경사선 활용 방법
- 기초 투상도에 대한 이해

01

SECTION

객체 속성 입히기 _ COLOR, LINETYPE, LTSCALE

1 객체에 색 지정하기

1) 명령의 실행

❶ ▸메뉴 표시줄 [Format] – [Color...] 선택

❷ Command : COLOR 또는 COL Enter↵

2) 명령어 사용법 따라하기

❶ ▸명령 실행, (COL Enter↵)
▸객체에 사용할 색상을 선택
▸OK 클릭

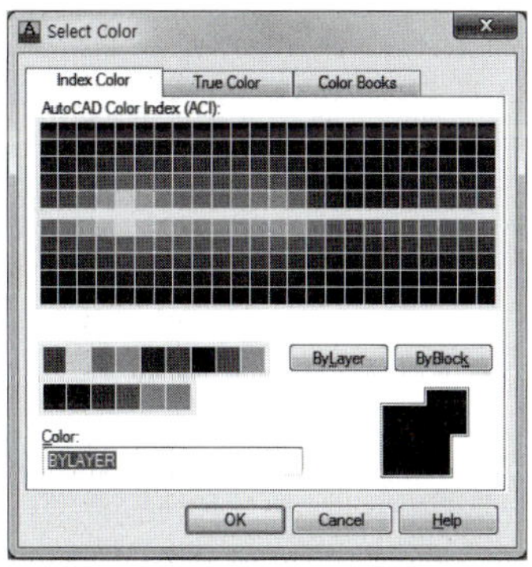

TIP

➡ 색상에 관한 일반사항

① 표준 색상 이름은 Red(1), Yellow(2), Green(3), Cyan(4), Blue(5), Magenta(6), White(7)이다.
② 기본적으로 BYLAYER는 White로 설정되어 있고 변경이 가능하다.
④ 색상 변경을 위해 객체 속성 도구모음이나 특성 대화창을 이용한다.
⑥ 본 교재에서 선 색상은 도면 출력시 선의 굵기를 지정한다.

2 선의 모양 지정하기

선 모양을 실선, 점선, 일점쇄선 등으로 지정한다.

1) 명령의 실행

❶ ▸메뉴 표시줄 [Format] – [Linetype...] 선택

❷ Command : LINETYPE 또는 LT Enter↵

2) 명령 사용법 따라하기

❶ ▸명령 실행, (LT Enter↵)
▸Load... 클릭
▸불러오기 위한 선 모양 선택
▸OK 클릭
▸OK 클릭

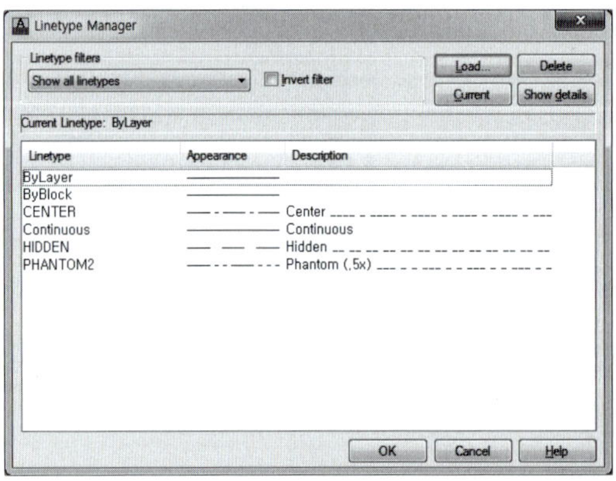

〈선 모양을 관리〉

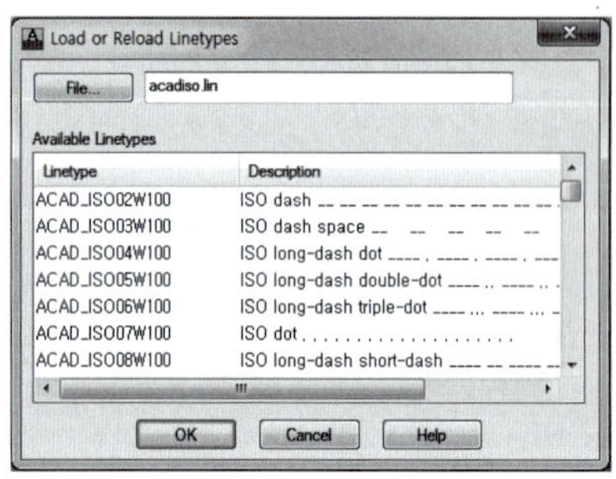

〈선 모양을 불러오기〉

TIP

➡ 선 모양에 관한 일반사항

① KS 제도통칙에는 선 모양을 4가지(실선, 파선, 일점쇄선, 이점쇄선)로 구분하여 규정한다.
② BYLAYER는 기본적으로 Continuous(실선)으로 설정되어 있으며 도면으로 불러온 Center(일점 쇄선), hidden(파선), Phantom2(이점 쇄선) 을 사용한다.
③ 선 모양 변경을 위해 객체 속성 도구모음이나 특성 대화창을 이용한다.

3 선 모양의 크기 지정하기

선의 길이에 따라 선 모양의 크기를 지정한다.

1) 명령의 실행

❶ Command : LTSCALE 또는 LTS Enter↵

2) 명령 사용법 따라하기

❶ ▸명령 실행, (LTS Enter↵)
▸선 모양 크기를 축척인자 값으로 입력
▸명령 진헹 (Enter↵)
※ 본 교재에서는 일반적으로 0.3을 사용한다.

SECTION 02

객체 속성 변경하기 _ CHPROP, PROPERTIES

1 CHPROP 명령으로 특성 변경하기

선택된 객체의 색상, 도면층(layer), 선 모양, 선 모양의 크기 등의 특성을 변경한다.

1) 명령의 실행

❶ Command : CHPROP Enter↵

2) 명령 사용법 따라하기

❶ ▸명령 실행. (CHPROP Enter↵)
▸속성을 변경할 객체 선택 Enter↵
▸속성 변경 옵션 선택 Enter↵
▸변경할 속성을 입력 Enter↵

TIP

➡ CHPROP 명령의 옵션

- ▸색상(Color) : 색상 이름이나 색상 번호를 입력하여 선택된 객체의 색상을 변경한다.
- ▸도면층(Layer) : 도면층의 이름으로 선택된 객체의 도면층을 변경한다.
- ▸선 모양(Ltype) : 선 모양의 이름으로 선택된 객체의 선 모양을 변경한다.
- ▸선 모양크기(Ltscale) : 축척인자 값으로 선택된 객체의 선 모양크기를 변경한다.
- ▸선 굵기(Lweight) : 절대 값으로 선택된 객체의 선 가중치(굵기)를 변경한다.
- ▸두께(Thickness) : 입력된 두께 값으로 선택된 객체의 z 방향의 두께를 변경한다. (면 생성)
- ▸재료(materials) : 재료가 선택된 경우 선택된 객체의 재료를 변경한다.

2 PROPERTIES 명령으로 특성 변경하기

선택된 객체의 속성을 PROPERTIES 팔레트에서 변경한다.

1) 명령의 실행

❶ ▸메뉴 표시줄 [Modify] – [Properties] 선택

❷ Command : PROPERTIES 또는 CH Enter↵

2) 명령 사용법 따라하기

❶
- ▸속성을 변경할 객체를 선택
- ▸명령 실행, (CH Enter↵)
- ▸PROPERTIES 대화창이 나타나면 객체의 변경할 속성을 선택하고 변경
- ▸PROPERTIES 대화창 닫기

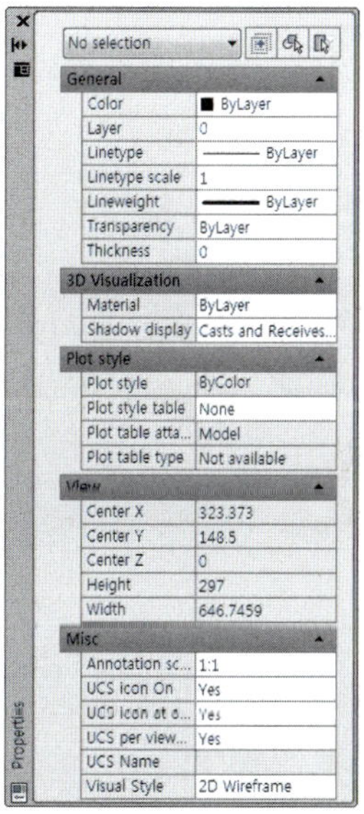

- ▸속성을 변경할 객체를 선택
- ▸Properties 도구모음의 목록에서 해당하는 속성을 선택
- ▸명령 종료 (Esc)

SECTION 03

무한선 그리기 _ XLINE

직선의 시작과 끝점이 지정하지 않고 x축에서 이루는 각도로 선을 그린다.

1 입력한 각도로 기울어진 무한선 그리기

무한선을 통과하는 점과 x축과의 기울기 각을 이용하여 그린다.

1) 명령어의 실행

❶ ▸메뉴 표시줄 [Draw] – [Construction Line] 선택

▸Draw 도구모음 [Construction Line] 선택

❷ Command : XLINE 또는 XL Enter↵

2) 명령어 사용법 따라하기

x축에 대해 기울어진 무한 직선을 그리기 위하여 각도를 입력하는 옵션을 사용한다.

❶ ▸명령 실행, (XL Enter↵)

▸a Enter↵ (각도 입력 옵션)

▸25 Enter↵

▸무한선의 통과점을 클릭 명령을 종료 ▸명령 종료 (Enter↵)

04

SECTION

형체 늘리기 _ STRETCH

1 객체를 정점(vertex)를 기준으로 변형하기

형체가 갖는 정점(vertex)들을 이용하여 형체를 변형하는 명령이다. 선택하지 않은 점은 고정되고 선택된 점은 이동하여 이동된 점에 맞춰 형체를 변형한다.

1) 명령어의 실행

❶ ▸메뉴 표시줄 [Modify] – [Stretch] 선택
▸Modify 도구모음 [Stretch] 선택

❷ Command : STRETCH 또는 S Enter↵

2) 명령어 사용법 따라하기

❶ ▸명령 실행, (S Enter↵)
▸늘이기 할 객체와 객체 점을 교차 선택으로 선택
▸명령 진행(Enter↵)
▸늘이기 할 객체의 기준점 클릭
▸늘이기 할 방향으로 마우스 이동
▸10 Enter↵

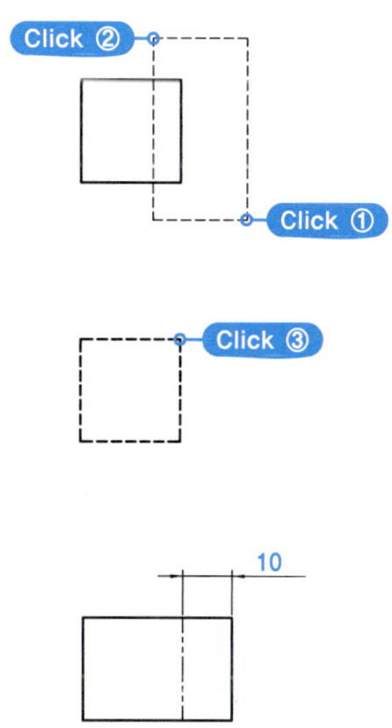

05 SECTION

투상도법

1 투상도법

투상도법은 공간상에 있는 물체를 보는 시각을 기준으로 표시하는 방법이다.

투상도는 입체적으로 그리는 입체도법과 평면적으로 그리는 평면도법이 있고 정투상도는 평면도법의 하나이다.

2 평면도법

일반적으로 정투상도법이라고 하며 공간의 물체를 서로 직교하는 2개의 투상면에 실제 크기로 나타내는 방법이다.

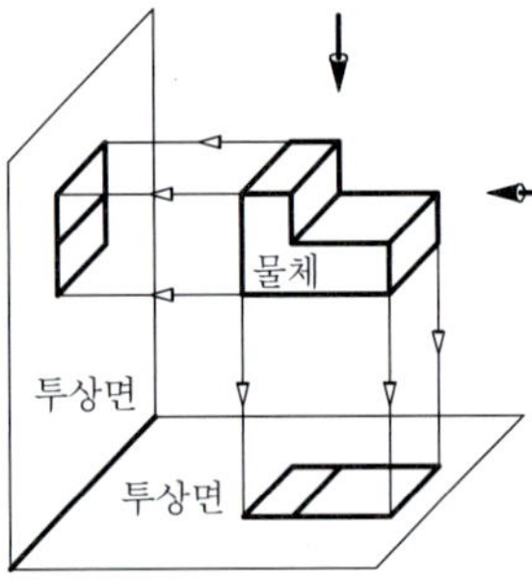

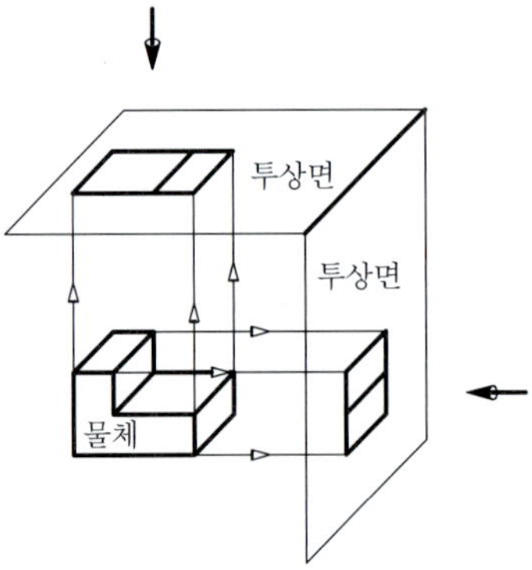

3 정투상도법

물체의 크기를 실장으로 나타내어 치수기입을 하기 위한 목적으로 1각법과 3각법이 있다.

1) 투상도법의 명칭

(1) 투상도의 명칭

투상방향		투상도 명칭
a	전면	정면도(Front View)
b	우측면	우측면도(Right Side View)
c	후면	배면도(Rear View)
d	좌측면	좌측면도(Left Side View)
e	상면	평면도(Top View)
f	하면	저면도(Bottom View)

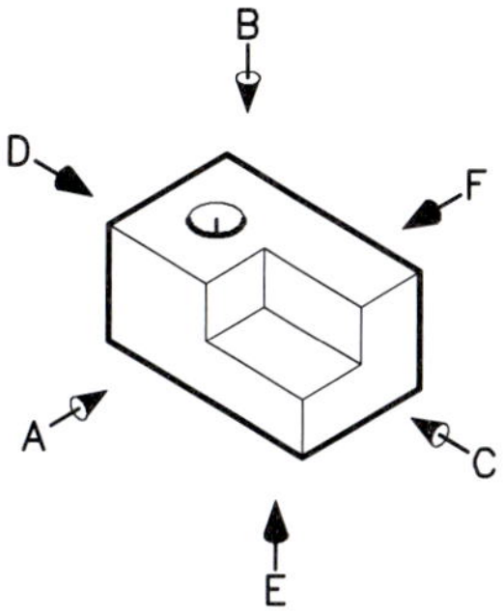

2) 3각법

눈, 투상, 물체 순으로 물체를 투상하는 방법이다. 정면도를 기준으로 평면도가 위에 우측면도가 우측에 그리고 좌측면도가 좌측에 저면도가 아래에 배면도가 뒤에 배열된다.

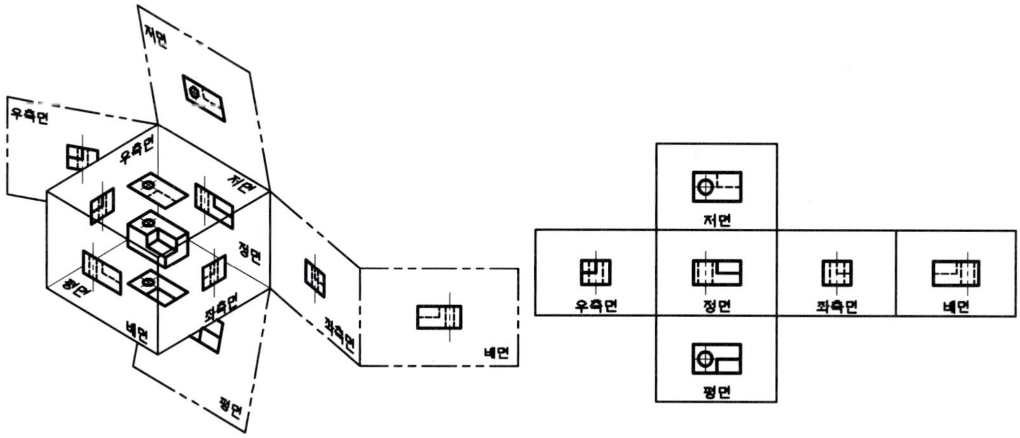

06
SECTION

예제 따라하기

1) 정면도 기초선 그리기

❶ ▸F8 키 (ORTHO 기능 활성화)
▸명령 실행, (L Enter↵)
▸시작점 클릭 (Click-1)
▸끝점 클릭 (Click-2)
▸명령 종료 (Enter↵)

▸명령 재실행 (Enter↵)
▸시작점 클릭
▸끝점 클릭

※ 같은 방법으로 그림 완성

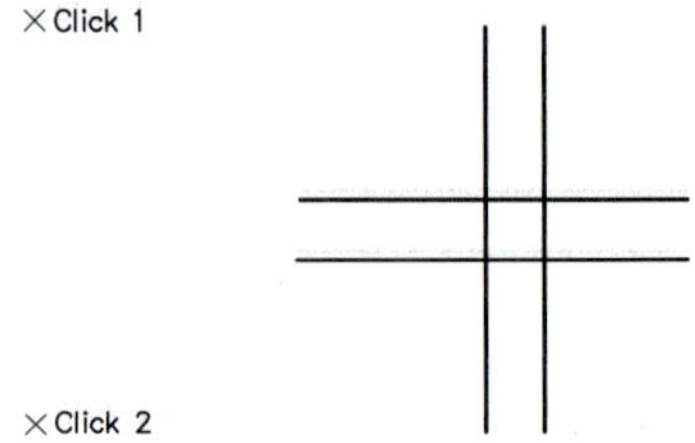

❷ ▸명령 실행, (O Enter↵)
▸30 Enter↵
▸왼쪽 수직선 클릭 (Click-1)
▸왼쪽 수직선의 왼쪽 클릭 (CLick-2)
▸명령 종료 (Enter↵)

▸명령 재실행 (Enter↵)
▸20 Enter↵
▸오른쪽 수직선 클릭 (Click-3)
▸오른쪽 수직선의 오른쪽 클릭 (Click-4)
▸명령 종료 (Enter↵)

※ 같은 방법으로 그림 완성

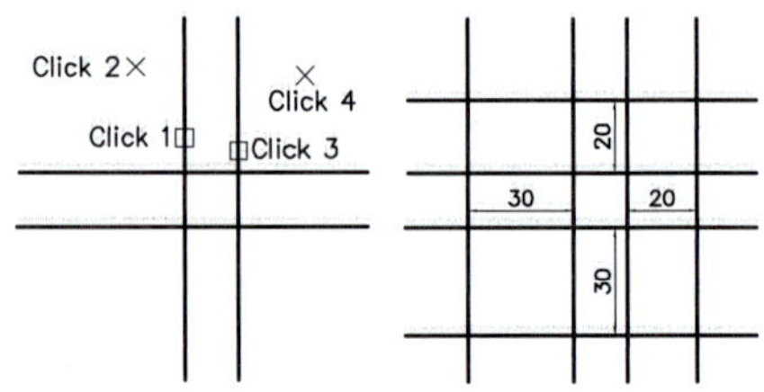

2) 소재 크기 및 투상도 정리하기

❶
- ▸명령 실행, (TR Enter↵)
- ▸명령 진행 (Enter↵)
- ▸F Enter↵
- ▸잘리는 선 클릭 (Click-1,2,3,4,5)
- ▸명령 진행 (Enter↵)
- ▸F Enter↵
- ▸잘리는 선 클릭 (Click-6,7)
- ▸명령 진행 (Enter↵)

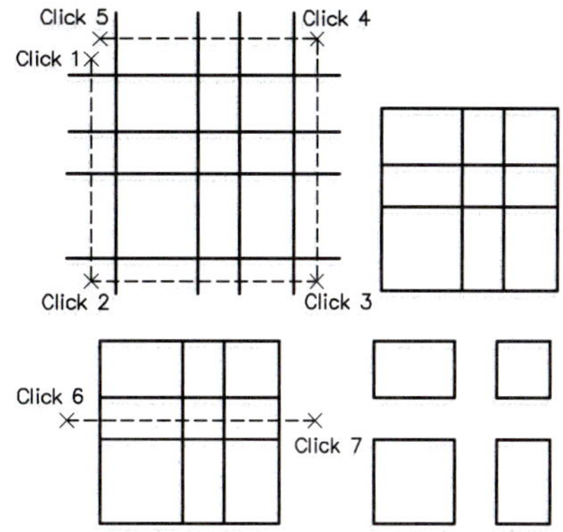

※ 같은 방법으로 그림 완성

❷
- ▸명령 실행, (E Enter↵)
- ▸교차선택 창의 한 점 클릭 (Click-1)
- ▸반대편 점 클릭 (Click-2)
- ▸명령 종료 (Enter↵)

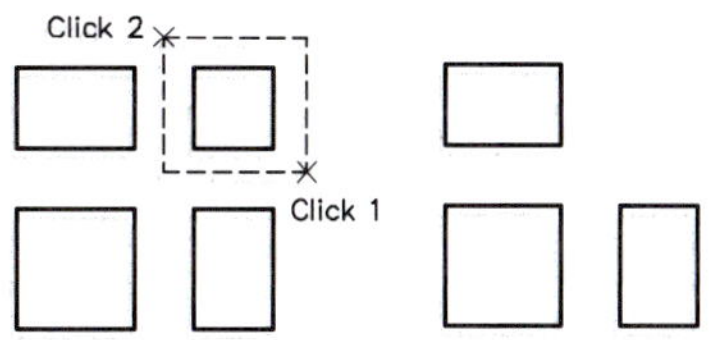

3) 1차 가공부위 그리기

❶
- ▸명령 실행, (O Enter↵)
- ▸10 Enter↵
- ▸왼쪽 수직선 클릭 (Click-1)
- ▸왼쪽 수직선의 오른쪽 클릭 (Click-2)
- ▸명령 종료 (Enter↵)

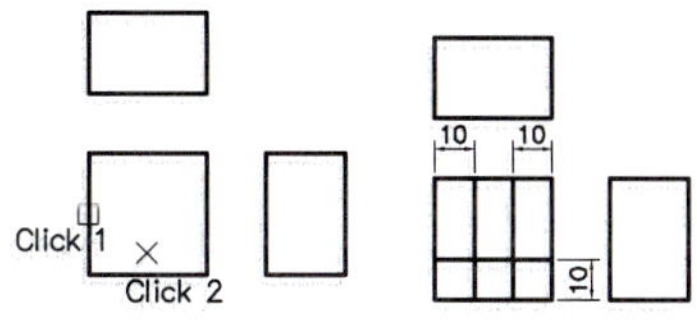

※ 같은 방법으로 그림 완성

❷
- ▸명령 실행, (TR Enter↵)
- ▸명령 진행 (Enter↵)
- ▸잘리는 선 클릭 (Click-1 ~ 8)
- ▸명령 종료 (Enter↵)

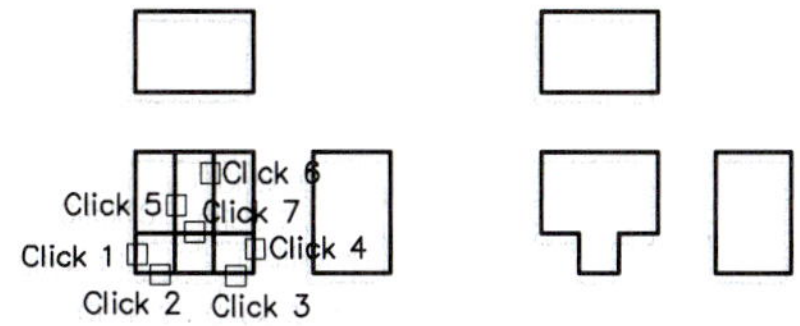

❸ ▸명령 실행, (L Enter↵)
▸시작점 클릭 (Click-1)
▸끝점 클릭 (Click-2)
▸명령 종료 (Enter↵)

▸명령 재실행 (Enter↵)
▸시작점 클릭 (Click-3)
▸끝점 클릭 (Click-4)
▸명령 종료 (Enter↵)

※ 같은 방법으로 그림 완성

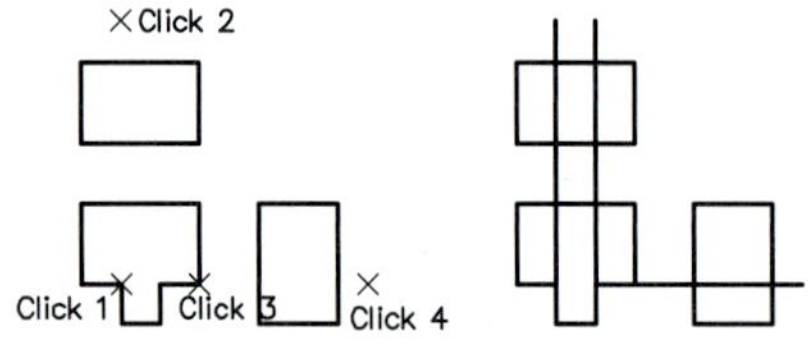

❹ ▸명령 실행, (TR Enter↵)
▸클릭 (Click-1,2,3,4)
▸명령 진행 (Enter↵)
▸잘리는 선 클릭 (Click-5 ~ 10)
▸명령 종료 (Enter↵)

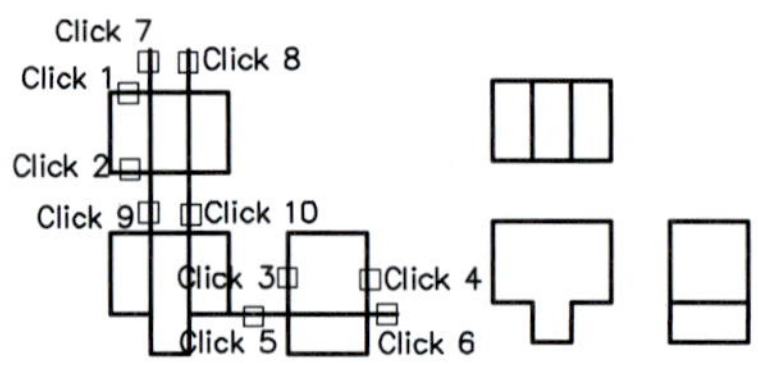

❺ ▸숨은선 객체 클릭 (Click-1,2)
▸Layers 도구모음 pull-down 메뉴 2번 레이어 선택
▸객체 선택 취소 (Esc)

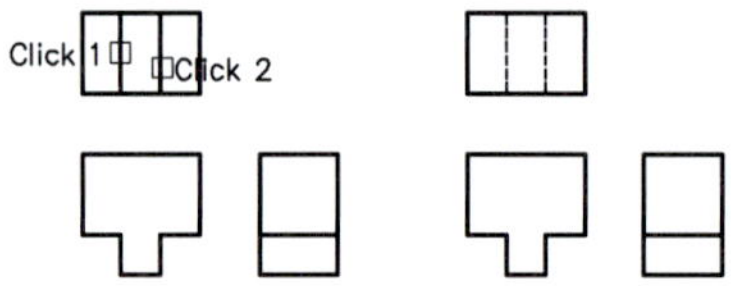

4) 2차 가공 부분 그리기

❶ ▸명령 실행, (O Enter↵)
▸5 Enter↵
▸위쪽 수평선 클릭 (Click-1)
▸위쪽 수평선의 아래쪽 클릭 (Click-2)
▸명령 종료 (Enter↵)

▸명령 재실행 (Enter↵)
▸왼쪽 수직선 클릭 (Click-3)
▸왼쪽 수직선의 오른쪽 클릭 (Click-4)
▸명령 종료 (Enter↵)

※ 같은 방법으로 그림 완성

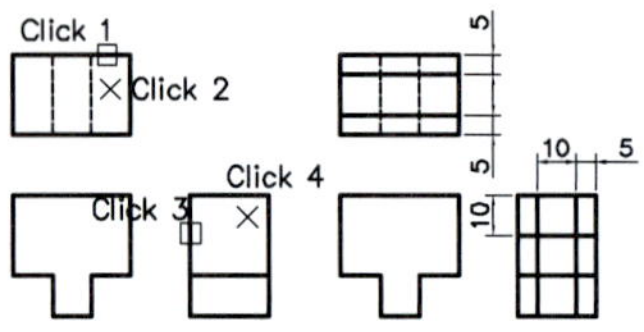

❷
- ▸ 명령 실행, (L Enter↵)
- ▸ 시작점 클릭 (Click–1)
- ▸ 끝점 클릭 (Click–2)
- ▸ 명령 종료 (Enter↵)

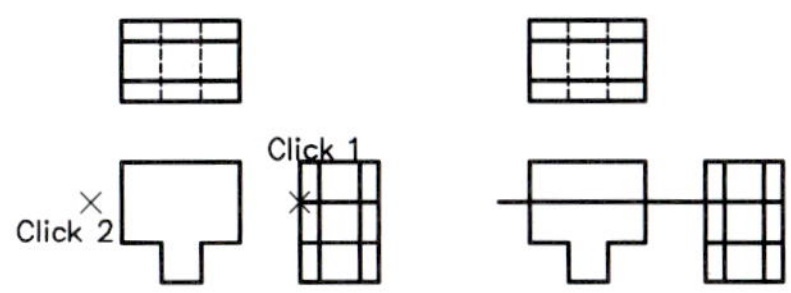

❸
- ▸ 명령 실행, (TR Enter↵)
- ▸ 클릭 (Click–1,2,3,4,5)
- ▸ 명령 진행 (Enter↵)
- ▸ 잘리는 선 클릭
- ▸ 명령 종료 (Enter↵)

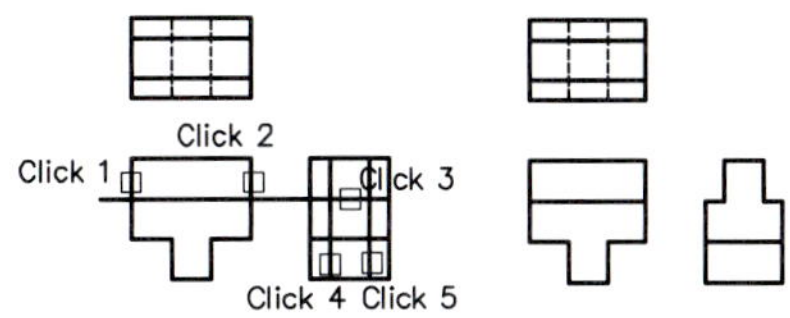

5) 3차 가공 부분 그리기

❶
- ▸ 명령 실행, (O Enter↵)
- ▸ 5 Enter↵
- ▸ 왼쪽 수직선 클릭 (Click–1)
- ▸ 왼쪽 수직선의 오른쪽클릭 (Click–2)
- ▸ 명령 종료 (Enter↵)

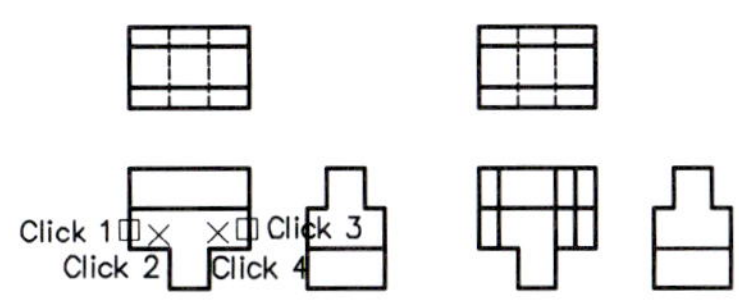

- ▸ 명령 재실행 (Enter↵)
- ▸ 오른쪽 수직선 클릭 (Click–3)
- ▸ 오른쪽 수직선의 왼쪽 클릭 (Click–4)
- ▸ 명령 종료 (Enter↵)

※ 같은 방법으로 그림 완성

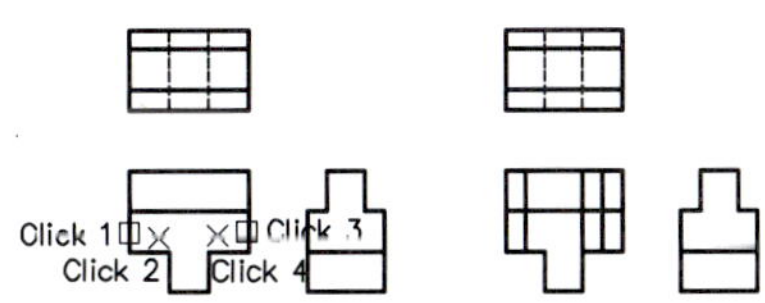

❷
- ▸ 명령 실행, (L Enter↵)
- ▸ 시작점 클릭 (Click–1)
- ▸ 다음점 클릭 (Click–2)
- ▸ 끝점 클릭 (Click–3)
- ▸ 명령 종료 (Enter↵)

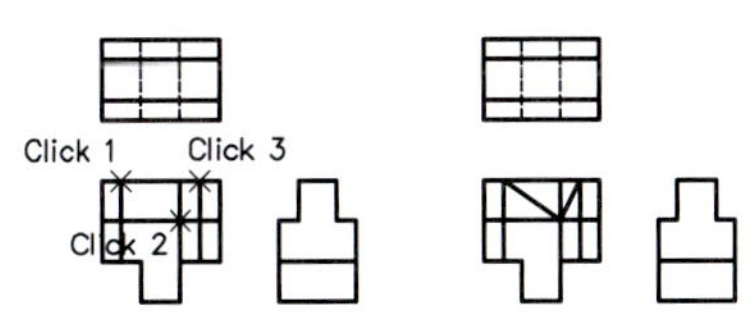

❸
- ▸ 명령 실행, (TR Enter↵)
- ▸ 클릭 (Click–1,2)
- ▸ 명령 진행 (Enter↵)
- ▸ 잘리는 선 클릭 (Click–3)
- ▸ 명령 종료 (Enter↵)

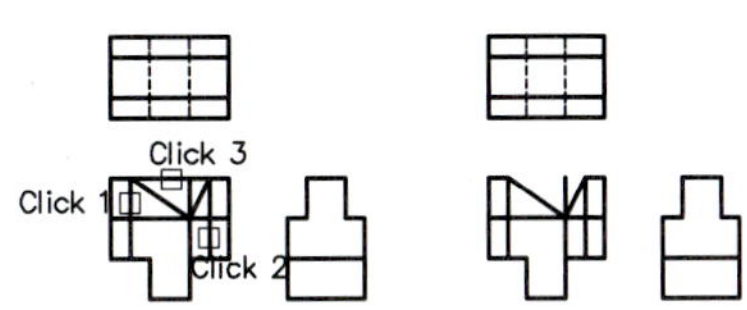

❹ ▸명령 실행, (E Enter↵)
▸클릭 (Click-1,2,3)
▸명령 종료 (Enter↵)

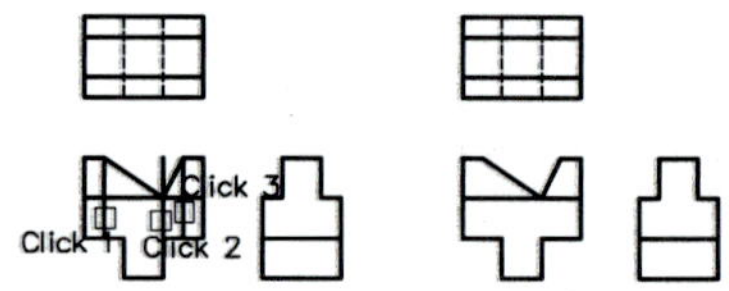

❺ ▸명령 실행, (L Enter↵)
▸시작점 클릭 (Click-1)
▸끝점 클릭 (Click-2)
▸명령 종료 (Enter↵)

▸명령 재실행 (Enter↵)
▸시작점 클릭 (Click-3)
▸끝점 클릭 (Click-4)
▸명령 종료 (Enter↵)

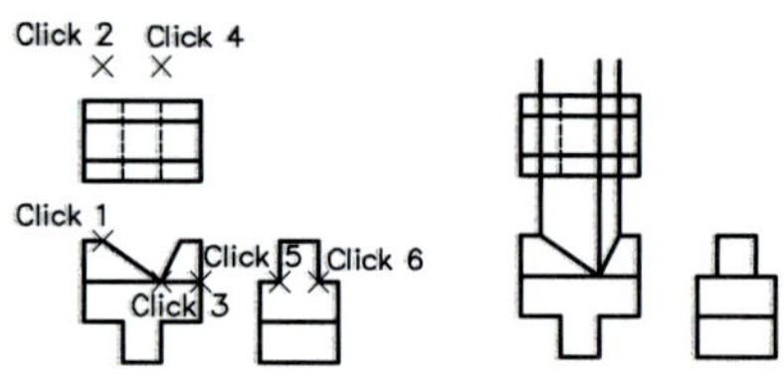

※ 같은 방법으로 그림 완성

❻ ▸명령 실행, (TR Enter↵)
▸클릭 (Click-1,2)
▸명령 진행 (Enter↵)
▸잘리는 선 클릭 (Click-3 ~ 8)
▸명령 종료 (Enter↵)

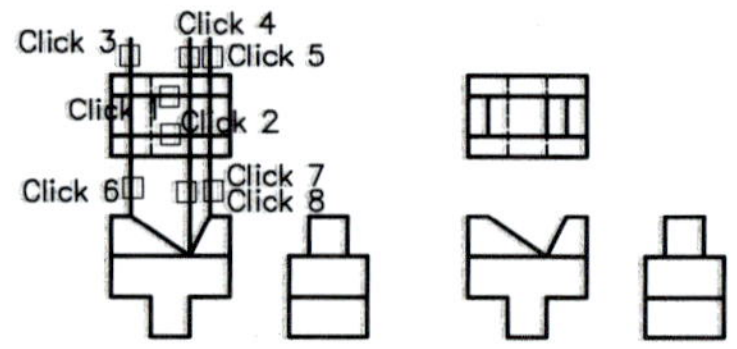

❼ ▸숨은선 객체 클릭 (Click-1)
Layers 도구모음 pull-down 메뉴
▸2번 레이어 선택
▸객체 선택 취소 (Esc)

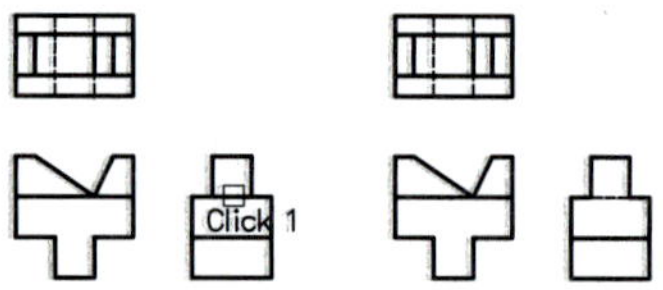

07 SECTION

연습 과제

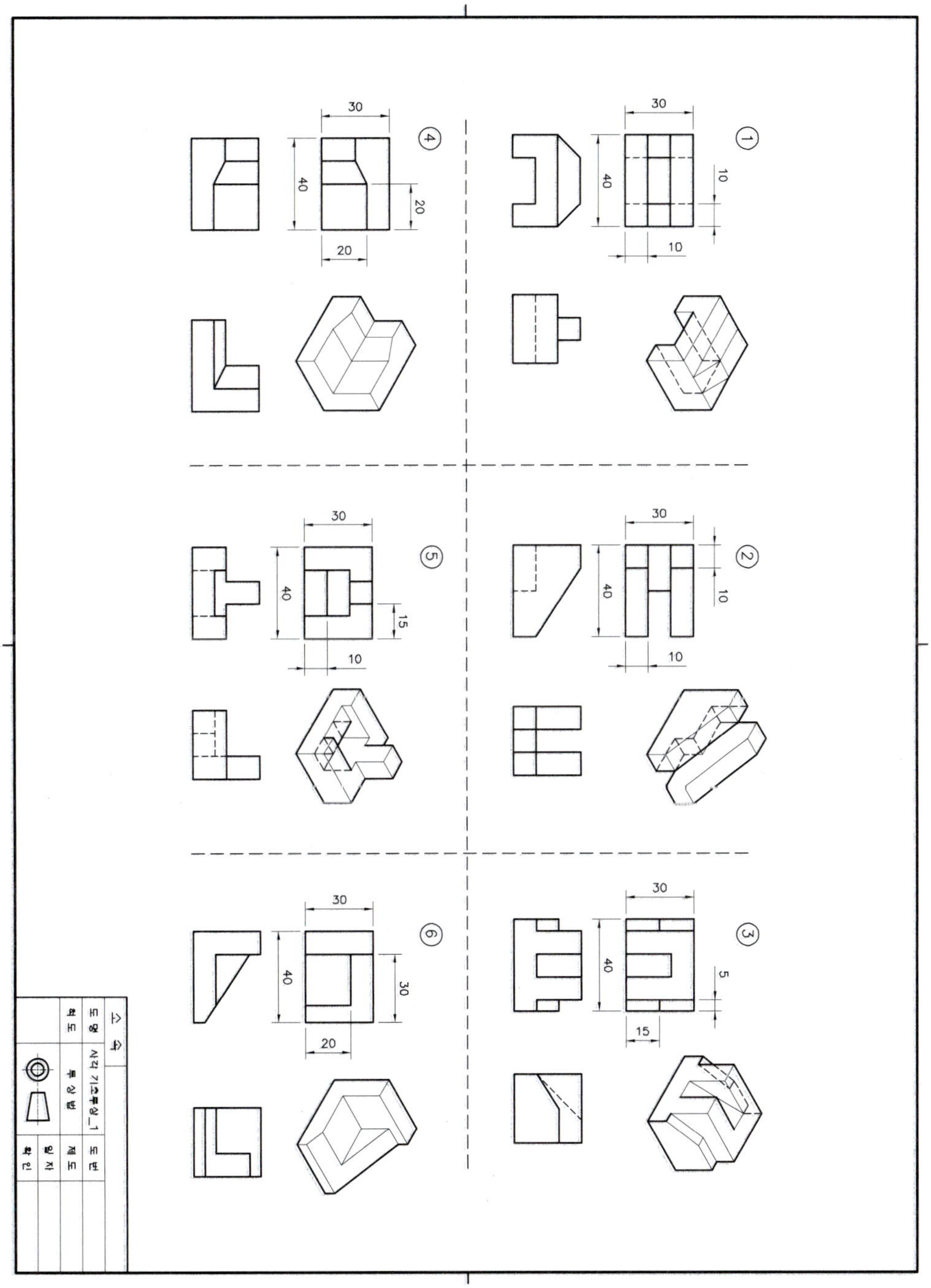

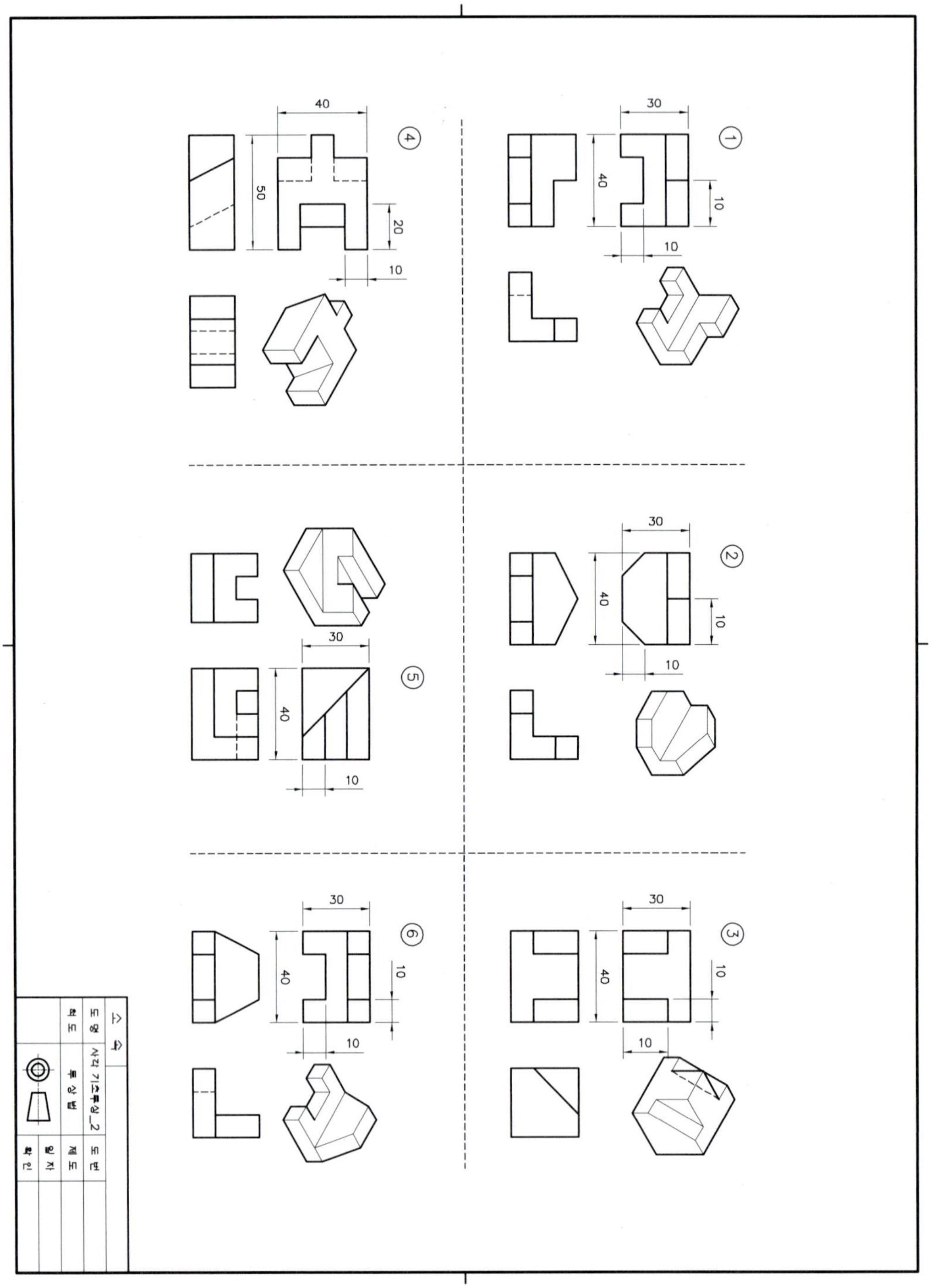

Chapter

05

곡선이 들어가는 기초투상도

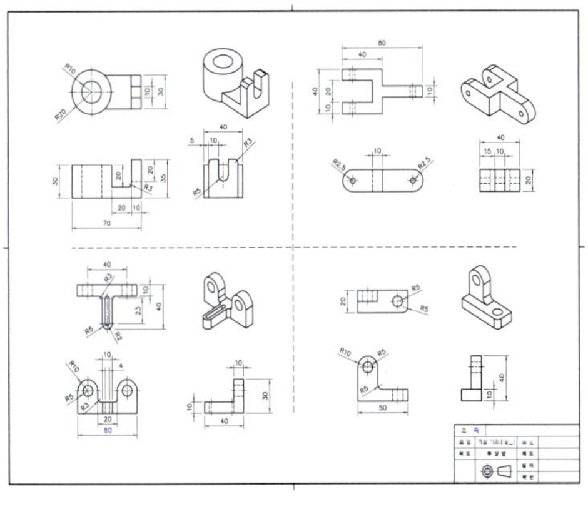

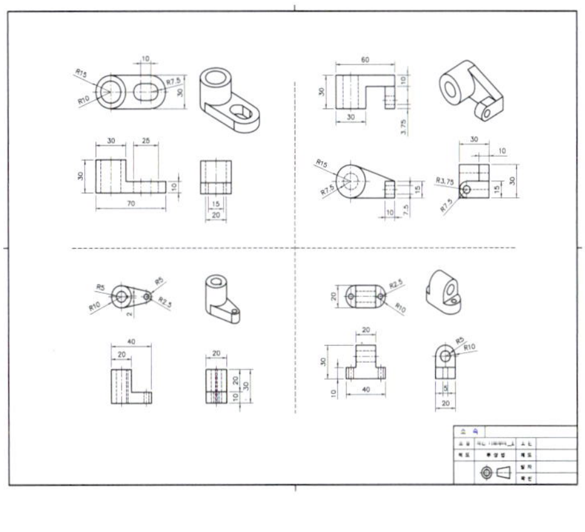

AutoCAD 2013

실습 목적

① 원, 원호 명령을 배운다.
② 속성 복사하는 명령을 배운다.
③ 기초 투상도에 대하여 이해한다.

AutoCAD 2013

실습 시간

1.5 hr ~ 2.0 hr

AutoCAD 2013

실습 내용

① 원 그리기 _ CIRCLE
② 원호 그리기 _ ARC
③ 객체 속성 복사하기 _ MATCHPROP

AutoCAD 2013

참고 사항

- 곡면을 갖는 기초 투상도의 이해
- 원, 원호 그리는 방법

01

SECTION

원 그리기 _ CIRCLE

원을 그리기 위하여 반지름, 지름 치수를 입력하거나, 객체 속성점을 이용한다.

1 중심점과 반지름을 이용한 원 그리기

원의 중심점을 선택하고 반지름을 수치로 입력하여 원을 그린다.

1) 명령의 실행

❶ ▸메뉴 표시줄 [Draw] – [Circle] – [Center, Radius] 선택
▸Draw 도구모음 [Circle] 선택

❷ Command : CIRCLE 또는 C Enter↵

2) 명령 사용법 따라하기

❶ ▸명령 실행, (C Enter↵)
▸도면의 임의 위치에 원의 중심점 클릭
▸15 Enter↵

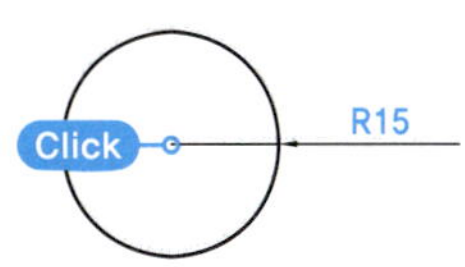

2 중심점과 지름을 이용한 원 그리기

원의 중심점을 선택하고 지름을 수치로 입력하여 원을 그린다.

1) 명령의 실행

❶ ▸메뉴 표시줄 [Draw] – [Circle] – [Center, Diameter] 선택

❷ Command : CIRCLE 또는 C Enter↵ D Enter↵

2) 명령 사용법 따라하기

지름을 이용하여 원을 그리는 옵션 ⟨D⟩를 이용한다.

❶
- ▸명령 실행, (C Enter↵)
- ▸도면의 임의 위치에 원의 중심점 클릭
- ▸D Enter↵
- ▸30 Enter↵

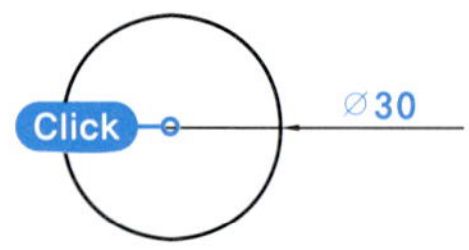

3 원주 상의 3점을 이용하여 원 그리기

원을 이루는 원주 상의 3점의 위치를 입력하여 원을 그린다.

1) 명령의 실행

❶ ▸메뉴 표시줄 [Draw] – [Circle] – [3 Point] 선택

❷ Command : CIRCLE 또는 C Enter↵ 3P Enter↵

2) 명령 사용법 따라하기

원주 상의 3점으로 원을 그리기 위하여 옵션 ⟨3P⟩를 이용한다.

❶
- ▸명령 실행, (C Enter↵)
- ▸3P Enter↵
- ▸원주의 첫 번째 점을 클릭
- ▸원주의 두 번째 점을 클릭
- ▸원주의 세 번째 점을 클릭

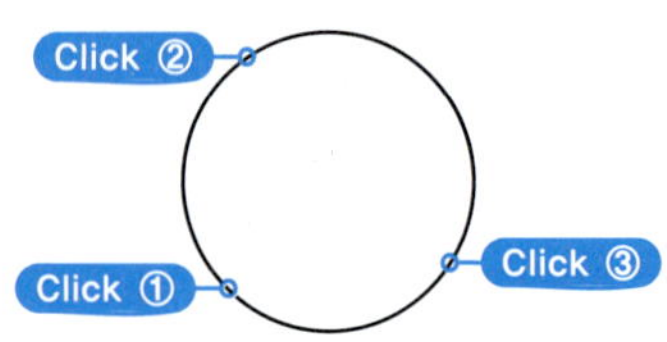

4 원의 지름을 정의하는 2점을 이용하여 원 그리기

원의 지름을 직선의 2점 위치 좌표로 입력하여 원 그린다.

1) 명령의 실행

❶ ▸메뉴 표시줄 [Draw] – [Circle] – [2 Point] 선택

❷ Command : CIRCLE 또는 C Enter↵ 2P Enter↵

2) 명령 사용법 따라하기

원의 지름을 정의하는 직선의 위치 좌표를 입력하기 위하여 옵션 〈2P〉를 이용한다.

❶
- ▸명령 실행, (C Enter↵)
- ▸2P Enter↵
- ▸지름의 시작점을 클릭
- ▸지름의 끝점을 클릭

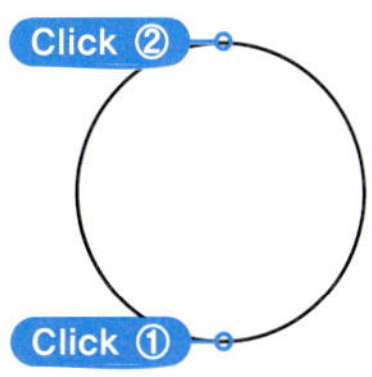

5 두 접점과 반지름을 이용하여 원 그리기

두 객체와 접하는 일정한 반지름을 갖는 원을 그린다.

1) 명령의 실행

❶ ▸메뉴 표시줄 [Draw] – [Circle] – [Tan, Tan, Radius] 선택

❷ Command : CIRCLE 또는 C Enter↵ TTR Enter↵

2) 명령 사용법 따라하기

객체 속성점을 이용하여 두 접점을 클릭하고 원의 반지름을 수치로 입력한다.

❶ ▸ 명령 실행, (C Enter↵)
▸ TTR Enter↵
▸ 원의 그리기 위한 첫 번째 접점을 클릭
▸ 원의 그리기 위한 두 번째 접점을 클릭
▸ 원의 반지름 Enter↵

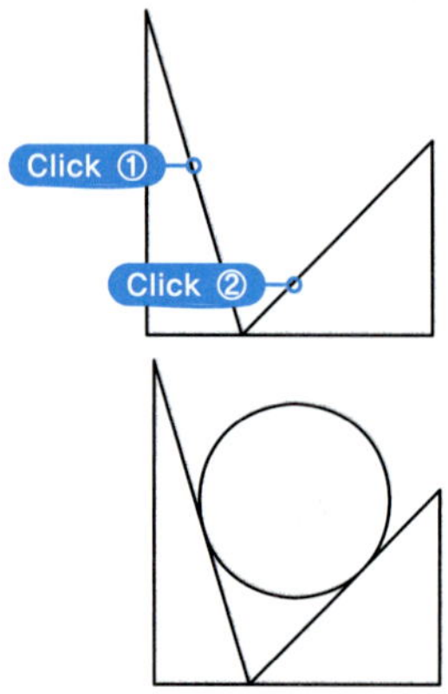

SECTION 02

원호 그리기 _ ARC

원호의 중심점과 반지름 등을 위치 좌표 또는 객체 속성점을 이용하여 그린다.

1 3점을 이용하여 원호 그리기

원호를 이루는 3점을 선택하여 원호을 그린다.

1) 명령의 실행

❶ ▸메뉴 표시줄 [Draw] – [Arc] – [3 Point] 선택
▸Draw 도구모음 [Arc] 선택

❷ Command : ARC Enter↵

2) 명령 사용법 따라하기

3점의 위치를 좌표로 입력하거나 객체 속성점을 선택한다.

❶ ▸명령 실행, (ARC Enter↵)
▸호를 이루는 첫 번째 점을 클릭
▸호를 이루는 두 번째 점을 클릭
▸호를 이루는 세 번째 점을 클릭
※ 원호가 그려지는 방향은 시작점과 끝점의 순서와 무관하나.

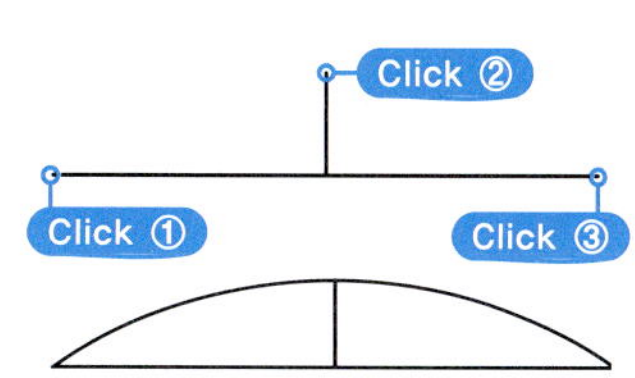

2 시작점, 끝점, 중심점을 이용하여 원호 그리기

원호의 시작점과 끝점을 선택하고 중심점을 입력하여 원호를 그린다.

1) 명령의 실행

❶ ▸메뉴 표시줄 [Draw] – [Arc] – [Start, Center, End] 선택
▸Draw 도구모음 [Arc] 선택

❷ Command : ARC Enter↵

2) 명령 사용법 따라하기

원호를 그리기 위하여 시작점을 선택 후 중심점 선택 옵션 〈C〉를 이용한다.

❶ ▸명령 실행, (ARC Enter↵)
▸원호의 시작점을 클릭
▸C Enter↵
▸원호의 중심점을 클릭
▸원호의 끝점을 클릭
※ 원호가 그려지는 방향은 시작점과 끝점 입력 순서의 반시계방향이다.

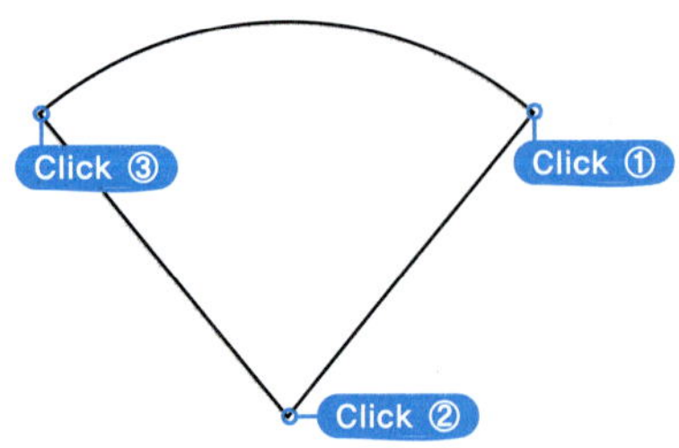

❷ ▸명령 실행, (ARC Enter↵)
▸원호의 시작점을 왼쪽에서 클릭
▸C Enter↵
▸원호의 중심점을 클릭
▸원호의 끝점을 오른쪽에서 선택

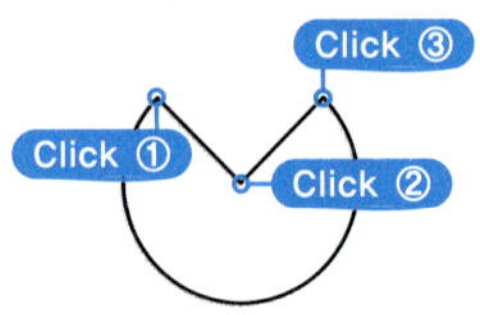

3 시작점, 중심점, 각도를 이용하여 원호 그리기

원호의 시작점과 중심점을 선택하고 원호가 이루는 각도를 입력하여 그린다.

1) 명령의 실행

❶ ▸메뉴 표시줄 [Draw] – [Arc] – [Start, Center, Angle] 선택
▸Draw 도구모음 [Arc] 선택

❷ Command : ARC Enter↵

2) 명령 사용법 따라하기

원호의 시작점을 선택한 후 중심점을 선택하기 위하여 옵션 〈C〉와 각도를 입력하기 위한 옵션 〈A〉를 이용한다.

❶ ▸명령 실행, (ARC Enter↵)
▸원호의 시작점을 오른쪽에서 클릭
▸C Enter↵
▸원호의 중심점을 클릭
▸A Enter↵
▸60 Enter↵
※ 원호가 그려지는 방향은 각도의 방향과 동일

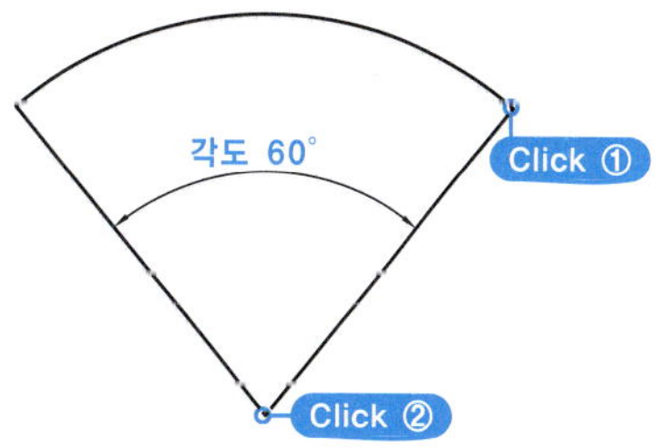

4 시작점, 끝점, 반지름을 이용하여 원호 그리기

원호의 시작점과 끝점을 선택하고 반지름 치수를 입력하여 그린다.

1) 명령의 실행

❶ ▸메뉴 표시줄 [Draw] – [Arc] – [Start, End, Radius] 선택

▸Draw 도구모음 [Arc] 선택

❷ Command : ARC Enter↵

2) 명령 사용법 따라하기

원호의 시작점을 입력하고 끝점을 입력하기 위한 옵션 〈E〉와 반지름을 입력하기 위하여 〈R〉을 이용한다.

❶ ▸명령 실행, (ARC Enter↵)
▸원호의 시작점을 오른쪽에서 클릭
▸E Enter↵
▸원호의 끝점을 왼쪽에서 클릭
▸R Enter↵
▸20 Enter↵

※ 원호가 그려지는 방향은 시작점과 끝점 순서의 반시계방향이다.

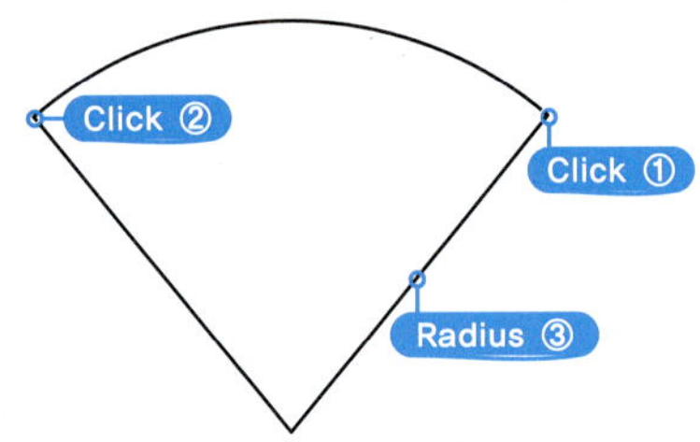

❷ ▸명령 실행, (ARC Enter↵)
▸원호의 시작점을 왼쪽에서 클릭
▸E Enter↵
▸원호의 끝점을 오른쪽에서 클릭
▸R Enter↵
▸20 Enter↵

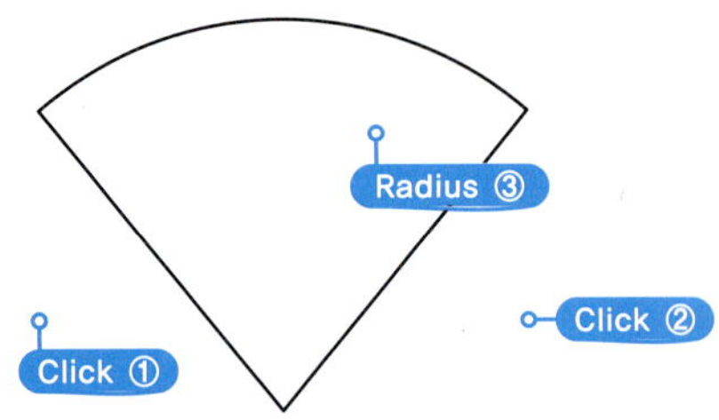

03 SECTION

객체 속성 복사하기 _ MATCHPROP

1 객체 특성 복사하기

MATCHPROP 명령은 객체의 특성과 도면층을 복사하는 명령이다.

1) 명령의 실행

❶ ▸메뉴 표시줄 [Modify] – [Match Properties] 선택

▸Standard 도구모음 [Match Properties] 선택

❷ Command : MATCHPROP 또는 MA Enter↵

2) 명령 사용법 따라하기

❶ ▸명령 실행, (MA Enter↵)

▸속성을 복사할 원본 객체를 선택

▸속성을 복사할 대상 객체를 선택

▸명령 종료 (Enter↵)

04 SECTION

예제 따라하기

1) 정면도 그리기

❶ ▸명령 실행, (L Enter↵)
▸시작점 클릭
▸끝점 클릭
▸명령 종료 (Enter↵)

※ 같은 방법으로 그림을 완성

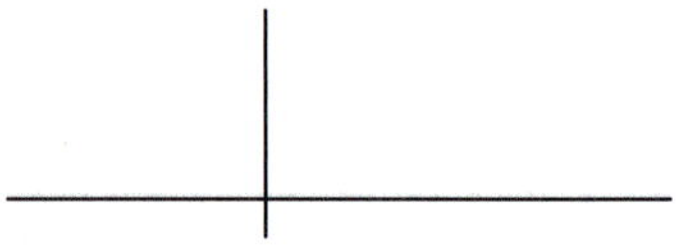

❷ ▸명령 실행, (O Enter↵)
▸10 Enter↵
▸아랫쪽 수평선 클릭
▸수평선 위쪽 클릭
▸명령 종료 (Enter↵)

※ 같은 방법으로 그림을 완성

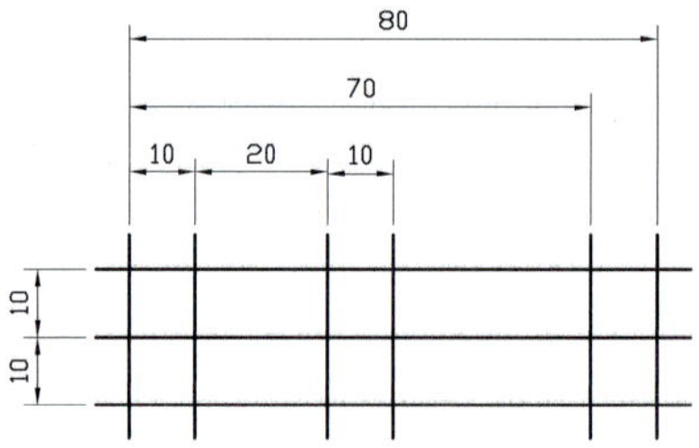

❸ ▸명령 실행, (TR Enter↵)
▸외곽선 네 개 클릭
▸명령 진행 (Enter↵)
▸불필요한 선들 클릭
▸명령 종료 (Enter↵)

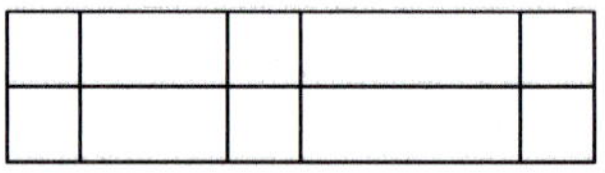

❹ ▸명령 실행, (C Enter↵)
▸수직선과 수평선 교차점 클릭
▸10 Enter↵

※ 같은 방법으로 그림을 완성

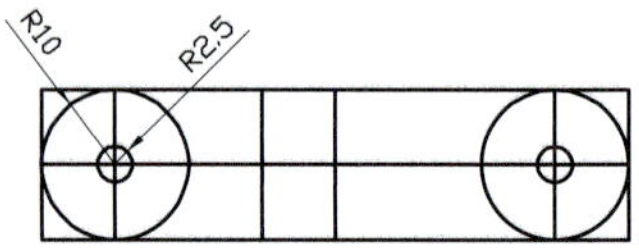

⑤ ▸명령 실행, (TR Enter↵)
▸정면도 외곽선들 클릭
▸명령 진행 (Enter↵)
▸불필요한 선들 클릭
▸명령 종료 (Enter↵)

▸중심선 객체 선택
▸Layers 도구모음 pull-down 메뉴
▸1번 레이어 선택
▸객체 선택 취소 (Esc)

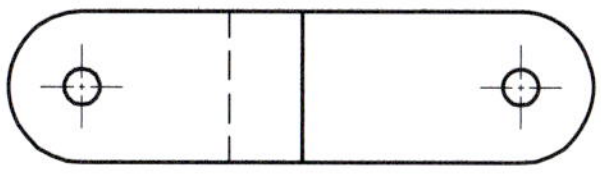

▸숨은선 객체 선택
▸Layers 도구모음 pull-down 메뉴
▸2번 레이어 선택
▸객체 선택 취소 (Esc)

2) 평면도 그리기

① ▸명령 실행, (L Enter↵)
▸시작점 클릭
▸끝점 클릭
▸명령 종료 (Enter↵)

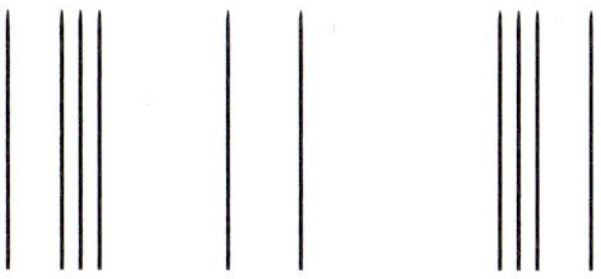

※ 같은 방법으로 그림과 같이 정면도에서 윗방향으로 선들을 그린다.

② ▸명령 실행, (L Enter↵)
▸시작점 클릭
▸끝점 클릭
▸명령 종료 (Enter↵)

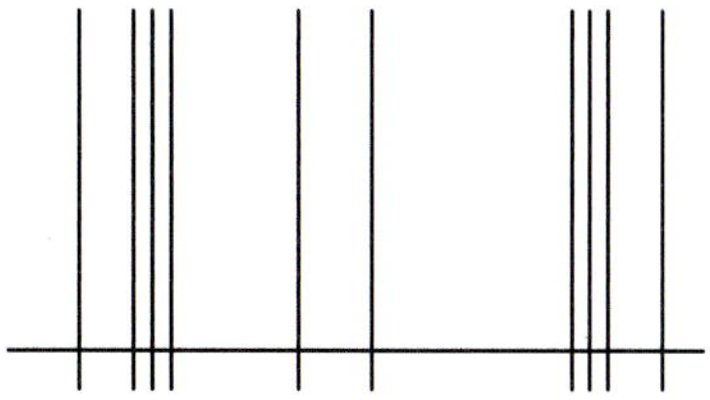

❸ ▸명령 실행, (O Enter↵)
▸10 Enter↵
▸아랫쪽 수평선 클릭
▸수평선 위쪽 클릭
▸명령 종료 (Enter↵)

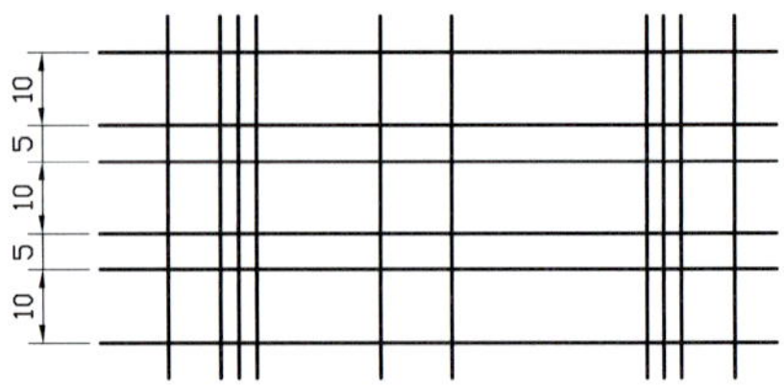

※ 같은 방법으로 그림을 완성

❹ ▸명령 실행, (TR Enter↵)
▸외곽선 네 개 클릭
▸명령 진행 (Enter↵)
▸불필요한 선들 클릭
▸명령 종료 (Enter↵)

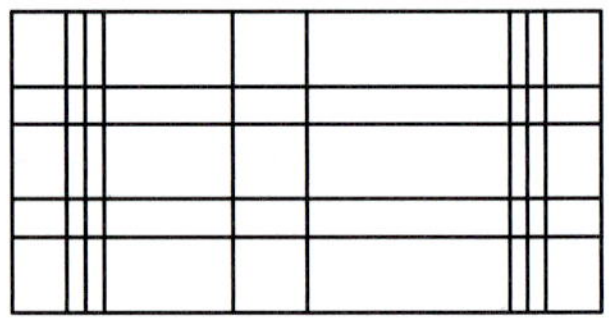

❺ ▸명령 실행, (TR Enter↵)
▸평면도 외곽선들 클릭
▸명령 진행 (Enter↵)
▸불필요한 선들 클릭
▸명령 종료 (Enter↵)

▸명령 실행, (E Enter↵)
▸삭제할 선들 클릭
▸명령 종료 (Enter↵)

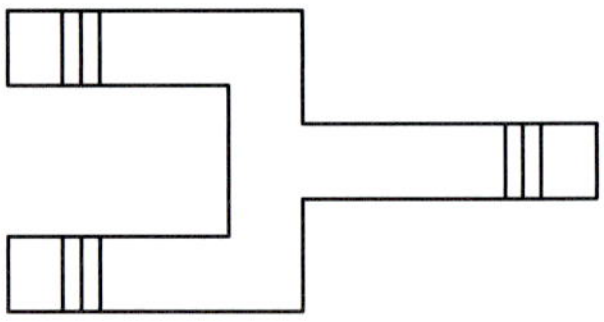

❻ ▸중심선 객체 선택
▸Layers 도구모음 pull-down 메뉴
▸1번 레이어 선택
▸객체 선택 취소 (Esc)

▸숨은선 객체 선택
▸Layers 도구모음 pull-down 메뉴
▸2번 레이어 선택
▸객체 선택 취소 (Esc)

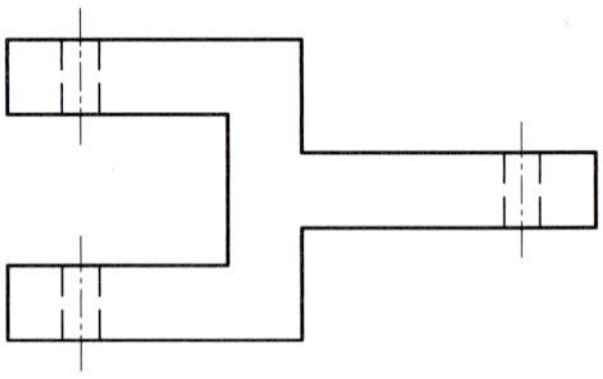

3) 우측면도 그리기

❶ ▸명령 실행, (L Enter↵)
▸시작점 클릭
▸끝점 클릭
▸명령 종료 (Enter↵)

※ 같은 방법으로 그림과 같이 정면도에서 오른 쪽방향으로 선들을 그린다.

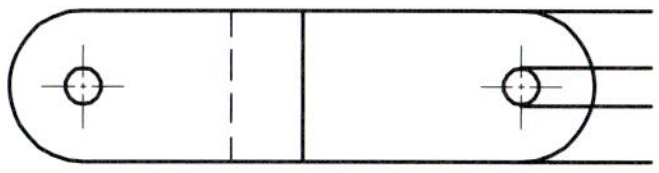

❷ ▸명령 실행, (L Enter↵)
▸시작점 클릭
▸끝점 클릭
▸명령 종료 (Enter↵)

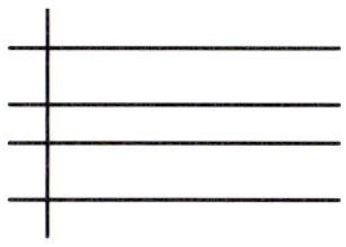

❸ ▸명령 실행, (O Enter↵)
▸15 Enter↵
▸왼쪽 수직선 클릭
▸수직선 오른쪽 클릭
▸명령 종료 (Enter↵)

※ 같은 방법으로 그림을 완성

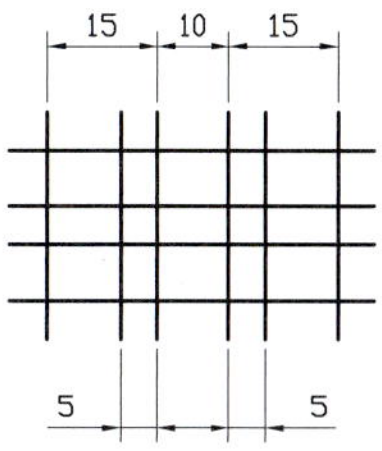

❹ ▸명령 실행, (TR Enter↵)
▸우측면도 외곽선들 클릭
▸명령 진행 (Enter↵)
▸불필요한 선들 클릭
▸멍령 종료 (Enter↵)

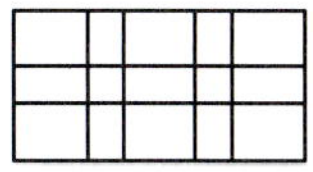

❺ ▸숨은선 객체 선택
▸Layers 도구모음 pull-down 메뉴
▸2번 레이어 선택
▸객체 선택 취소 (Esc)

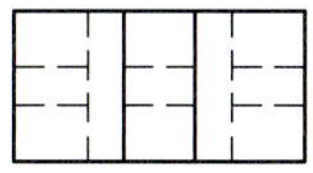

연습 과제

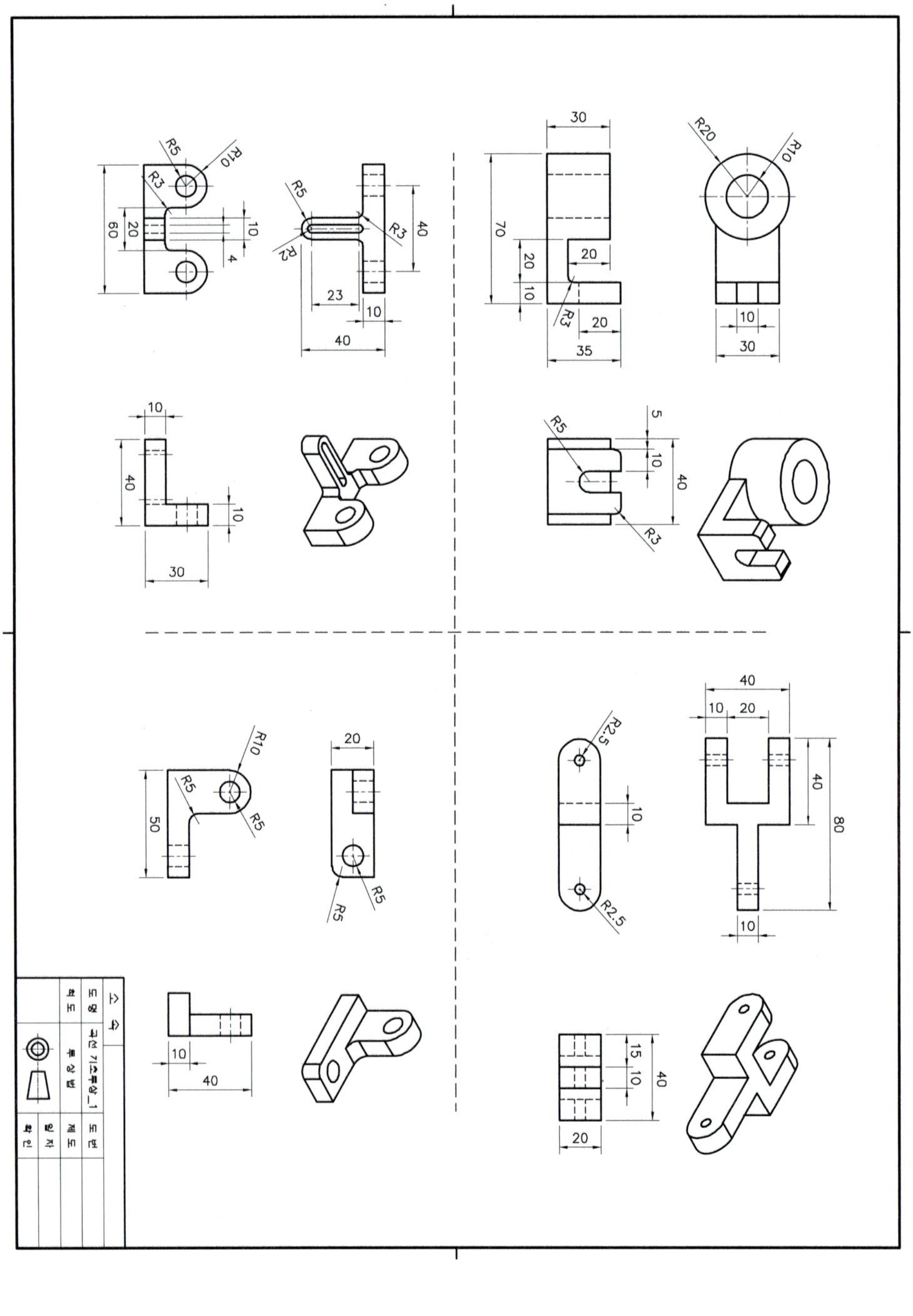

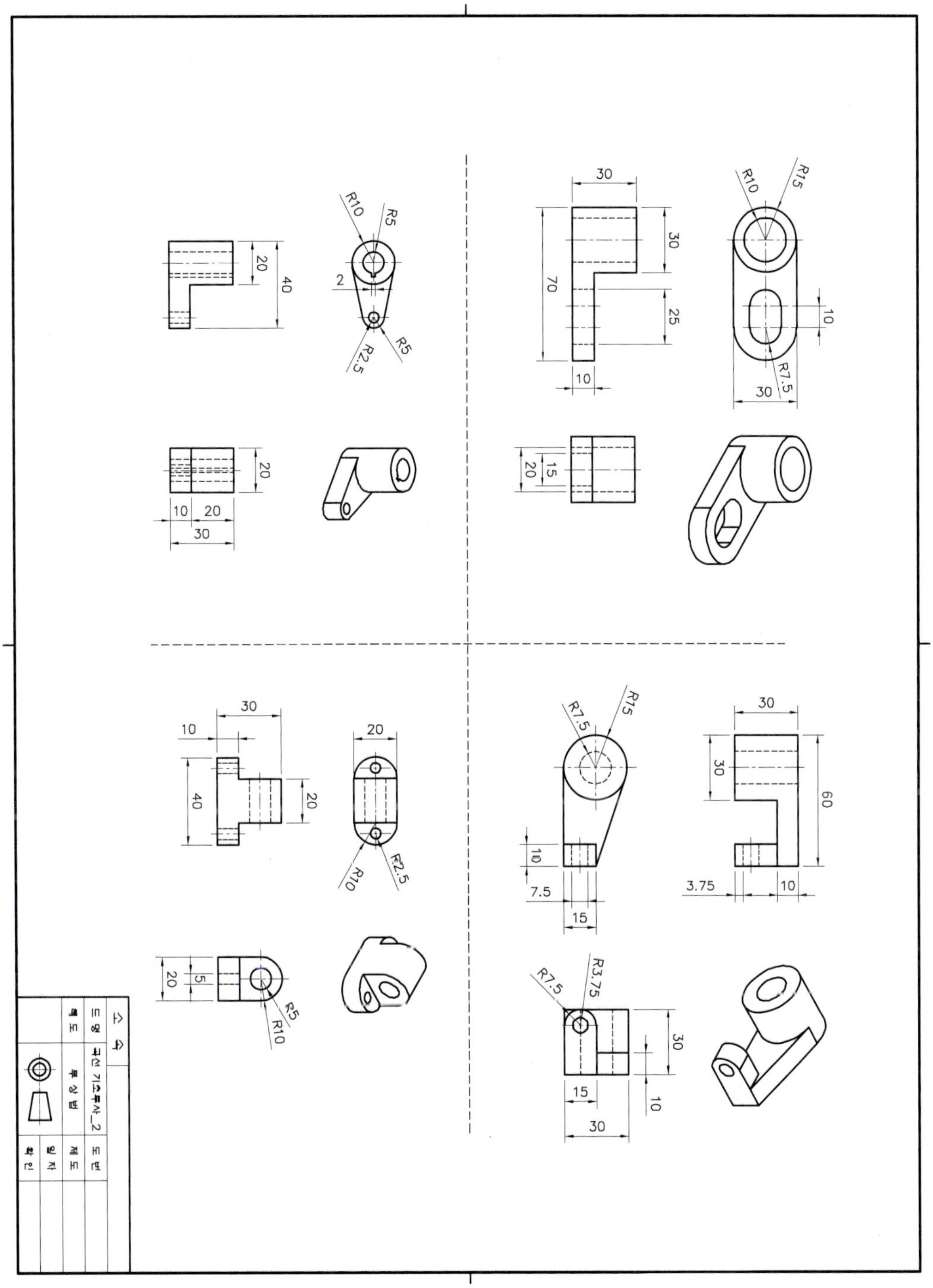
소속
도명 곡선 기초투상_2
척도
투상법
도번
제도
일자
확인

Chapter

06

복사, 이동, 회전

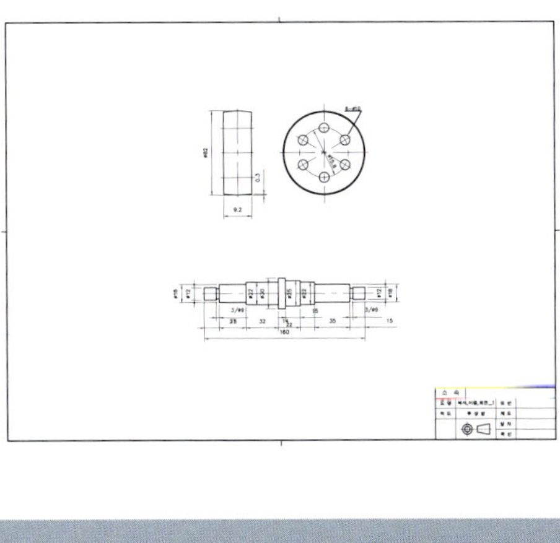

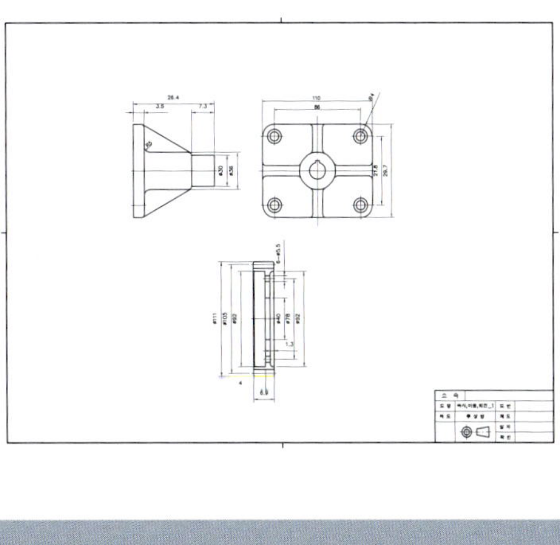

AutoCAD 2013

실습 목적

① 복사, 이동, 회전 명령에 대하여 배운다.
② 대칭 복사, 배열 복사 명령에 대하여 배운다.
③ 반복되는 형상을 그리는 방법을 배운다.

AutoCAD 2013

실습 시간

1.5 hr ~ 2.0 hr

AutoCAD 2013

실습 내용

① 복사하기 _ COPY
② 이동하기 _ MOVE
③ 회전하기 _ ROTATE
④ 대칭 복사하기 _ MIRROR
⑤ 배열 복사하기 _ ARRAY

AutoCAD 2013

참고 사항

- 복사, 이동, 회전 명령을 이용하는 방법
- 대칭 형상, 반복 형상을 그리는 방법

01 SECTION

복사하기 _ COPY

도면 작성시 같은 모양과 크기를 갖는 객체를 반복해서 그린다.

1 같은 모양과 크기의 객체 복사하기

1) 명령어의 실행

❶ ▸메뉴 표시줄 [Modify] – [Copy] 선택
▸Modify 도구모음 [Copy] 선택

❷ Command : COPY 또는 CO Enter↵

2) 명령어 사용법 따라하기

❶
- ▸명령 실행, (CO Enter↵)
- ▸복사할 객체를 선택
- ▸명령 진행 (Enter↵)
- ▸원본 객체의 기준점을 클릭(Click–1)
- ▸복사 위치의 기준점을 클릭(Click–2)
- ▸계속해서 복사하기 위해 복사할 위치의 기준점을 클릭
- ▸명령 종료 (Enter↵)

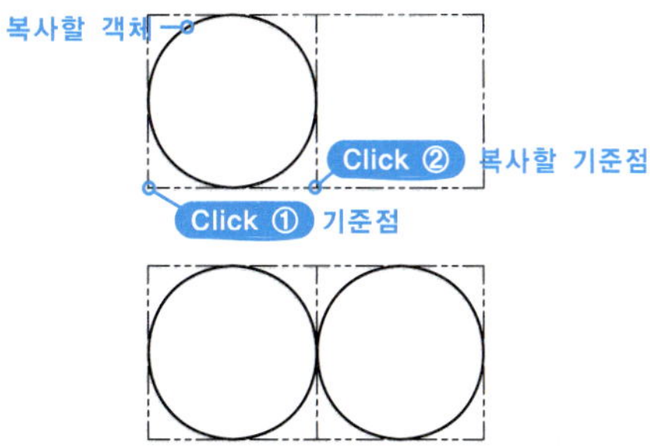

02
SECTION

이동하기 _ MOVE

작성된 객체를 현재 위치에서 다른 위치로 옮기는 명령이다.

1 객체의 위치를 이동하기

1) 명령어의 실행

❶ ▸메뉴 표시줄 [Modify] – [Move] 선택
▸Modify 도구모음 [Move] 선택

❷ Command : MOVE 또는 M Enter↵

2) 명령어 사용법 따라하기

❶ ▸명령 실행, (M Enter↵)
▸위치를 이동할 객체들을 선택
▸명령 진행 (Enter↵)
▸원본 객체의 기준점을 클릭(Click–1)
▸이동 위치의 기준점을 클릭(Click–2)

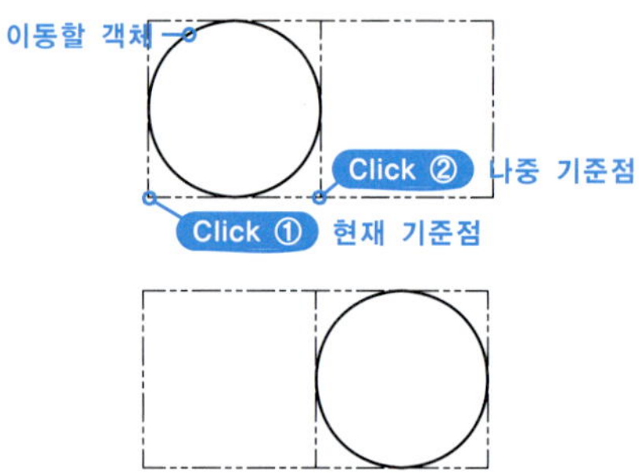

03

SECTION

회전하기 _ ROTATE

객체를 회전시키는 명령으로 회전 중심이 되는 점(point)을 기준으로 회전한다.

1 객체를 회전 중심을 기준으로 회전시키기

1) 명령어의 실행

❶ ▸메뉴 표시줄 [Modify] – [Rotate] 선택

▸Modify 도구모음 [Rotate] 선택

❷ Command : ROTATE 또는 RO Enter↵

2) 명령어 사용법 따라하기

❶ ▸명령 실행, (RO Enter↵)

▸회전시킬 객체들을 선택

▸녕령 신행 (Enter↵)

▸회전 중심점을 클릭

▸60 Enter↵

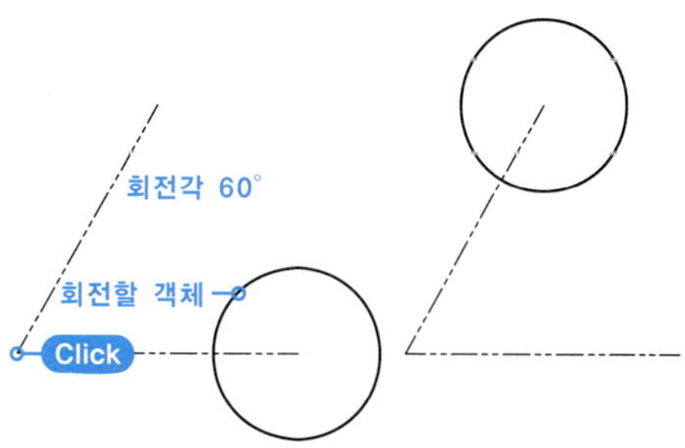

TIP

➡ ROTATE 명령의 옵션

▸복사(Copy) : 객체를 회전 이동시킨 후 원본 객체를 유지한다.

▸참조(Reference) : 참조 각도를 기준으로 입력한 각도로 회전시킨다.

04
SECTION

객체 대칭 복사하기 _ MIRROR

형상의 좌우 혹은 상하 대칭을 MIRROR 명령을 이용하여 대칭 복사한다.

1 정의된 축을 기준으로 객체를 대칭 복사하기

1) 명령어의 실행

❶ ▸메뉴 표시줄 [Modify] – [Mirror] 선택
▸Modify 도구모음 [Mirror] 선택

❷ Command : MIRROR 또는 MI Enter↵

2) 명령어 사용법 따라하기

❶ ▸명령 실행, (MI Enter↵)
▸대칭 객체를 선택
▸명령 진행 (Enter↵)
▸대칭 축의 시작점을 클릭(Click–1)
▸대칭 축의 끝점을 클릭(Click–2)
▸Y Enter↵ (원본 유지)

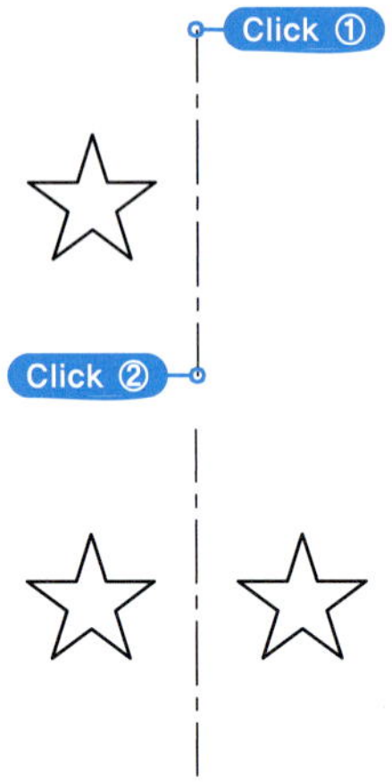

SECTION 05

배열 복사하기 _ ARRAY

객체를 사각형 또는 원형의 일정한 패턴으로 배열 복사하는 명령이다.

1 원본 객체를 사각 배열하기

사각 배열은 객체를 행(Row)과 열(Column)의 일정한 간격으로 배열 복사한다.

1) 명령어의 실행

❶ ▸메뉴 표시줄 [Modify] – [Array...] 선택
▸Modify 도구모음 [Array...] 선택

❷ Command : ARRAY 또는 AR Enter↵

2) 명령어 사용법 따라하기

❶ ▸명령 실행, (AR Enter↵)
▸배열 복사할 객체들을 선택
▸명령 진행 (Enter↵)
▸R Enter↵ (사각 배열 옵션)
▸R Enter↵ (Row 옵션)
▸2 Enter↵ (Row 수)
▸25 Enter↵ (Row 간격)
▸명령 진행 (Enter↵)
▸COL Enter↵ (Column 옵션)
▸5 Enter↵ (Column 수)
▸15 Enter↵ (Column 간격)
▸명령 종료 (Enter↵)

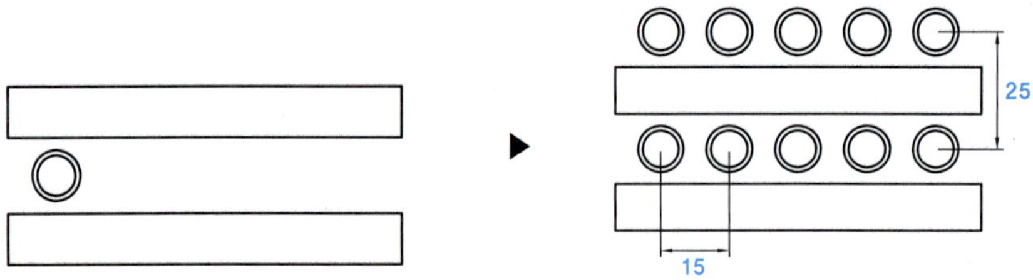

2 원본 객체를 원형 배열하기

객체 수와 회전 각도를 이용하여 일정한 각도 간격으로 배열 복사한다.

1) 명령어 사용법 따라하기

❶ ▸ 명령 실행, (AR Enter↵)
▸ 배열 복사할 객체들을 선택
▸ 명령 진행 (Enter↵)
▸ PO Enter↵ (원형 배열 옵션)
▸ 배열 중심점 클릭
▸ I Enter↵ (Item 옵셥)
▸ 8 Enter↵ (Item 수)
▸ F Enter↵ (채움 각 옵션)
▸ 360 Enter↵ (채움 각)
▸ 명령 종료 (Enter↵)

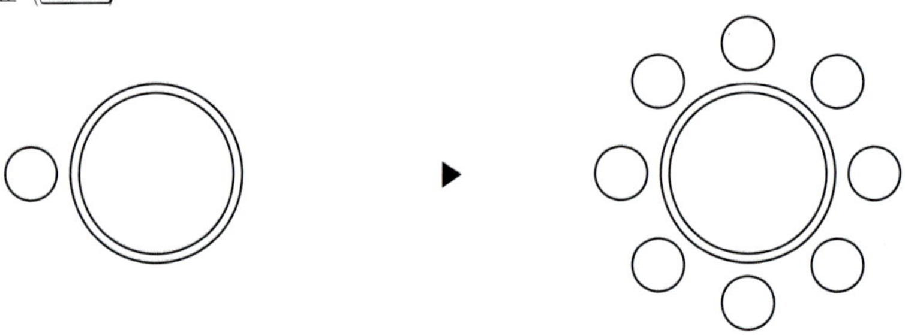

06 SECTION 예제 따라하기

1) 소재 외형을 위한 기준선 그리기

❶ ▸명령 실행, (L Enter↵)
▸수직선의 시작점 클릭
▸수직선의 끝점 클릭
▸명령 종료 (Enter↵)

※같은 방법으로 수평선 작성

▸명령 실행, (O Enter↵)
▸72 Enter↵
▸수평선 선택
▸수평선 위쪽 클릭
▸명령 종료 (Enter↵)

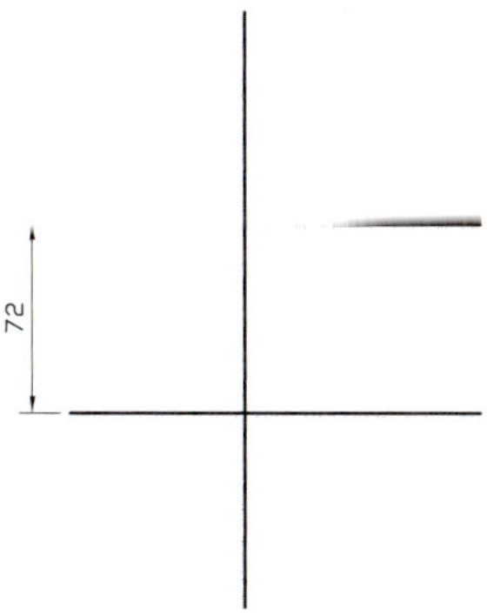

2) 소재 외형을 위한 기초선 그리기 및 정리하기

❶ ▸명령 실행, (O Enter↵)
▸79 Enter↵
▸수직선 클릭
▸수직선의 오른쪽 클릭
▸수직선의 왼쪽 클릭
▸명령 종료 (Enter↵)

※같은 방법으로 그림 완성

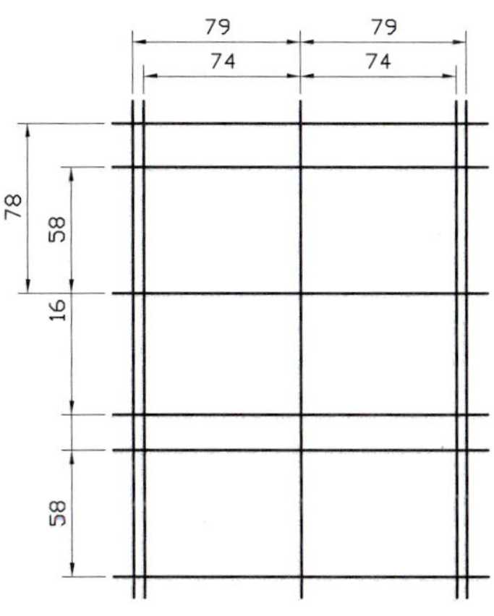

❷ ▸명령 실행, (C Enter↵)
▸수직선과 수평선의 교차점 클릭
▸78 Enter↵
▸명령 재실행, (Enter↵)
▸오른쪽 수직선과 수평선 교차점 클릭
▸28 Enter↵

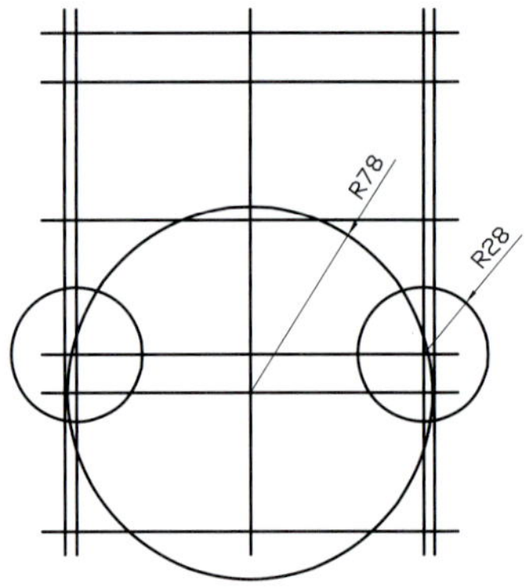

▸명령 실행, (CO Enter↵)
▸오른쪽 원 선택
▸명령 진행 (Enter↵)
▸오른쪽 원 중심점 클릭
▸왼쪽 수직선과 수평선 교차점 클릭
▸명령 종료 (Enter↵)

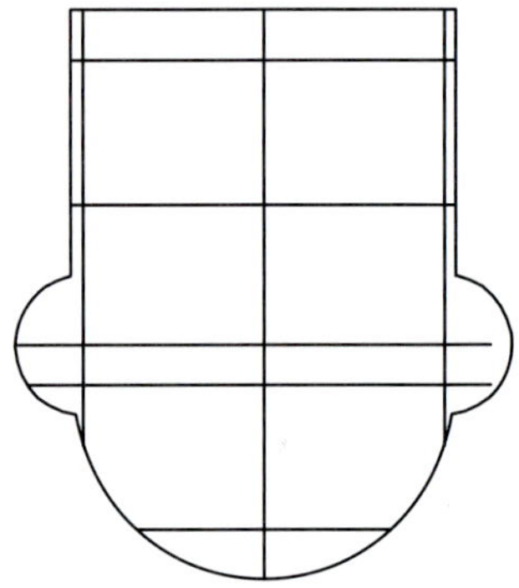

▸명령 실행, (TR and E Enter↵)
▸불필요한 선들 정리하여 그림 완성

4) 내부 원 그리기

❶ ▸명령 실행, (C Enter↵)
▸수직선과 수평선의 교차점 클릭
▸58 Enter↵

▸명령 실행, (CO Enter↵)
▸위쪽 원 선택
▸명령 진행 (Enter↵)
▸위쪽 원 중심점 클릭
▸아래쪽 수직선과 수평선 교차점 클릭
▸명령 종료 (Enter↵)

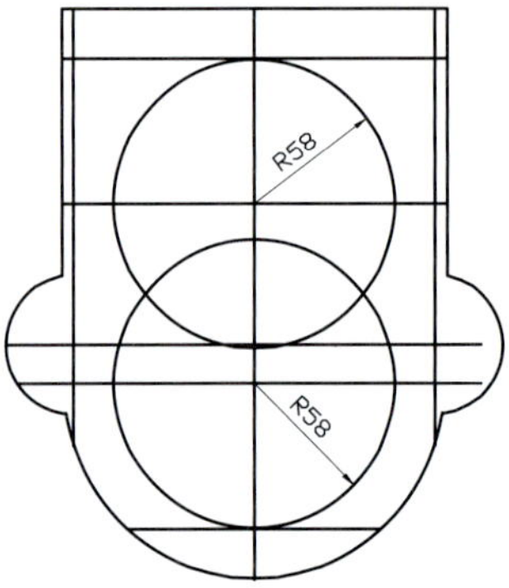

❷ ▸명령 실행, (L Enter↵)
▸위 수평선과 원의 교차점 클릭
▸아래 수평선과 원의 교차점 클릭
▸명령 종료 (Enter↵)

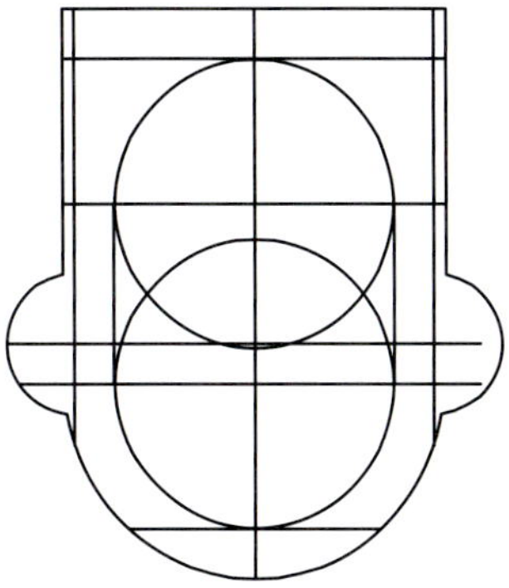

▸명령 실행, (CO Enter↵)
▸수직선 선택
▸명령 진행 (Enter↵)
▸수직선 시작점 클릭
▸반대편 원과 수평선 교차점 클릭
▸명령 종료 (Enter↵)

▸명령 실행, (TR and E Enter↵)
▸불필요한 선들 그림과 같이 삭제

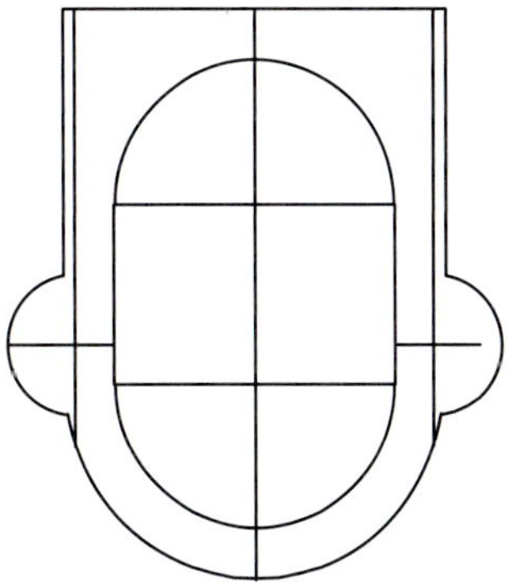

❸ ▸명령 실행, (C Enter↵)
▸수직선과 원호의 교차점 클릭
▸11 Enter↵

※같은 방법으로 R6.6의 원 작성

▸명령 실행, (CO Enter↵)
▸두개의 원 선택
▸명령 진행 (Enter↵)
▸원의 중심점 클릭
▸수직선과 수평선의 교차점 클릭
▸명령 종료 (Enter↵)

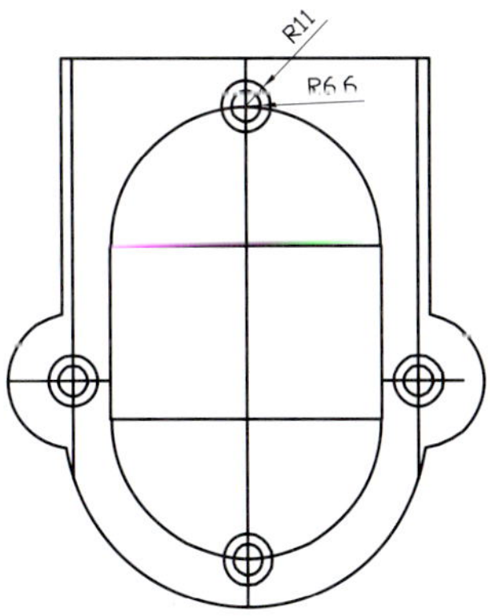

❹ ▸명령 실행, (TR and E Enter↵)
▸불필요한 선들 그림과 같이 삭제

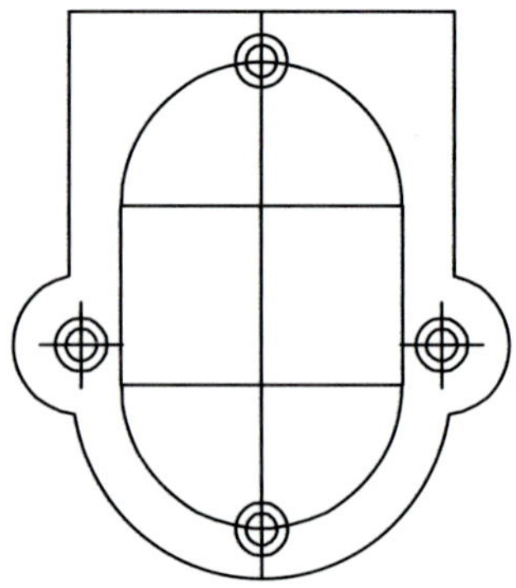

❺ ▸명령 실행, (C Enter↵)
▸수직선과 원호의 교차점 클릭
▸34 Enter↵

※같은 방법으로 R12의 원 작성

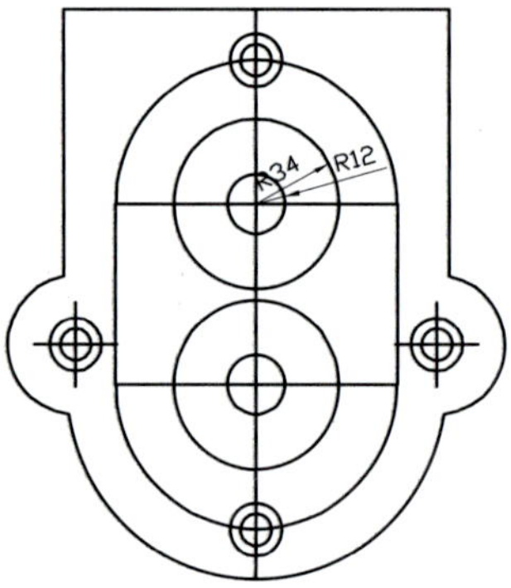

▸명령 실행, (CO Enter↵)
▸두개의 원 선택
▸명령 진행 (Enter↵)
▸원의 중심점 클릭
▸수직선과 수평선의 교차점 클릭
▸명령 종료 (Enter↵)

▸명령 실행, (L Enter↵)
▸위 수평선과 원의 교차점 클릭
▸아래 수평선과 원의 교차점 클릭
▸명령 종료 (Enter↵)

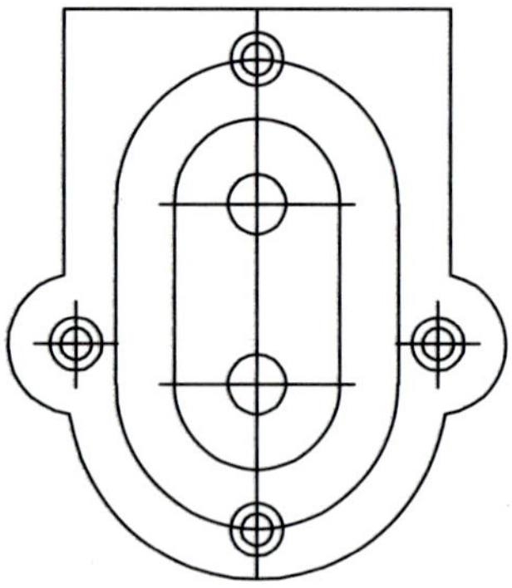

※같은 방법으로 그림 완성

▸명령 실행, (TR and E Enter↵)
▸불필요한 선들 그림과 같이 삭제

5) 정면도 완성하기

❶ ▸중심선 객체 선택
▸레이어 도구모음 1번 레이어 선택
▸객체 선택 취소 (Esc)
▸숨은선 객체 선택
▸레이어 도구모음 2번 레이어 선택
▸객체 선택 취소 (Esc)

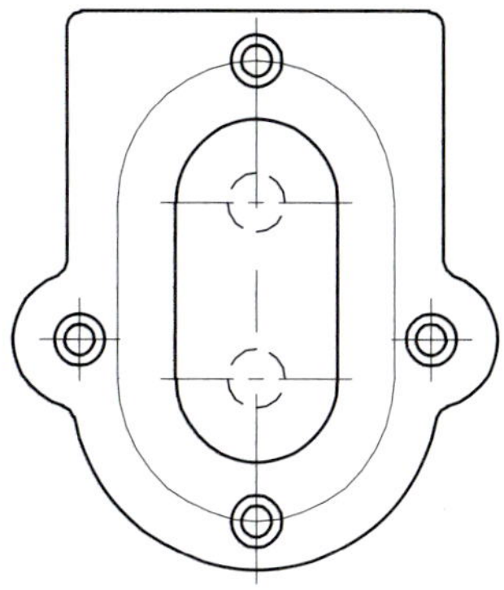

6) 우측면도 기준선 그리기

❶ ▸명령 실행, (L Enter↵)
▸정면도에서 시작점 클릭
▸오른쪽 임의 위치 끝점 클릭
▸명령 종료 (Enter↵)

※같은 방법으로 그림 완성

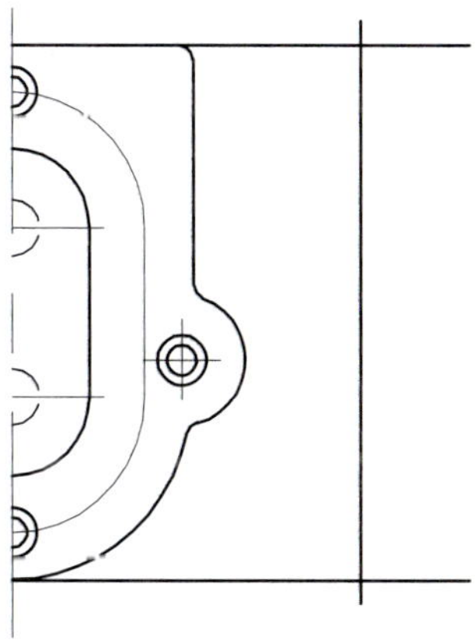

7) 우측면도 기초선 그리기

❶ ▸명령 실행, (L Enter↵)
▸정면도에서 시작점 클릭
▸오른쪽 임의 위치 끝점 클릭
▸명령 종료 (Enter↵)

※같은 방법으로 그림 완성

▸명령 실행, (O Enter↵)
▸38 Enter↵
▸수직선 클릭
▸수직선의 오른쪽 위치 클릭
▸명령 종료 (Enter↵)

※같은 방법으로 그림 완성

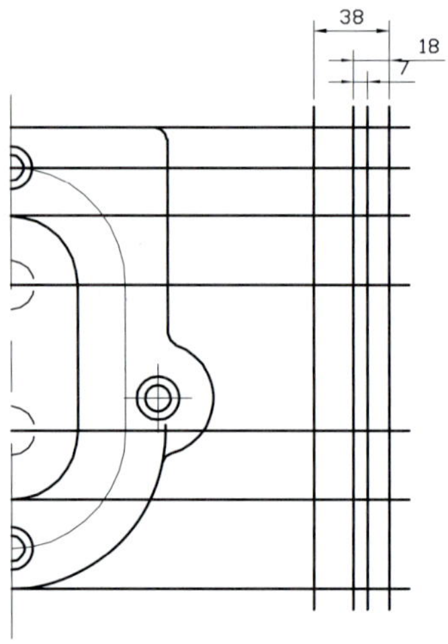

8) 우측면도 기초선 정리하기

❶ ▸명령 실행, (TR and E Enter↵)
▸불필요한 선들 그림과 같이 삭제

9) 우측면도에 구멍 그리기

❶ ▸명령 실행, (O Enter↵)
▸11 Enter↵
▸수평선 클릭
▸수평선의 아래쪽 클릭
▸명령 종료 (Enter↵)

※같은 방법으로 오른쪽 그림 완성

▸명령 실행, (TR and E Enter↵)
▸불필요한 선들 그림과 같이 삭제

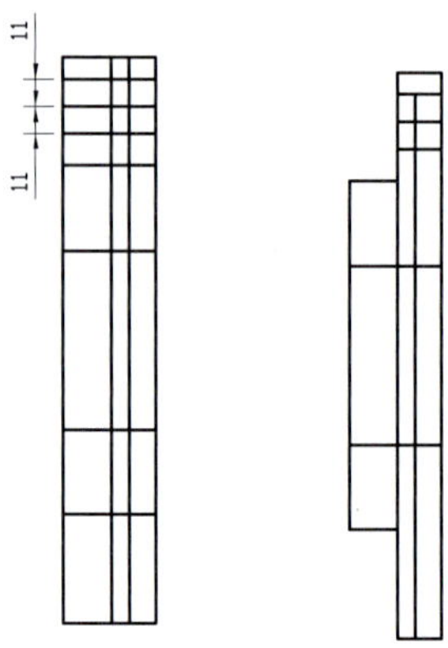

- 명령 실행, (O Enter↵)
- 6.6 Enter↵
- 수평선 클릭
- 수평선의 아래쪽 클릭
- 명령 종료 (Enter↵)

※같은 방법으로 오른쪽 그림 완성

- 명령 실행, (TR and E Enter↵)
- 불필요한 선들 그림과 같이 삭제

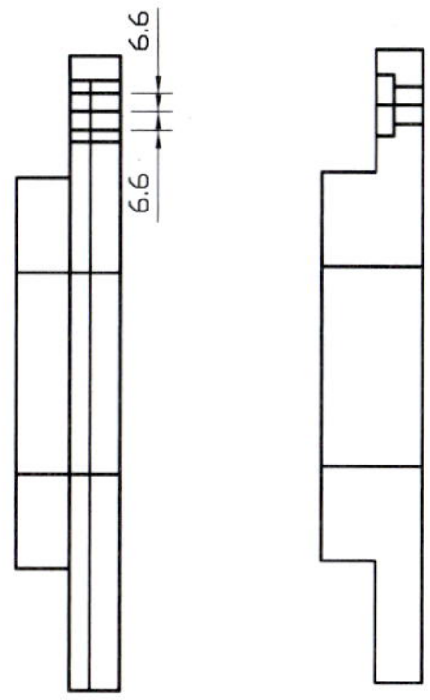

10) 우측면도에 홈 그리기 및 완성하기

❶
- 명령 실행, (O Enter↵)
- 12 Enter↵
- 수평선 클릭
- 수평선의 아래쪽 클릭
- 명령 종료 (Enter↵)

※같은 방법으로 오른쪽 그림 완성

- 명령 실행, (TR and E Enter↵)
- 불필요한 선들 그림과 같이 삭제

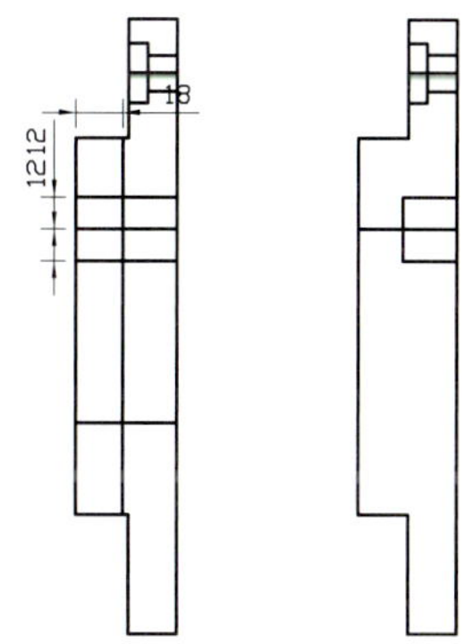

❷
- 명령 실행, (L Enter↵)
- 홈 부분 사각형 모서리 클릭 Enter↵
- @20<240
- 명령 종료 (Enter↵)

※같은 방법으로 아래쪽 경사선 작성

- 명령 실행, (TR and E Enter↵)
- 불필요한 선들 그림과 같이 삭제

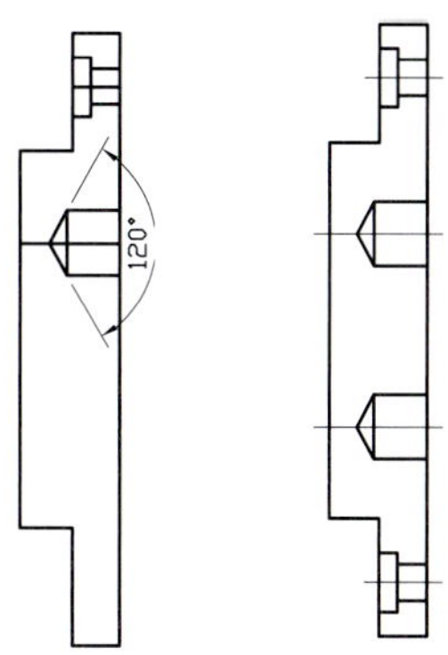

- 명령 실행, (MI Enter↵)
- 윗부분 형상 객체들 선택
- 명령 진행 (Enter↵)
- 좌측 수직선 중심점 클릭
- 우측 수직선 중심점 클릭
- 명령 종료 (Enter↵)

- 중심선 객체 선택
- 레이어 도구모음 1번 레이어 선택
- 객체 선택 취소 (Esc)

07 SECTION 연습 문제

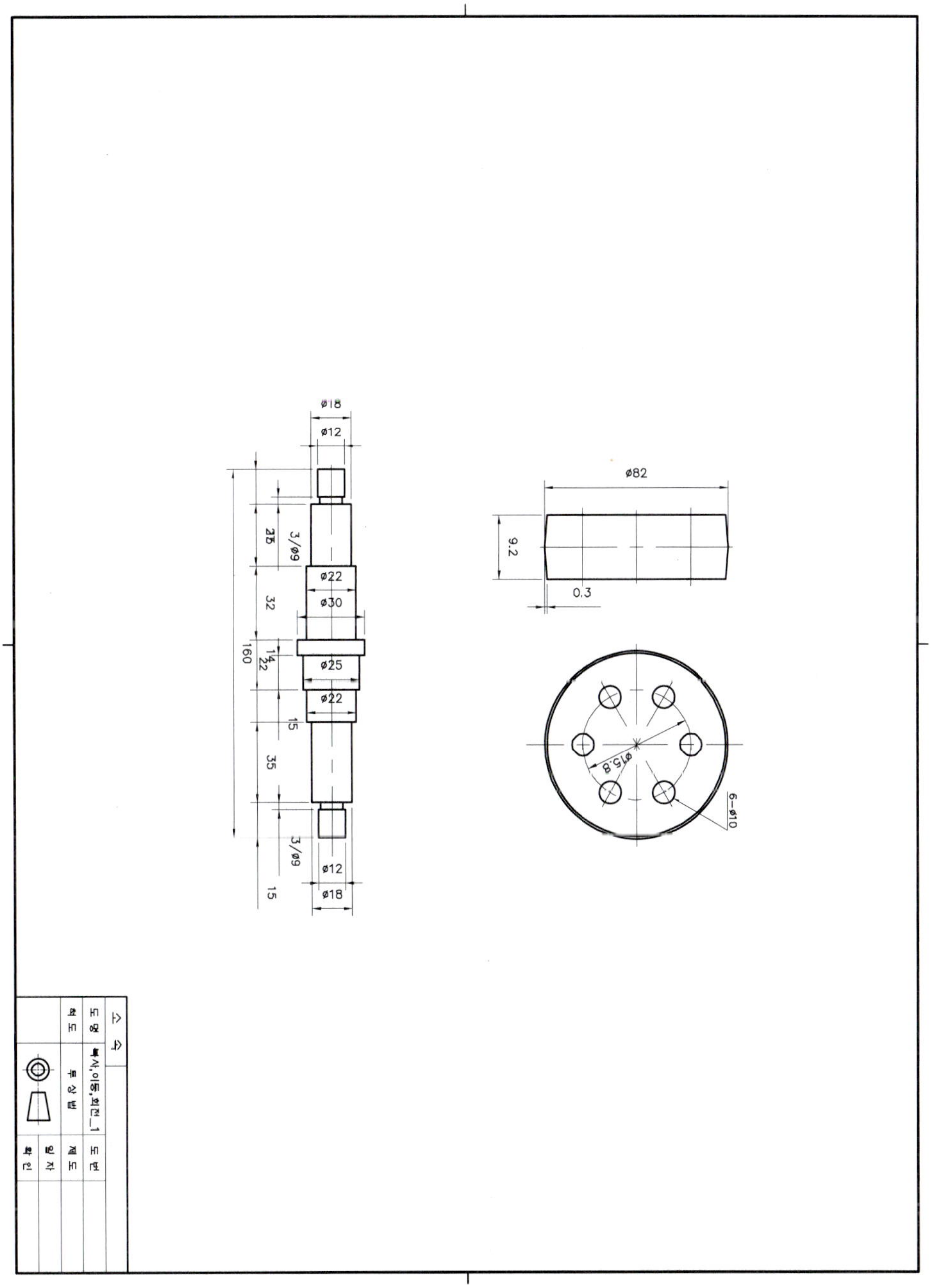

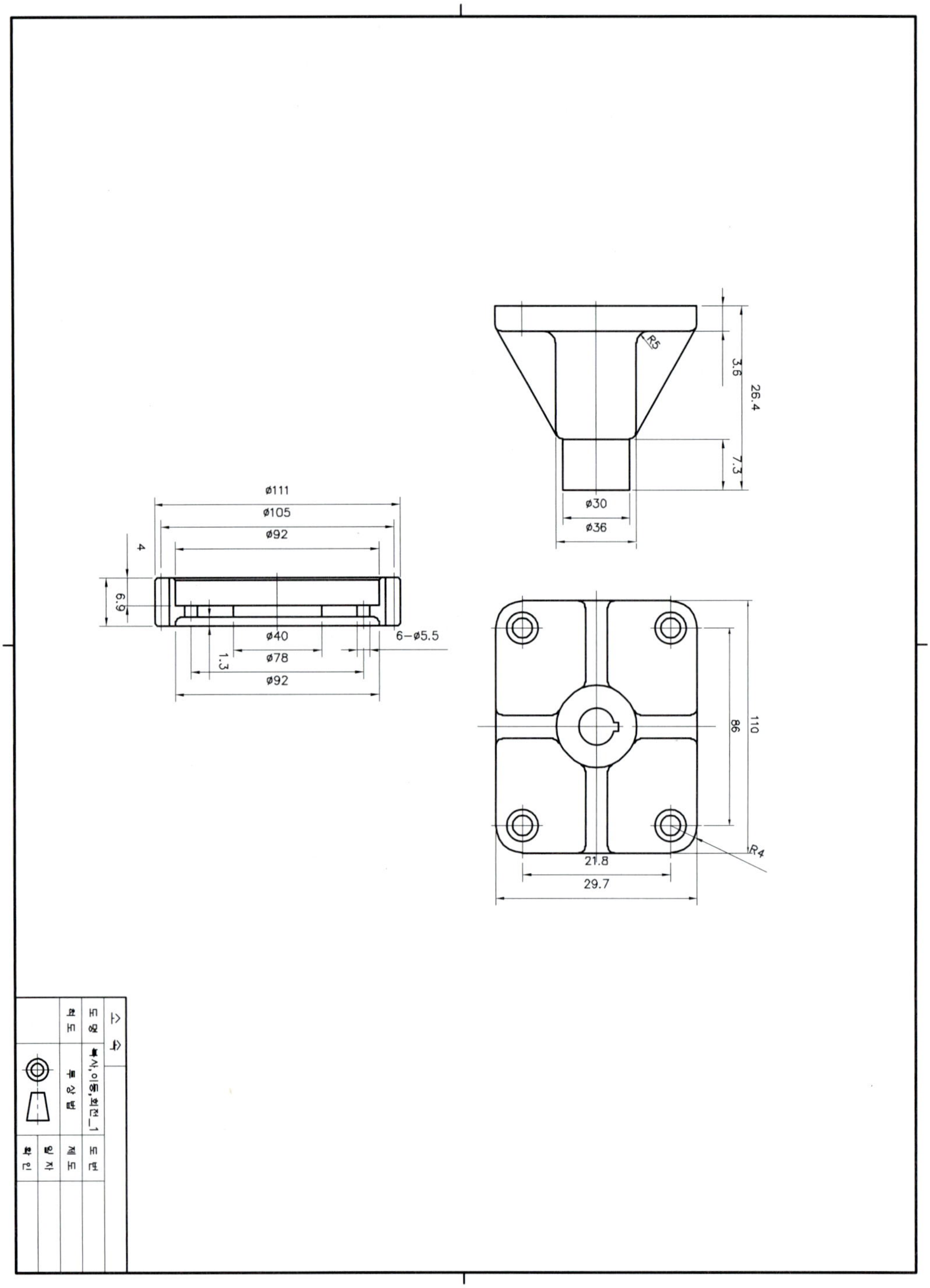

Chapter 07

변형

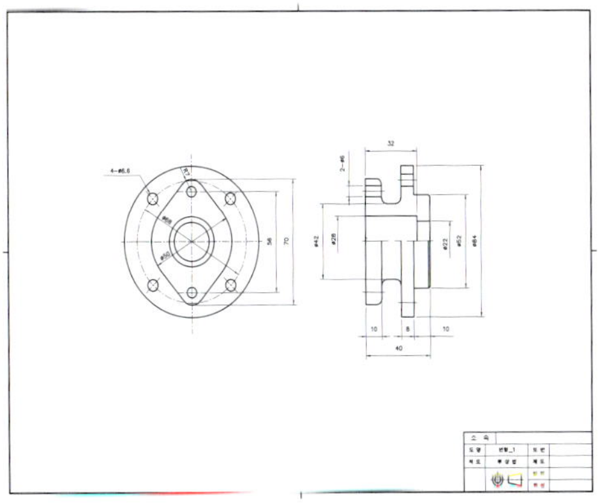

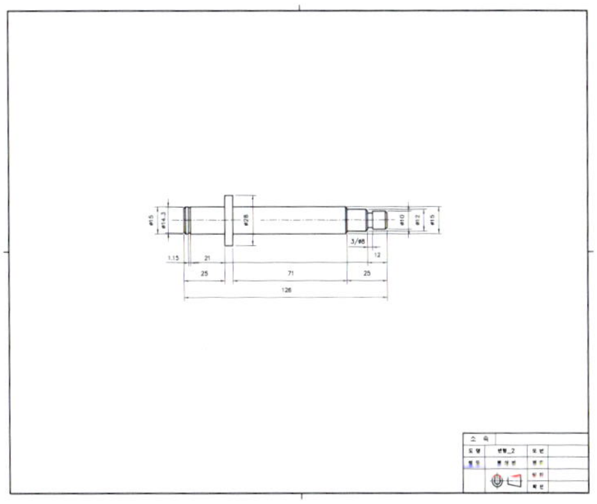

AutoCAD 2013

실습 목적

① 모깎기 명령에 대하여 배운다.
② 모떼기 명령에 대하여 배운다.
③ 선 길이를 변형하는 명령을 배운다.

AutoCAD 2013

실습 시간

1.5 hr ~ 2.0 hr

AutoCAD 2013

실습 내용

① 모깎기, 라운드 처리하기 _ FILLET
② 모떼기 처리하기 _ CHAMFER
③ 객체 끊기 _ BREAK
④ 길이 늘이기 _ LENGTHEN
⑤ 선 연장하기 _ EXTEND

AutoCAD 2013

참고 사항

- 모깎기 하는 방법
- 모떼기 하는 방법

SECTION 01

모깎기, 라운드 처리하기 _ FILLET

두 객체가 만나는 모서리를 깎아 내어 원호로 연결하는 명령이다.

1 원호의 반지름을 입력하여 모깎기 하기

1) 명령어의 실행

❶ ▸메뉴 표시줄 [Modify] – [Fillet] 선택

▸Modify 도구모음 [Fillet] 선택

❷ Command : FILLET 또는 F Enter↵

2) 명령어 사용법 따라하기

❶ ▸명령 실행. (F Enter↵)

▸R Enter↵ (반지름 옵션)

▸10 Enter↵

▸모깎기 할 객체 클릭 (Click–1)

▸모깎기 할 객체 클릭 (Click–2)

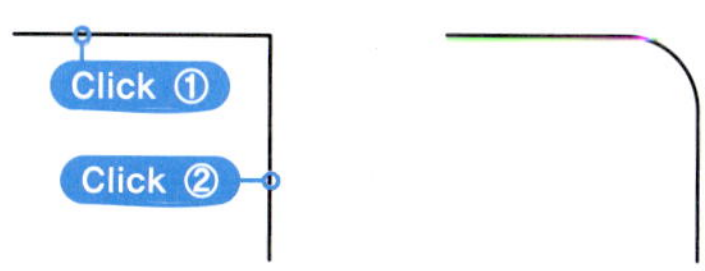

TIP

➡ FILLET 명령의 옵션

▸자르기(Trim) : 모깎기 후 원본 객체를 삭제할 것인지 결정

▸폴리선(Polyline) : 폴리선으로 연결된 모두 모서리를 무깎기

▸다중 실행(Multiple) : 모깎기 작업을 여러 번 실행

02 SECTION

모떼기 처리하기 _ CHAMFER

두 객체가 만나는 모서리를 경사진 직선으로 연결한다.

1 두 객체의 모떼기 길이를 입력하여 모따기 하기

두 객체에 각각의 모떼기 길이를 적용한다.

1) 명령어의 실행

❶ ▸메뉴 표시줄 [Modify] – [Chamfer] 선택
▸Modify 도구모음 [Chamfer] 선택

❷ Command : CHAMFER 또는 CHA [Enter↵]

2) 명령어 사용법 따라하기

❶
- ▸명령 실행, (CHA [Enter↵])
- ▸D [Enter↵]
- ▸10 [Enter↵]
- ▸10 [Enter↵]
- ▸모떼기 할 객체를 클릭 (Click–1)
- ▸모떼기 할 객체를 클릭 (Click–2)

※ 첫 번째 길이는 처음 선택하는 객체에, 두 번째 길이는 나중에 선택하는 객체에 적용된다.

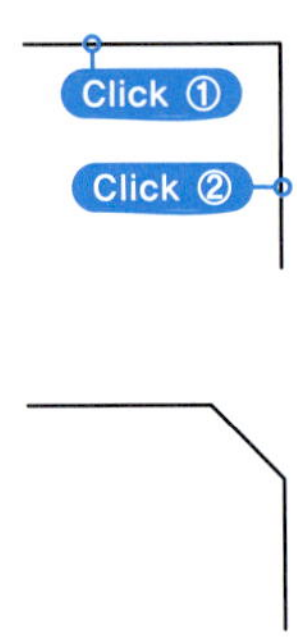

2 한 객체의 모따기 거리와 경사선의 각도로 모따기 하기

모떼기 할 두 객체에 대하여 한 객체의 모떼기 길이와 경사각을 입력한다.

1) 명령어 사용법 따라하기

❶
- 명령 실행, (CHA Enter↵)
- A Enter↵
- 10 Enter↵ (모떼기 길이)
- 30 Enter↵ (각도)
- 모떼기 할 객체를 클릭 (Click-1)
- 모떼기 할 객체를 클릭 (Click-2)

※ 모떼기 길이는 처음 선택하는 객체에 적용된다.

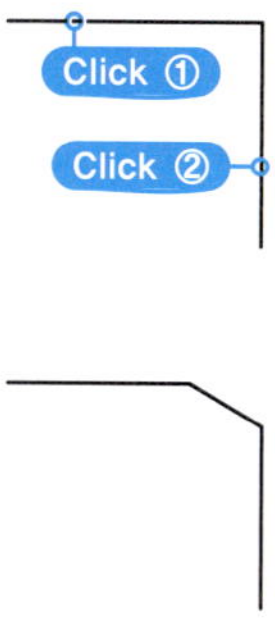

TIP

➡ CHAMFER 명령의 옵션

- 자르기(Trim) : 모떼기 후 원본 객체를 삭제할 것인지 결정
- 폴리선(Polyline) : 폴리선으로 연결된 모든 모서리를 모떼기
- 모떼기 방법(Method) : 방법 중 길이(distance) 또는 각도(angle)를 선택
- 다중 실행(Multiple) : 모떼기 직입을 여러 번 실행

03 SECTION

객체 끊기 _ BREAK

객체를 둘로 끊어서 분리하거나 일부를 삭제하는 명령이다.

1 객체를 끊어 삭제하기

객체의 두 점을 선택하여 그 사이를 끊어 삭제한다.

1) 명령어의 실행

❶ ▸메뉴 표시줄 [Modify] – [Break] 선택
▸Modify 도구모음 [Break] 선택

❷ Command : BREAK 또는 BR Enter↵

2) 명령어 사용법 따라하기

❶ ▸명령 실행, (BR Enter↵)
▸끊어낼 원 객체의 임의 위치를 클릭

※ 객체를 선택하기 위해 클릭한 위치가 BREAK 명령의 시작점으로 동시에 선택된다.

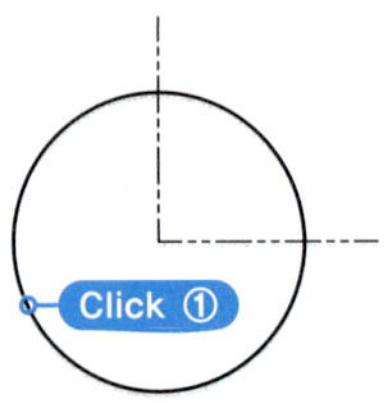

▸F Enter↵ (시작점 재설정)
▸오른쪽 교차점을 클릭 (Click–2)
▸위쪽 교차점을 클릭 (Click–3)

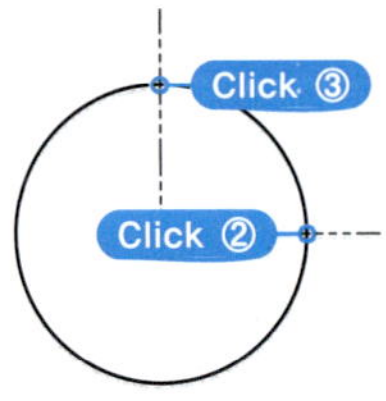

※ 원하는 부분을 끊기 위하여 시작점과 끝점의 선택 순서는 시계 반대 방향으로 선택한다.

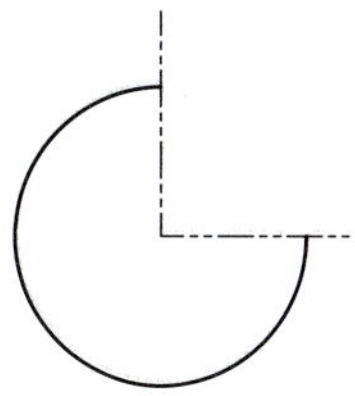

2 시작점과 끝점을 이용하여 객체 분리하기

시작점과 끝점을 같게 입력하면 객체가 삭제되지 않고 두 객체로 분리한다.

1) 명령어 사용법 따라하기

❶
- ▸명령 실행. (BR Enter↵)
- ▸끊어 낼 원 객체의 임의 위치를 클릭 (Click-1)
- ▸F Enter↵ (시작점 재설정)
- ▸분리점으로 교차점을 클릭 (Click-2)
- ▸분리점을 @을 입력
- ▸명령 진행 (Enter↵)

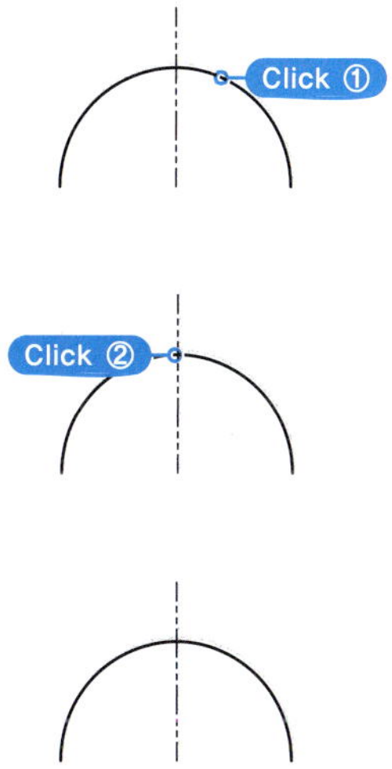

※ @은 마지막에 입력한 점과 같은 위치를 입력한다.

04 SECTION 길이 늘이기 _ LENGTHEN

곡선이나 경사선의 길이 늘이기위해 사용한다.

1 길이 변화량을 이용하여 길이 늘이기

원본 길이에 대하여 객체가 늘어날 길이 또는 각도를 입력하여 길이를 늘인다.

1) 명령어의 실행

❶ ▸메뉴 표시줄 [Modify] – [Lengthen] 선택

❷ Command : LENGTHEN 또는 LEN Enter↵

2) 명령어 사용법 따라하기

❶ ▸명령 실행, (LEN Enter↵)
▸DE Enter↵
▸20 Enter↵
▸객체의 늘어날 부분(방향)을 클릭

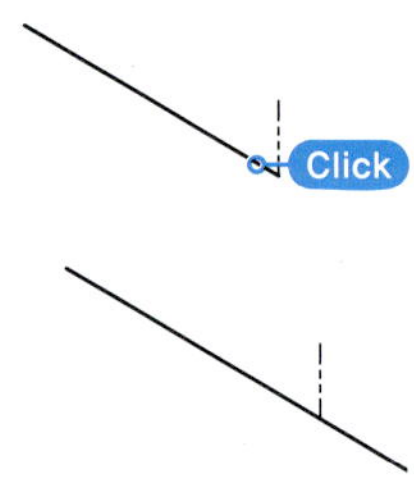

❷ ▸명령 실행, (LEN Enter↵)
▸DE Enter↵
▸A Enter↵ (각도 입력 옵션)
▸30 Enter↵
▸객체의 늘어날 부분을 클릭

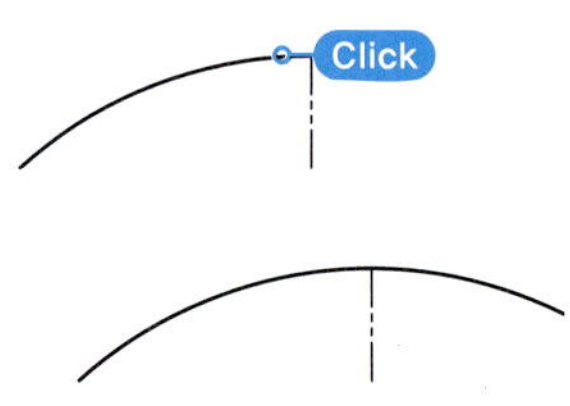

2 길이를 변현 후의 전체 길이로 입력하여 변형하기

늘이거나 줄인 후의 전체 길이를 입력하여 변형한다.

1) 명령어 사용법 따라하기

❶
- 명령 실행, (LEN Enter↵)
- T Enter↵ (전체 길이 입력 옵션)
- 55 Enter↵
- 객체의 변형될 부분(방향)을 클릭

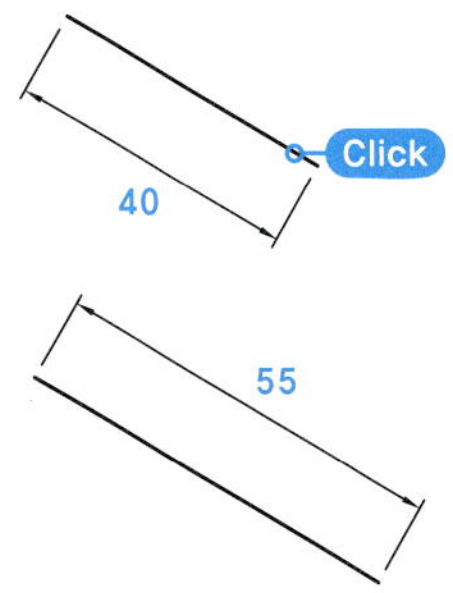

3 늘어날 길이를 동적으로 늘이기

마우스를 늘이고자 하는 방향으로 이동하여 동적으로 늘인다.

1) 명령어 사용법 따라하기

❶
- 명령 실행, (LEN Enter↵)
- DY Enter↵ (동적 입력 옵션)
- 객체의 변형할 부분(방향)을 클릭
- 변형할 방향의 임의 점 클릭

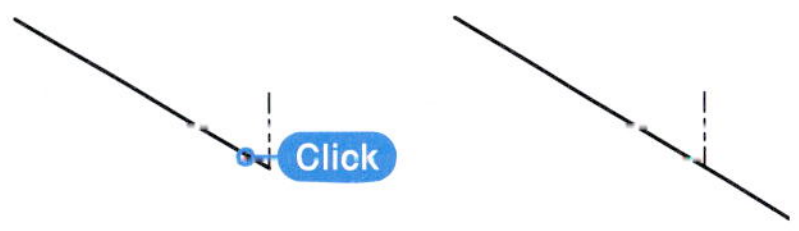

05 SECTION

선 연장하기 _ EXTEND

두 객체들이 평행하지 않는 상태에서 한 객체를 기준으로 두 객체가 만나도록 다른 한 객체를 연장하는 명령이다.

1 객체를 개별적으로 선택하여 연장하기

사용자가 지정한 기준선까지 선 객체 길이를 연장한다.

1) 명령의 실행

❶ ▸메뉴 표시줄 [Modify] – [Extend] 선택

▸Modify 도구모음 [Extend] 선택

❷ Command : EXTEND 또는 EX Enter↵

2) 명령 사용법 따라하기

❶ ▸명령 실행. (EX Enter↵)

▸경계가 되는 기준 객체를 선택

▸명령 진행 (Enter↵)

※ 복수 객체 선택도 가능하다.

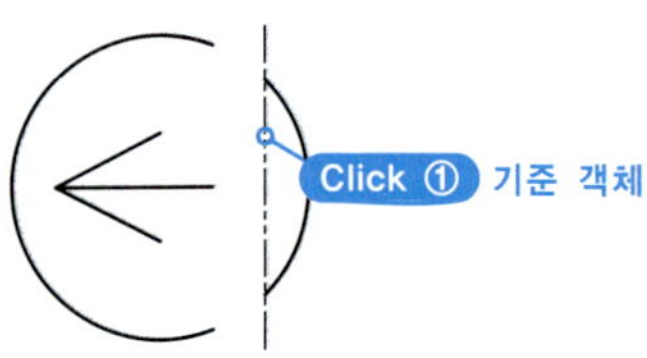

▸연장할 대상이 되는 객체의 연장 부분을 클릭 (Click-2)

▸계속해서 연장하기 위한 다른 객체들을 클릭 (Click-3 ~ 6)

▸명령 종료 (Enter↵)

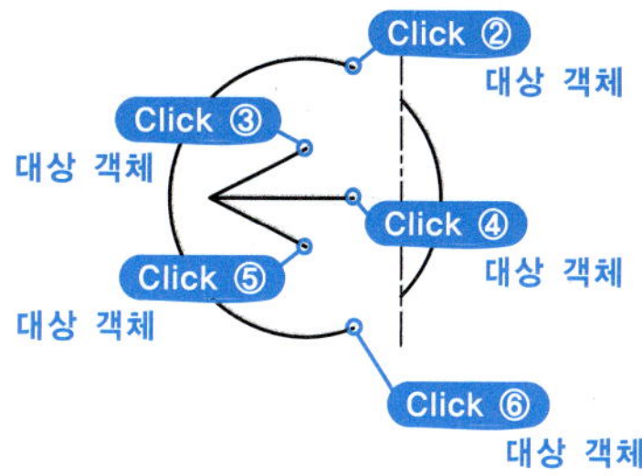

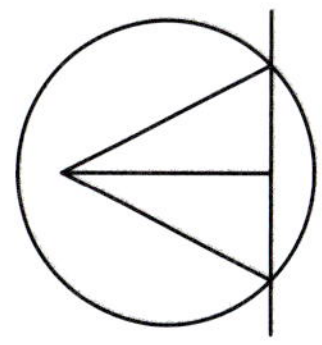

TIP

➡ EXTEND 명령에서 기준 객체의 선택

TRIM 명령과 마찬가지로 기준 객체로 여러 객체를 한 번에 선택하기 위해서 선택 없이 명령을 진행(Enter↵)시킨다.

06 SECTION
예제 따라하기

1) 외형 기초선 그리기

❶ ▸명령 실행, (L Enter↵)
▸수직선의 시작점 클릭
▸끝점 클릭
▸명령 종료 (Enter↵)

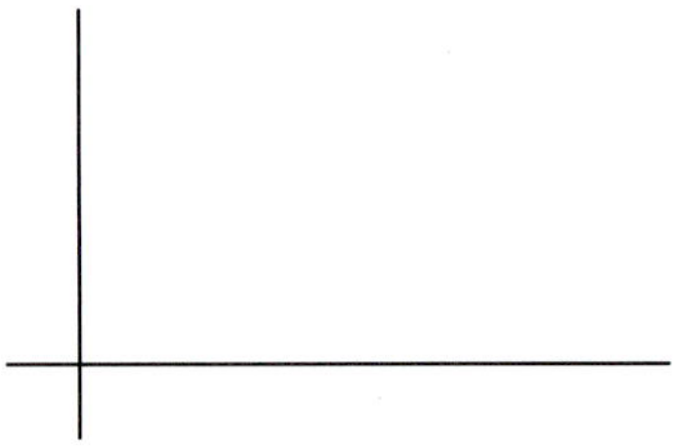

※ 같은 방법으로 그림 완성

❷ ▸명령 실행, (O Enter↵)
▸72 Enter↵
▸수평선 클릭
▸수평선 위쪽 클릭
▸명령 종료 (Enter↵)

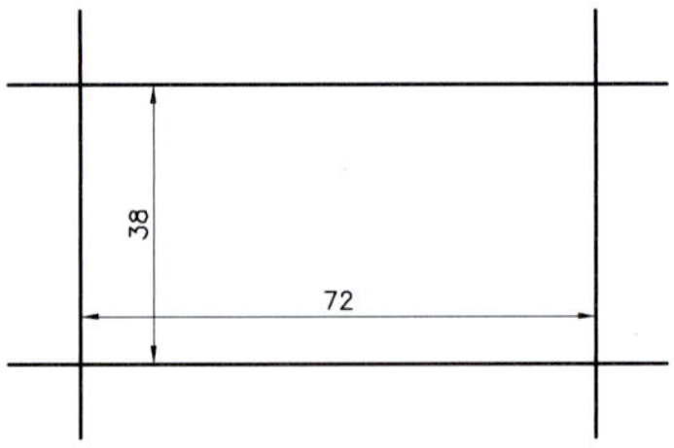

※같은 방법으로 그림 완성

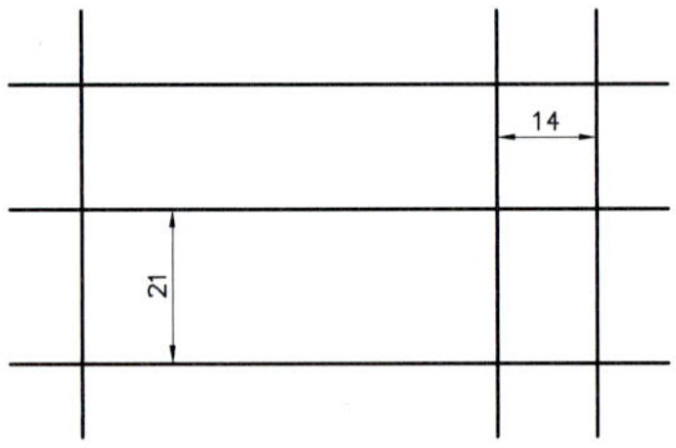

2) 외형 정리하기 및 모서리 처리하기

❶ ▸명령 실행, (TR and E Enter↵)
▸불필요한 선들 삭제

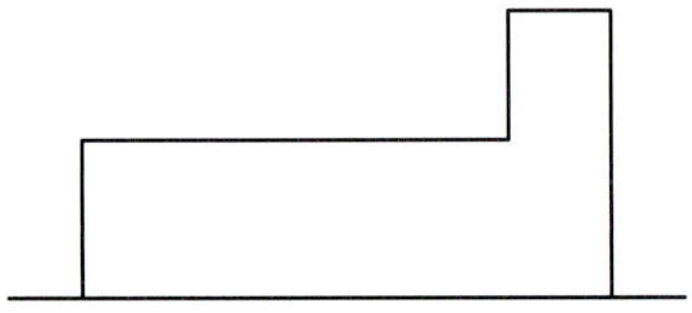

※그림과 같이 선 정리

❷ ▸명령 실행, (CHA Enter↵)
▸D Enter↵
▸3 Enter↵
▸3 Enter↵
▸수직선 클릭
▸수평선 클릭

※같은 방법으로 그림 완성

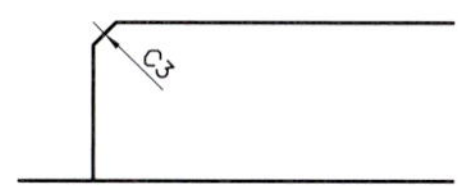

▸명령 실행, (F Enter↵)
▸R Enter↵
▸3 Enter↵
▸수직선 클릭
▸수평선 클릭

3) 내부 형상 그리기

❶ ▸명령 실행, (O Enter↵)
▸10 Enter↵
▸수평선 클릭
▸수평선 위쪽 클릭
▸명령 종료 (Enter↵)

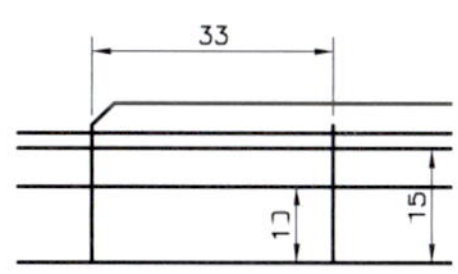

※같은 방법으로 그림 완성

❷ ▸명령 실행, (TR and E Enter↵)
▸불필요한 선들 삭제

※그림과 같이 선 정리

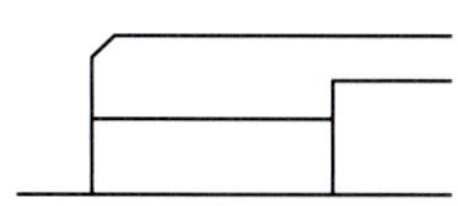

❸ ▸명령 실행, (CHA Enter↵)
▸D Enter↵
▸3 Enter↵
▸3 Enter↵
▸수직선 클릭
▸수평선 클릭

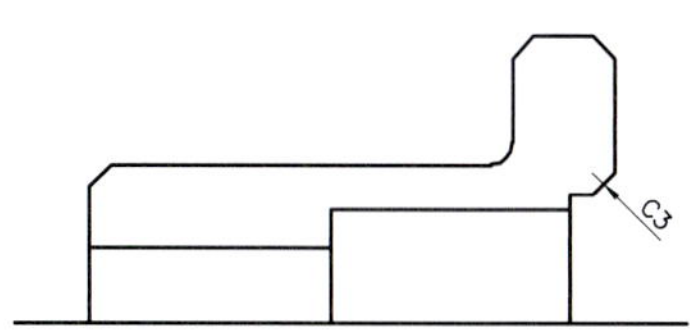

❹ ▸명령 실행, (L Enter↵)
▸모서리에서 시작점 클릭
▸수직선의 끝점 클릭
▸명령 종료 (Enter↵)

※ 같은 방법으로 그림 완성

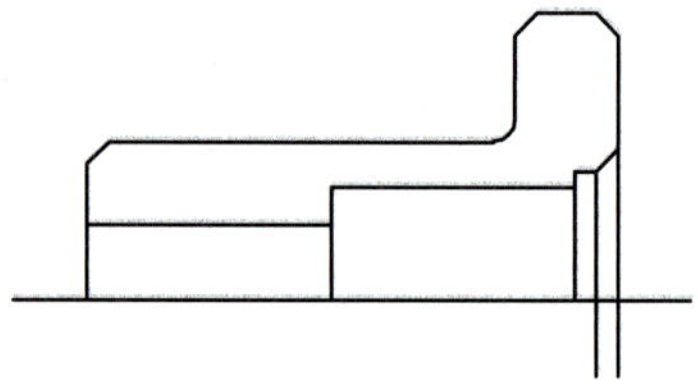

❺ ▸명령 실행, (TR Enter↵)
▸불필요한 선들 삭제

※그림과 같이 선 정리

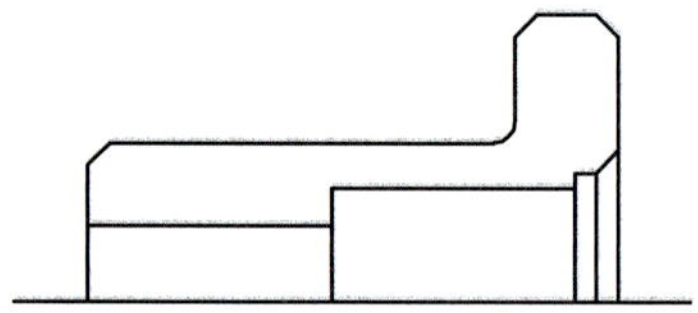

❻ ▸명령 실행, (MI Enter↵)
▸객체들 선택
▸명령 진행 (Enter↵)
▸중심축의 왼쪽 끝점 클릭
▸중심축의 오른쪽 끝점 클릭
▸명령 종료 (Enter↵)

▸중심선 객체 선택
▸레이어 도구모음에서 2번 레이어 선택
▸객체 선택 취소 (Esc)

▸명령 실행, (BR Enter↵)

※그림과 같이 중심선 길이 조절

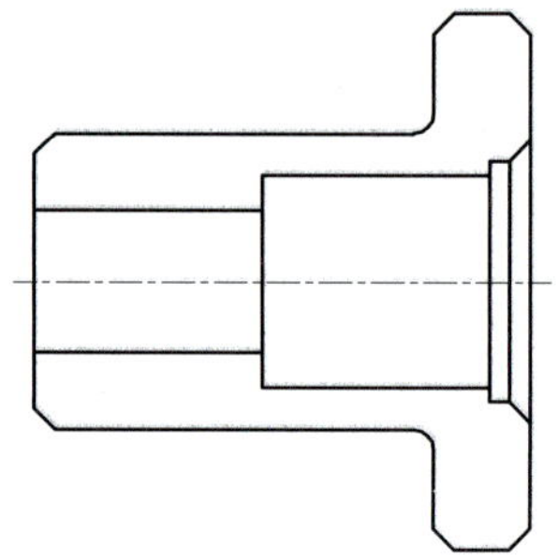

4) 드릴 구멍 그리기

❶ ▸명령 실행, (O Enter↵)
▸15 Enter↵
▸중심선 클릭
▸중심선 아래 클릭
▸명령 종료 (Enter↵)

※같은 방법으로 그림 완성

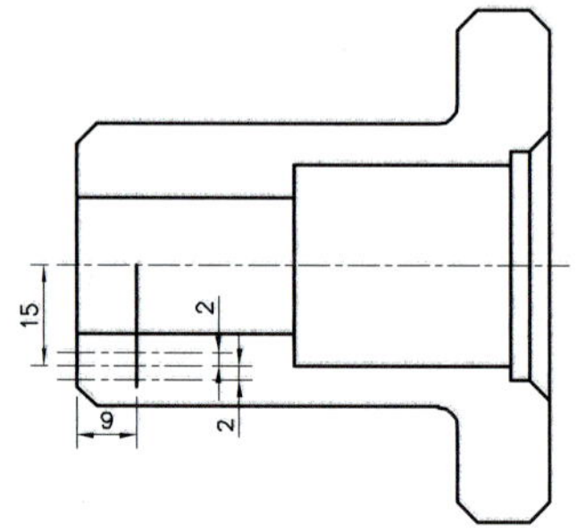

❷ ▸명령 실행, (L Enter↵)
▸수직선과 수평선의 교차점 클릭
▸@5<60
▸명령 종료 (Enter↵)

※같은 방법으로 그림 완성

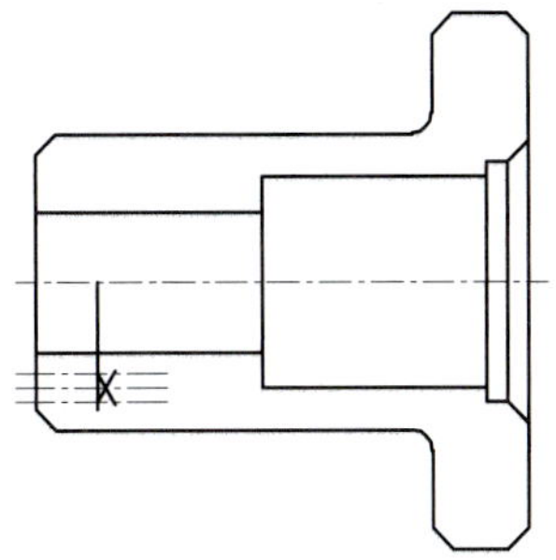

❸ ▸명령 실행, (TR and E Enter↵)
▸불필요한 선들 삭제

※그림과 같이 선 정리

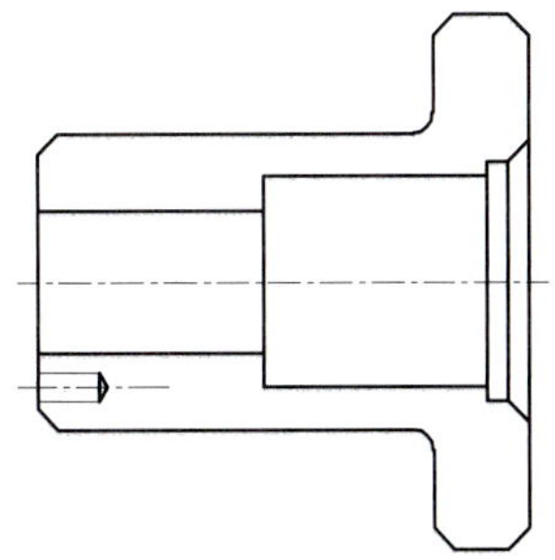

❹ ▸명령 실행, (BR Enter↵)

※그림과 같이 중심선 길이 조절

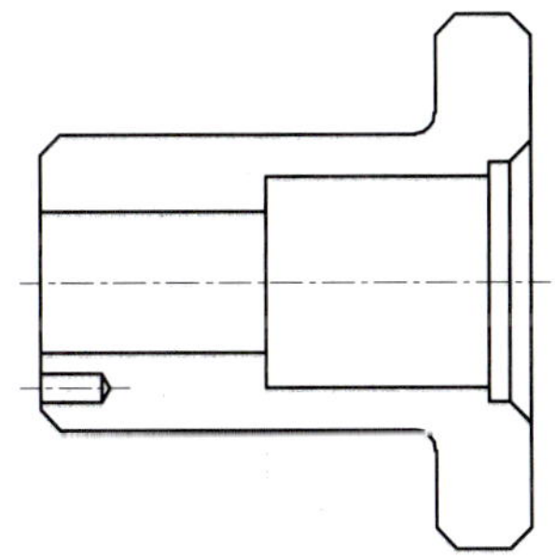

07

SECTION

연습 과제

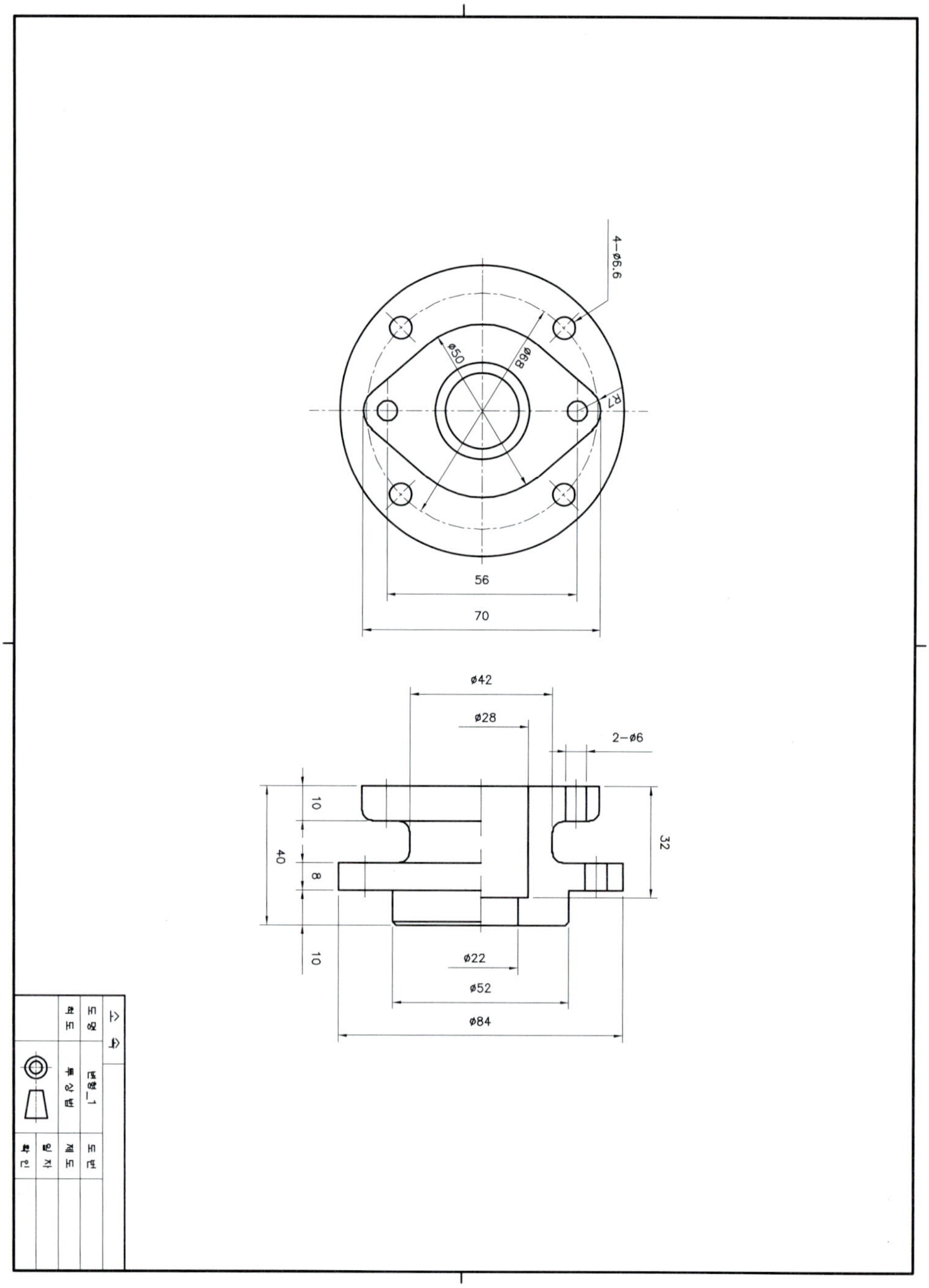

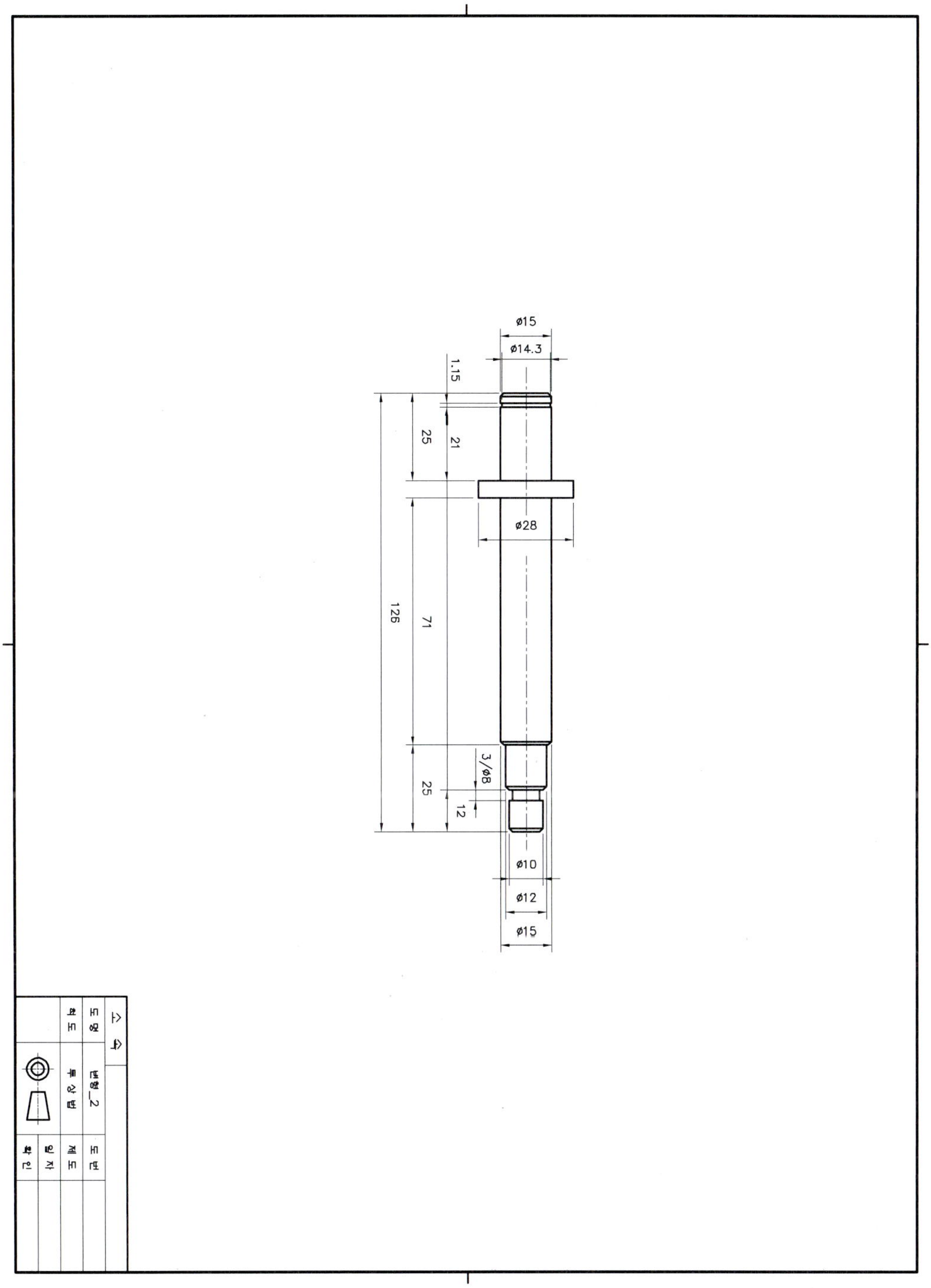
ø15
ø14.3
1.15
25
21
ø28
126
71
3/ø8
25
12
ø10
ø12
ø15
소 속
도 명
변형_2
척 도
투상법
도 번
제 도
일 자
확 인

Chapter 08

단면도와 확대도

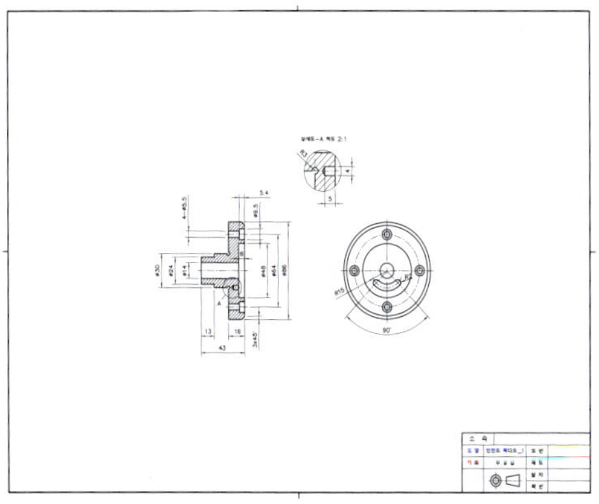

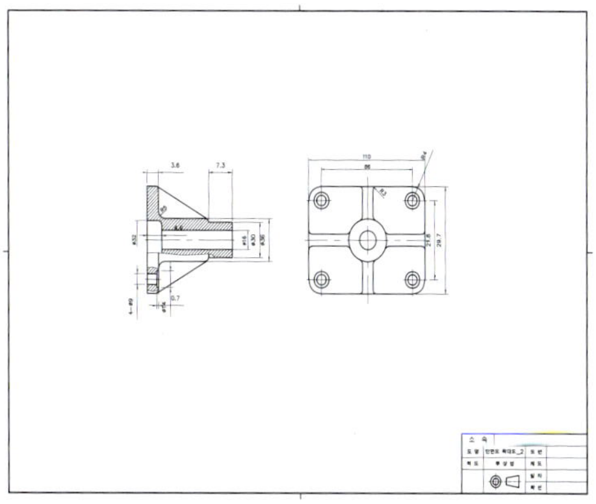

AutoCAD 2013

실습 목적

① 자유곡선 그리는 방법에 대하여 배운다.
② 해칭선을 그리고 편집하는 방법을 배운다.
③ 객체를 확대하거나 축소하는 방법을 배운다.

AutoCAD 2013

실습 시간

1.5 hr ~ 2.0 hr

AutoCAD 2013

실습 내용

① 자유곡선 그리기 _ SPLINE
② 해칭하기 _ BHATCH, HATCH
③ 해칭 편집하기 _ HATCHEDIT
④ 객체 확대/축소 하기 _ SCALE
⑤ 단면도와 확대도

AutoCAD 2013

참고 사항

- 단면도의 이해 및 그리는 방법
- 부분 확대도의 이해 및 그리는 방법

01

SECTION

자유곡선 그리기 _ SPLINE

자유곡선은 직선과 비교하여 방향과 곡률이 구속되지 않은 선을 말하며 제도에서 자유곡선은 주로 파단선과 같이 정형화 되지 않은 선을 그리기 위해 사용된다.

1 자유곡선 그리기

SPLINE 명령은 작업 공간상의 위치 좌표들을 지나는 곡선을 그릴 수 있다. 이 곡선은 점들을 연결하는 연속적이고 부드러운 곡선이다.

1) 명령어의 실행

❶ ▸메뉴 표시줄 [Draw] – [Spline] 선택
▸Draw 도구모음 [Spline] 선택

❷ Command : SPLINE 또는 SPL Enter↵

2) 명령어 사용법 따라하기

기본적으로 세 점을 이용하여 곡선을 그리게 된다. 자유 곡선의 형상은 이 세 점과 자유곡선의 시작점, 끝점의 접선 벡터에 의하여 결정된다.

❶ ▸명령 실행, (SPL Enter↵)
▸시작점 클릭
▸다음 점들을 클릭
▸명령 진행 (Enter↵)
▸명령 진행 (Enter↵) (시작점의 접선벡터)
▸명령 종료 (Enter↵) (끝점의 접선벡터)

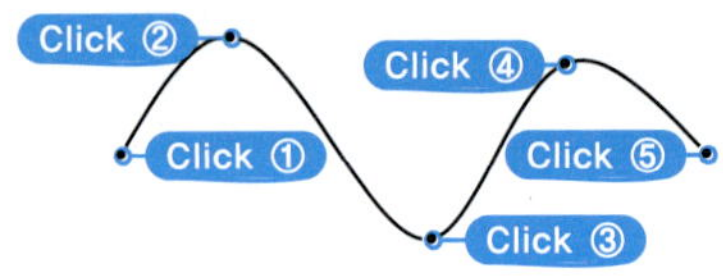

2 자유곡선 편집하기

이미 그려진 자유곡선을 편집하기 위하여 SPLINEDIT 명령을 사용한다.

1) 명령어의 실행

❶ ▸메뉴 표시줄 [Modify] – [Object] – [Spline] 선택
▸Modify ll 도구모음 [Edit Spline] 선택

❷ Command : SPLINEDIT 또는 SPE Enter↵

TIP

➡ SPLINEDIT 명령의 옵션

▸데이터 맞춤(Fit data) : 여러 옵션을 사용하여 자유곡선의 데이터 맞춤을 편집
▸닫기(Close) : 자유곡선의 끝점을 시작점 연결
▸정점 이동(move vertex) : 자유곡선의 정점 위치를 변경
▸미세조정(Refine) : 자유곡선의 점들을 미세하게 조정
▸반전(Reverse) : 자유곡선을 반전

02 SECTION

해칭하기 _ BHATCH, HATCH

1 Pick point를 이용하여 자동으로 경계를 찾아 해칭하기

경계 해칭은 선택 점(Pick point)을 포함하는 경계면을 찾아내어 물체의 절단면이나 인접하는 서로 다른 물체를 구별하는 해칭을 그린다.

1) 명령어의 실행

❶ ▸메뉴 표시줄 [Draw] – [Hatch...] 선택
▸Draw 도구모음 [Hatch...] 선택

❷ Command : BHATCH 또는 BH Enter↵

2) 명령어 사용법 따라하기

❶ ▸명령 실행. (BH Enter↵)
▸User defined 선택 (해칭 유형)
▸45 입력 (해칭선 각도)
▸2 입력 (해칭선 간격)
▸해칭의 기준점을 확인
▸Pick point 클릭

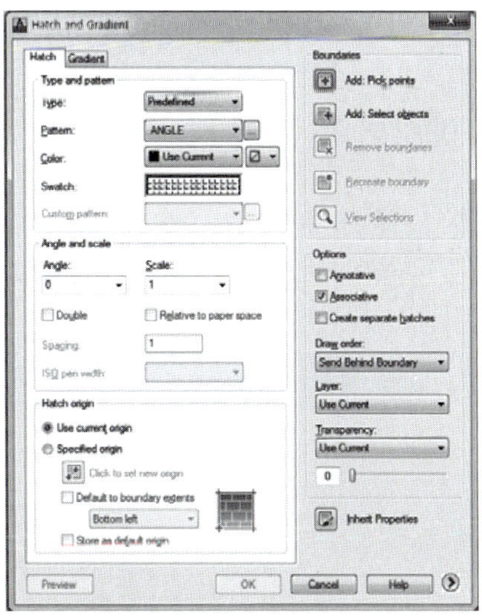

▸ 점선 영역의 내부를 클릭
▸ 명령 진행 (Enter↵)
▸ OK 클릭

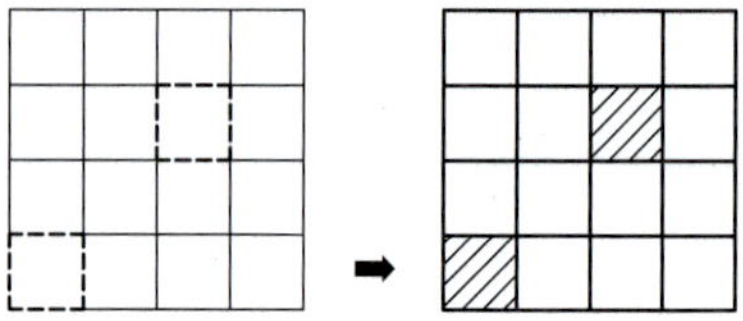

TIP

➡ 해칭 대화창의 항목

▸ 유형(Type) : 해칭의 형태를 선택
▸ 패턴(Pattern) : 해칭에 적용 가능한 패턴을 선택
▸ 각도(Angle) : 해칭 패턴의 기울기를 설정
▸ 축척(Scale) : 〈Predefined〉를 선택하는 경우 해칭 패턴의 간격을 설정
▸ 이중(Double) : 패턴을 대칭 복사하여 겹쳐진 해칭 형상을 작성
▸ 간격(Spacing) : 〈User defined〉을 선택하는 경우 해칭 패턴의 간격을 설정
▸ 해칭 원점(Hatch origin) : 해칭 패턴의 사작점을 설정
▸ 선택점 추가(Pick point) : 선택한 점을 포함하는 영역을 구성하는 경계 선택
▸ 객체선택 추가(Select object) : 선택된 객체들로 영역을 구성하는 경계를 선택

2 경계 영역을 직접 선택하여 해칭하기

해칭 경계 영역의 객체들을 직접 선택하여 해칭 영역으로 사용한다.

1) 명령어의 실행

❶ ▸ 메뉴 표시줄 [Draw] – [Hatch...] 선택
▸ Draw 도구모음 [Hatch...] 선택

❷ Command : HATCH Enter↵

2) 명령어 사용법 따라하기

❶ ▸명령 실행, (BH Enter↵)

▸User defined 선택 (해칭 유형)

▸45 입력 (해칭선 각도)

▸2 입력 (해칭선 간격)

▸해칭의 기준점을 확인

▸Select object 클릭

▸사각형을 이루는 네 개의 직선을 클릭

▸명령 진행 (Enter↵)

▸OK 클릭

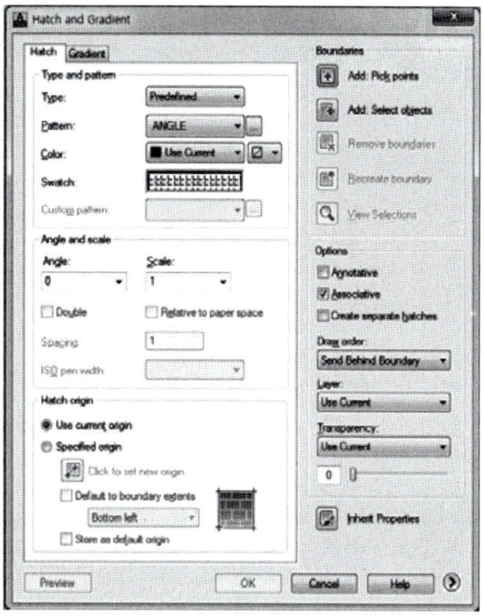

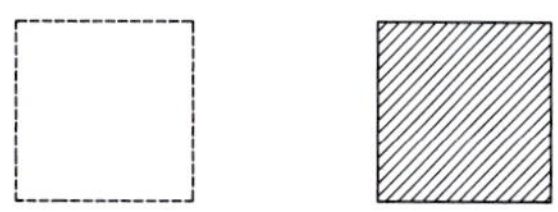

03 SECTION

해칭 편집하기 _ HATCHEDIT

HATCHEDIT 명령을 이용하여 해칭의 경계와 패턴을 편집한다.

1 해칭 편집하기

1) 명령어의 실행

❶ ▸메뉴 표시줄 [Modify] – [Object] – [Hatch] 선택
▸Modify II 도구모음 [Edit Hatch] 선택

❷ Command : HATCHEDIT 또는 HE Enter↵

2) 명령어 사용법 따라하기

❶ ▸명령 실행, (HE Enter↵)
▸편집할 해칭을 클릭
▸–45 입력 (해칭선 각도)
▸5 입력 (해칭선 간격)
▸OK 클릭

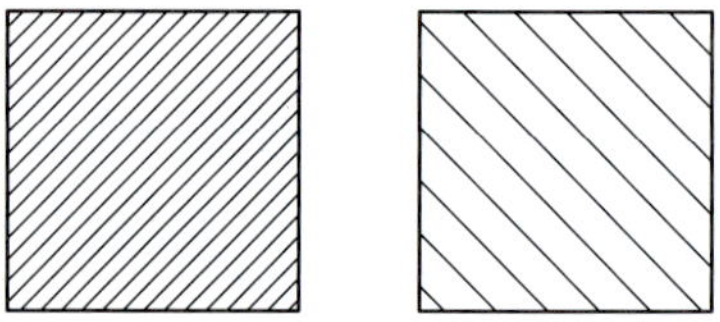

TIP

➡ 해칭의 삭제

ERASE 명령으로 삭제하거나 EXPLODE 명령으로 단일 선객체로 분해한다.

04 SECTION 객체 확대 / 축소하기 _ SCALE

객체의 가로, 세로 비율을 유지하고 객체의 크기를 확대하거나 축소한다.

1 표준 크기 '1'에 대하여 배율(scale factor)을 이용하기

현재 크기를 '1'이라 하고 2배, 0.5배와 같은 배율을 이용하여 확대/축소한다.

1) 명령어의 실행

❶ ▸메뉴 표시줄 [Modify] – [Scale] 선택
▸Modify 도구모음 [Scale] 선택

❷ Command : SCALE 또는 SC Enter↵

2) 명령어 사용법 따라하기

❶ ▸명령 실행, (SC Enter↵)
▸확대할 객체를 선택
▸기준점을 클릭

※ 기준점에서부터 객체가 확대 되거나 축소된다.

▸2 Enter↵

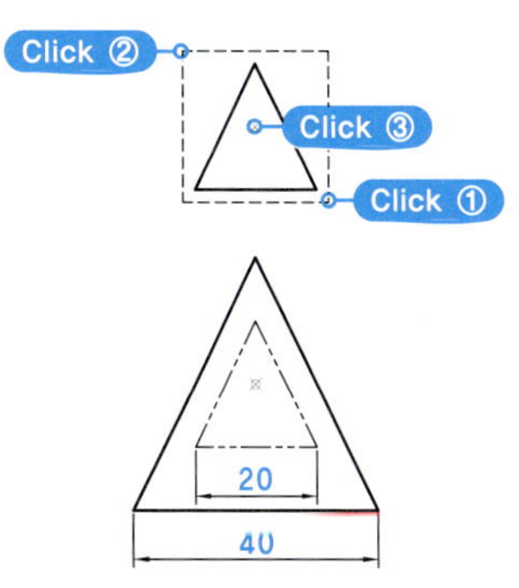

2 현재 길이를 참조(reference)하여 확대/축소하기

참조(reference) 길이를 입력하고 확대/축소 후 길이를 입력한다.

1) 명령어 사용법 따라하기

❶ ▸명령 실행, (SC Enter↵)
▸확대할 객체를 선택
▸기준점을 클릭
▸R Enter↵ (참조 길이 옵션)
▸20 Enter↵ (참조 길이: 현재 길이)
▸40 Enter↵ (확대 길이)

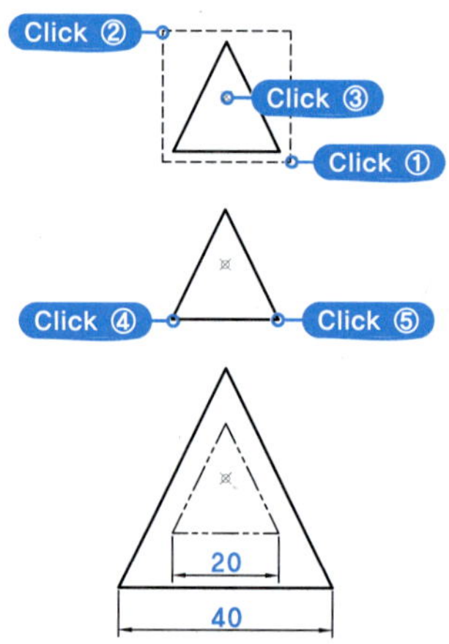

05 SECTION 단면도와 확대도

1 단면도

복잡한 물체의 내부를 명확히 그리기 위해 그 부분을 가상으로 절단하거나 파단하여 내부가 보이도록 그린다. 외형도에서 숨은 선으로 그려지는 것을 단면도에서는 외형선으로 나타낸다.

단면도는 일반적으로 중심선에서 절단이 이루어지며, 부분적으로 파단하는 경우 그 부분에 파단선을 표시한다. 절단한 곳은 해칭으로 표시한다.

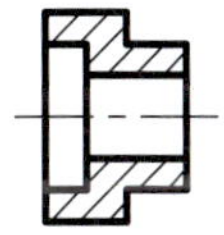

2 부분 확대도

물체 일부분의 크기가 작거나 복잡하여 다른 부분과 같은 척도로 표현하기 어려운 경우 그 부분을 실선의 원이나 타원으로 표시한 후 그 인접한 곳에 확대해서 확대도로 나타낸다.

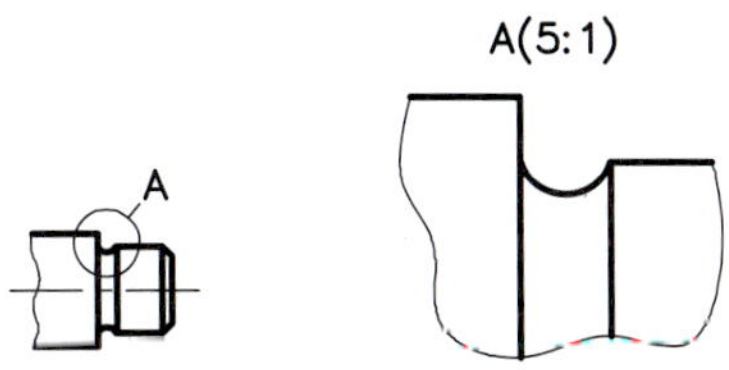

06 SECTION

예제 따라하기

1) 정면도를 위한 기초선 그리기

❶ ▸F8 기능키 토글 (직교 기능)
▸명령 실행, (L Enter↵)
▸시작점을 클릭 (1)
▸끝점을 클릭 (2)
▸명령 종료 (Enter↵)

※ 같은 방법으로 그림 완성

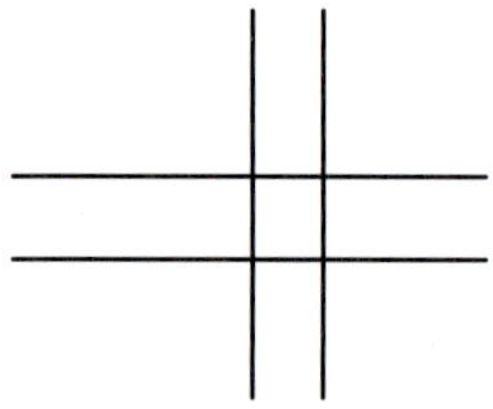

2) 소재 크기를 위한 기초선을 그리기

❶ ▸명령 실행, (O Enter↵)
▸111 Enter↵
▸왼쪽 수직선 클릭 (1)
▸수직선의 왼쪽 위치 클릭 (2)
▸명령 종료 (Enter↵)

※ 같은 방법으로 그림 완성

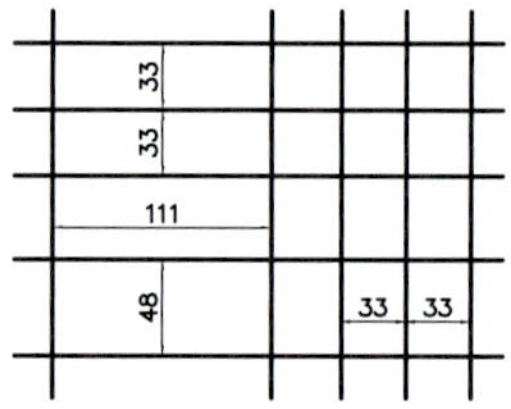

3) 소재 크기 및 투상도 정리

❶ ▸명령 실행, (TR Enter↵)
▸명령 진행 (Enter↵)
▸F Enter↵
▸잘리는 선 클릭

※ 같은 방법으로 그림 완성

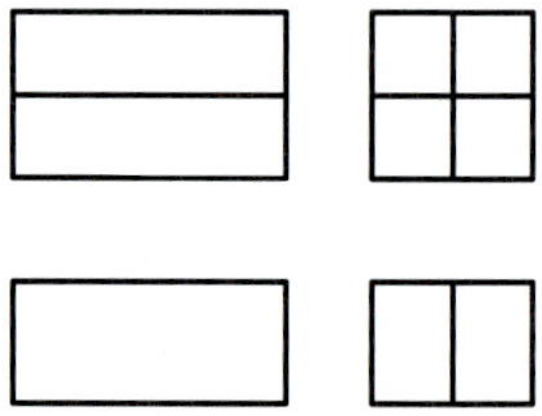

❷ ▸ 명령 실행 (E Enter↵)
▸ 한 점 클릭
▸ 반대편 점 클릭
▸ 명령 진행 (Enter↵)

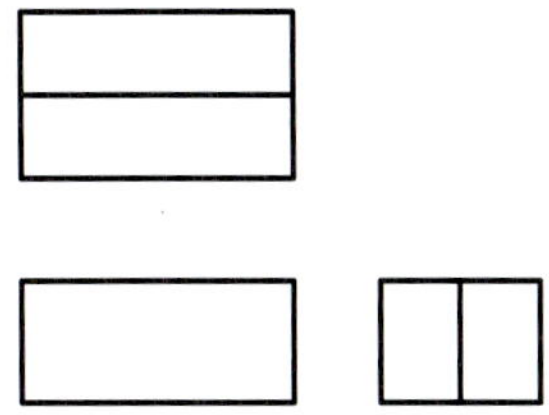

4) 키 홈 모양 그리기

❶ ▸ 명령 실행, (O Enter↵)
▸ 38 Enter↵
▸ 왼쪽 수직선 클릭 (1)
▸ 수직선의 오른쪽 위치 클릭 (2)
▸ 명령 종료 (Enter↵)

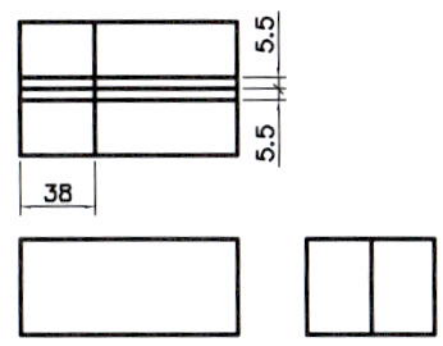

※ 같은 방법으로 그림 완성

▸ 명령 실행, (C Enter↵)
▸ 수직선과 수평선의 교차점 클릭
▸ D Enter↵
▸ 30 Enter↵

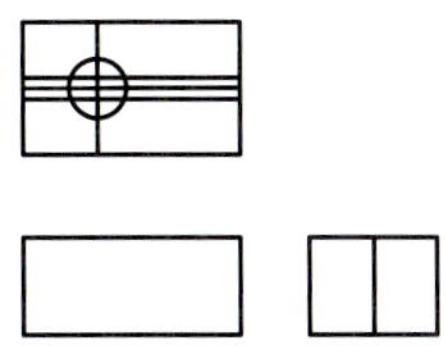

❷ ▸ 명령 실행, (L Enter↵)
▸ 원의 과 수평선의 교차점 클릭
▸ 끝점으로 아랫방향 클릭
▸ 명령 종료 (Enter↵)

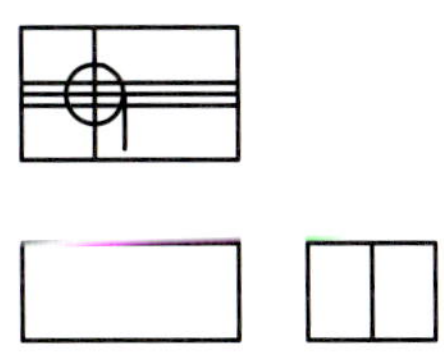

▸ 명령 실행, (O Enter↵)
▸ 36 Enter↵
▸ 수직선 클릭 (3)
▸ 수직선의 왼쪽 위치를 클릭 (4)
▸ 명령 종료 (Enter↵)

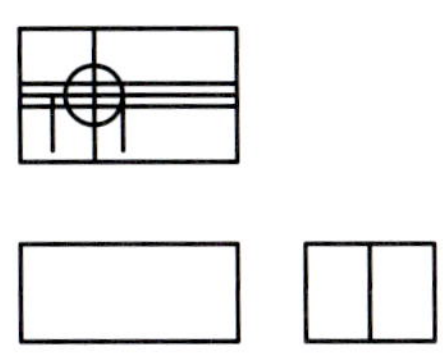

❸ ▸ 명령 실행, (EX Enter↵)
▸ 위쪽 수평선 클릭
▸ 객체의 늘어날 윗부분 클릭
▸ 명령 종료 (Enter↵)

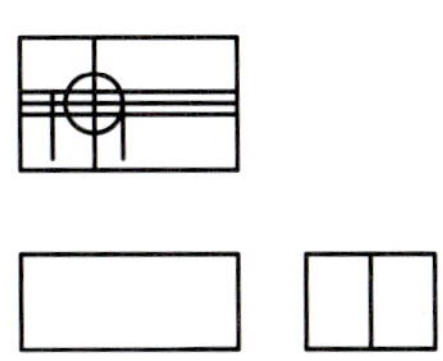

❹ ▸명령 실행, (TR Enter↵)
▸기준 객체 클릭
▸명령 진행 (Enter↵)
▸잘리는 선 클릭
▸명령 종료 (Enter↵)

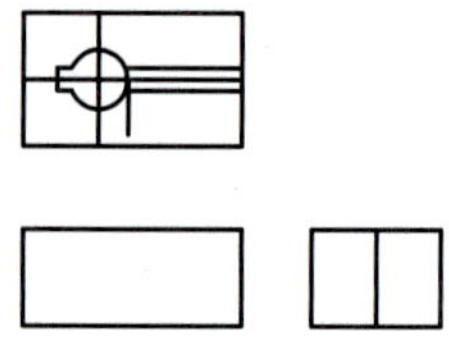

▸명령 실행, (E Enter↵)
▸필요 없는 객체 클릭

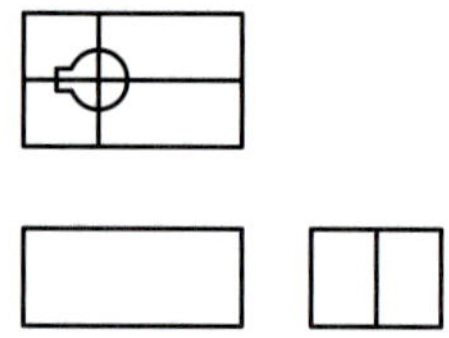

❺ ▸명령 실행, (L Enter↵)
▸수직선과 수평선의 교차점 클릭
▸직선의 끝점을 클릭
▸명령 종료 (Enter↵)

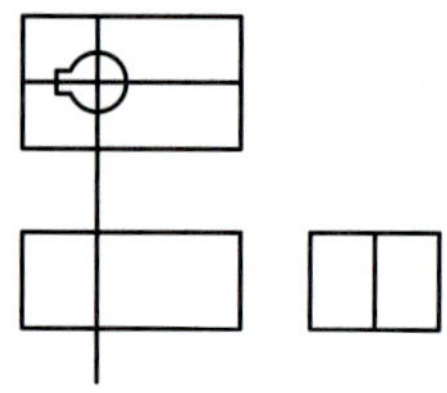

▸명령 실행, (BR Enter↵)
▸객체의 끊어낼 시작점을 클릭
▸객체의 끊어낼 끝점을 클릭
▸명령 종료 (Enter↵)

※같은 방법으로 그림과 같이 완성

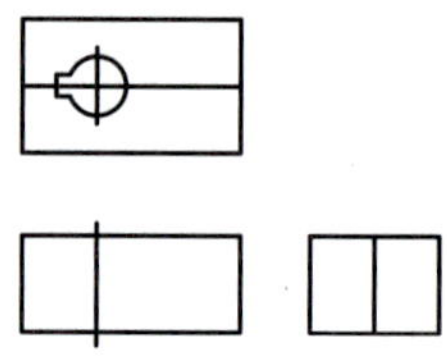

▸연장할 객체 클릭
▸오른쪽 Pickbox 클릭
▸수직선 오른쪽 클릭

※ 같은 방법으로 그림 완성

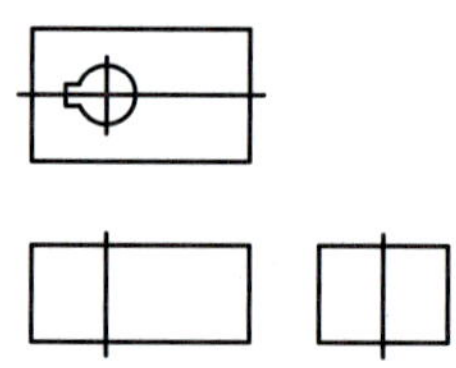

5) 2차 가공부위 그리기

❶ ▸명령 실행, (L Enter↵)
▸수직선의 시작점 클릭
▸수직선의 끝점 클릭
▸명령 종료(Enter↵)

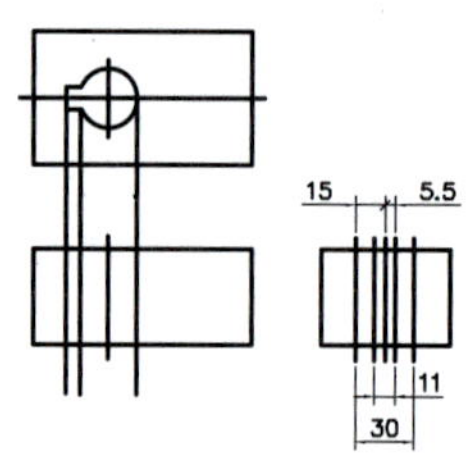

※ 같은 방법으로 그림 완성

▸ 명령 실행, (O Enter↵)
▸ 11/2 Enter↵
▸ 수직 중심선 클릭
▸ 중심선 좌,우 클릭
▸ 명령 종료 (Enter↵)

※ 같은 방법으로 그림 완성

❷ ▸ 명령 실행, (TR Enter↵)
▸ 기준 객체 클릭
▸ 명령 진행 (Enter↵)
▸ 잘리는 선 클릭
▸ 명령 종료 (Enter↵)

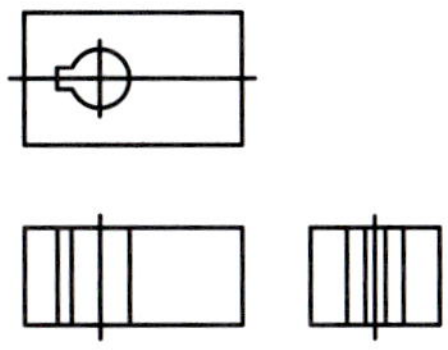

▸ 명령 실행, (E Enter↵)
▸ 필요 없는 객체 클릭

❸ ▸ 숨은선 객체 선택
▸ Layers 도구모음에서 2번 레이어 선택
▸ 객체 선택 취소 (Esc)

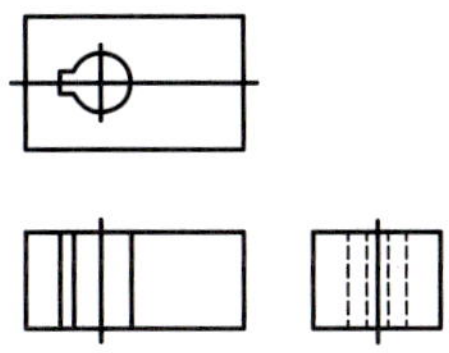

6) 3차 가공부위 그리기

❶ ▸ 명령 실행, (O Enter↵)
▸ 12 Enter↵
▸ 수평선 클릭
▸ 수평선의 위, 아래 위치 클릭
▸ 수직선 클릭
▸ 수직선의 좌, 우 위치 클릭
▸ 명령 종료 (Enter↵)

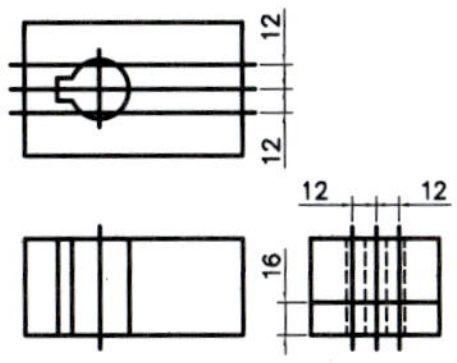

※ 같은 방법으로 그림 완성

❷ ▸명령 실행, (TR Enter↵)
▸기준 객체 클릭
▸명령 진행 (Enter↵)
▸잘리는 선 클릭
▸명령 종료 (Enter↵)

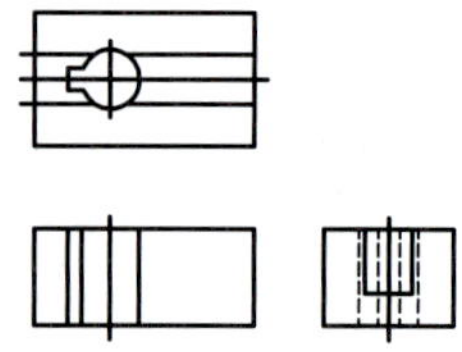

▸명령 실행, (E Enter↵)
▸필요 없는 객체 클릭

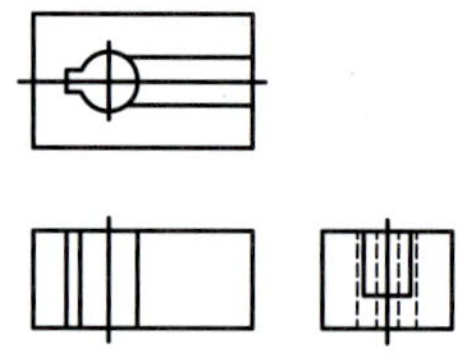

❸ ▸명령 실행, (L Enter↵)
▸평면도에서 교차점을 시작점 클릭
▸정면도에 수직선에서 끝점 클릭 (2)
▸명령 종료 (Enter↵)

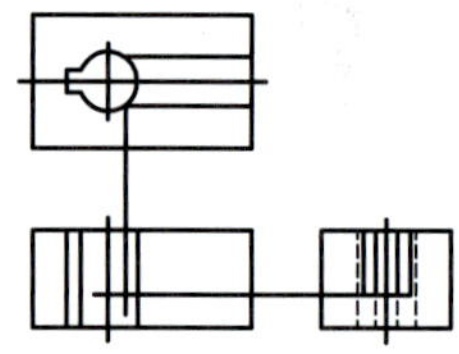

※ 같은 방법으로 그림 완성

❹ ▸명령 실행, (TR Enter↵)
▸기준 객체 클릭
▸명령 진행 (Enter↵)
▸잘리는 선 클릭
▸명령 종료 (Enter↵)

▸명령 실행, (E Enter↵)
▸필요 없는 객체 클릭

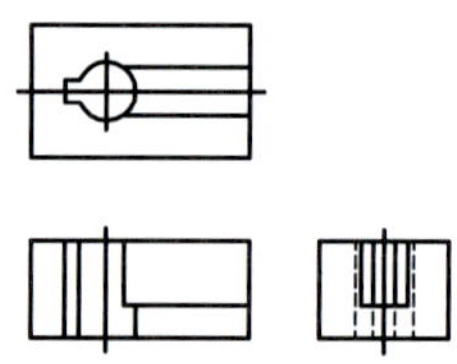

7) 드릴링 부분 그리기

❶ ▸명령 실행, (O Enter↵)
▸28 Enter↵
▸아래쪽 수평선 클릭
▸수평선의 위쪽 위치 클릭
– 명령 종료 (Enter↵)

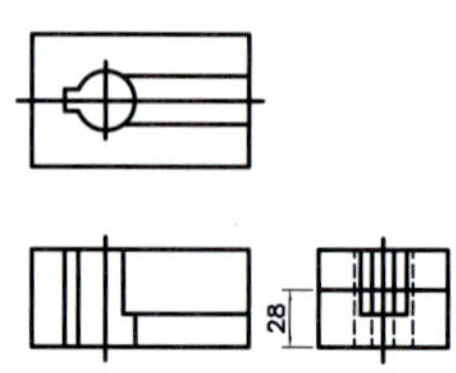

▸연장할 객체 클릭
▸왼쪽 Pickbox 클릭
▸정면도를 가로지르는 위치 클릭

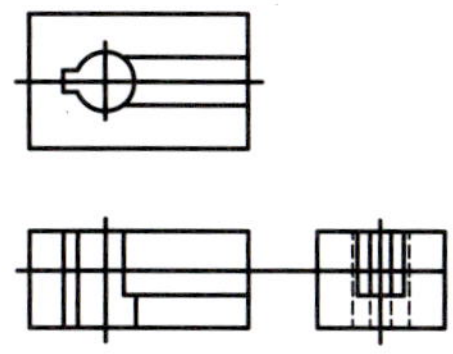

▸명령 실행, (C Enter↵
▸수직, 수평선의 교차점 클릭
– D Enter↵
– 11 Enter↵

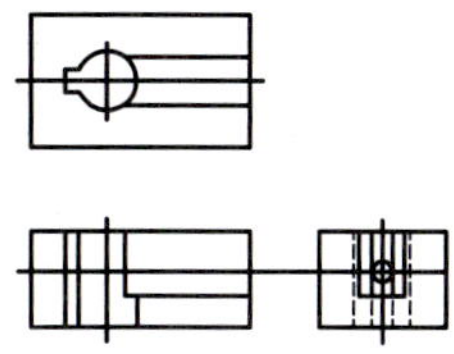

▸명령 실행, (L Enter↵
▸원과 수직선의 위쪽 교차점 클릭
▸정면도를 가로지르는 위치 클릭
▸원과 수직선의 아래쪽 교차점 클릭
▸정면도를 가로지르는 위치 클릭
▸명령 종료 (Enter↵)

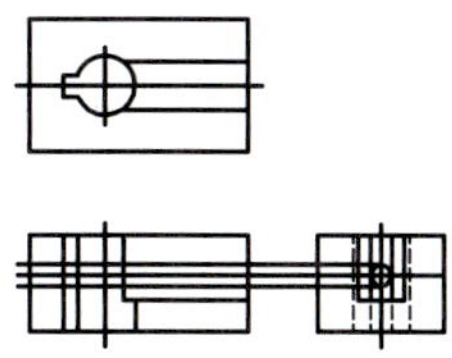

❷ ▸명령 실행, (TR Enter↵
▸기준 객체 클릭
▸명령 진행 (Enter↵)
▸잘리는 선 클릭
▸명령 종료 (Enter↵)

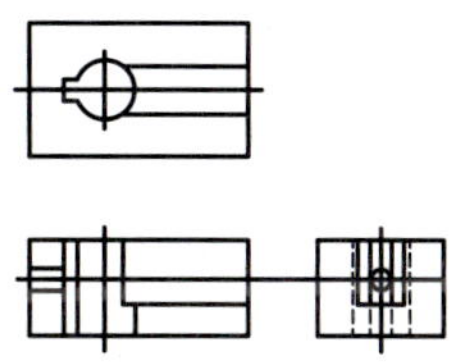

▸명령 실행, (BR Enter↵
▸객체의 끊어낼 시작점을 클릭 (7)
▸객체의 끊어낼 끝점을 클릭 (8)

※같은 방법으로 그림 완성

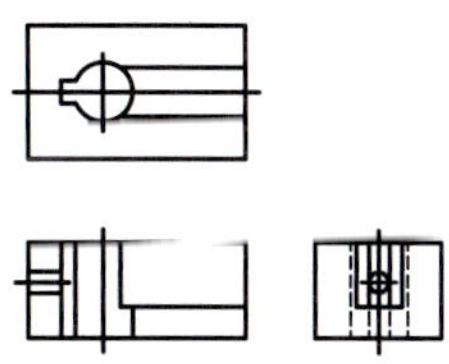

❸ ▸명령 실행, (CO Enter↵)
▸정면도의 드릴링 부분 객체 클릭
▸수직선과 수평선의 교차점 클릭
▸평면도의 수직선과 수평선의 교차점 클릭
▸명령 종료 (Enter↵)

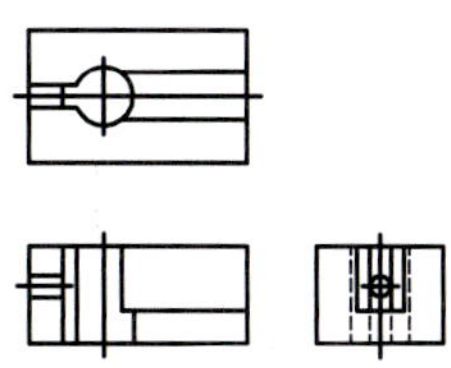

- 명령 실행, (MA Enter↵
- 우측면도의 숨은선 클릭
- 평면도의 숨은선이 될 객체 클릭
- 명령 종료 (Enter↵)

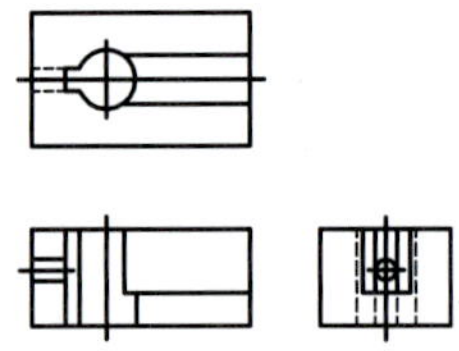

❹
- 명령 실행, (CHA Enter↵
- D Enter↵
- 8 Enter↵ Enter↵
- 모떼기 처리할 두 객체 클릭
- 명령 종료 (Enter↵)

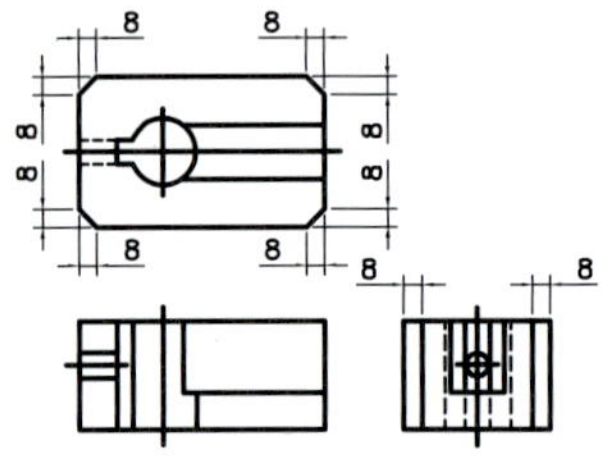

※ 같은 방법으로 그림 완성

❺
- 명령 실행, (O Enter↵
- 8
- 왼쪽 수직선 클릭
- 왼쪽 수직선의 오른쪽 위치 클릭

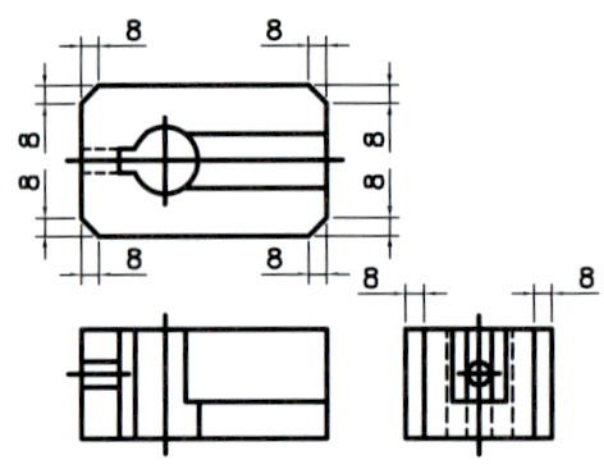

※ 같은 방법으로 그림 완성

- 중심선 객체 클릭
- Layers 도구모음에서 1번 레이어 선택
- 객체 선택 취소 (Esc)

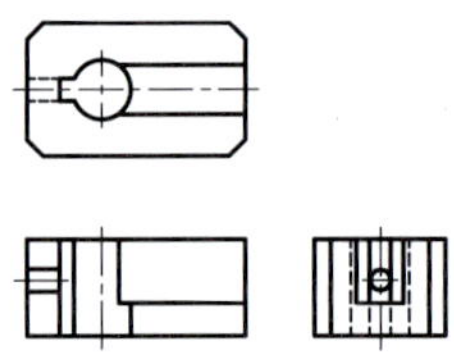

8) 축소 및 단면 해칭하기

❶
- 명령 실행, (SC Enter↵)
- 객체들 선택
- 명령 진행 (Enter↵)
- 객체들의 중심 위치 클릭
- 0.5
- 명령 종료 (Enter↵)

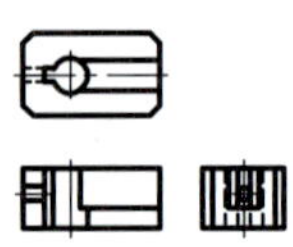

❷ ▸ 명령 실행, (BH Enter↵)
▸ User defined 선택 (해칭 유형)
▸ 45 입력 (해칭선 각도)
▸ 2 입력 (해칭선 간격)
▸ 해칭의 기준점을 확인
▸ Pick point 클릭
▸ 점선 영역의 내부를 클릭
▸ 명령 진행 (Enter↵)
▸ OK 클릭

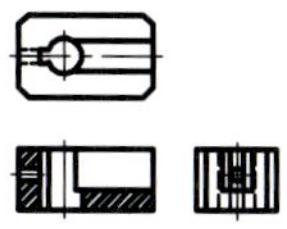

▸ 해칭선 객체 클릭
▸ Layers 도구모음에서 4번 레이어 선택
▸ 객체 선택 취소 (Esc)

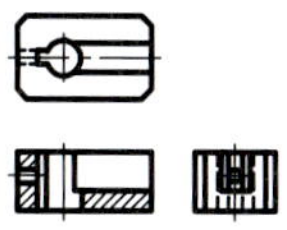

07
SECTION

연습 과제

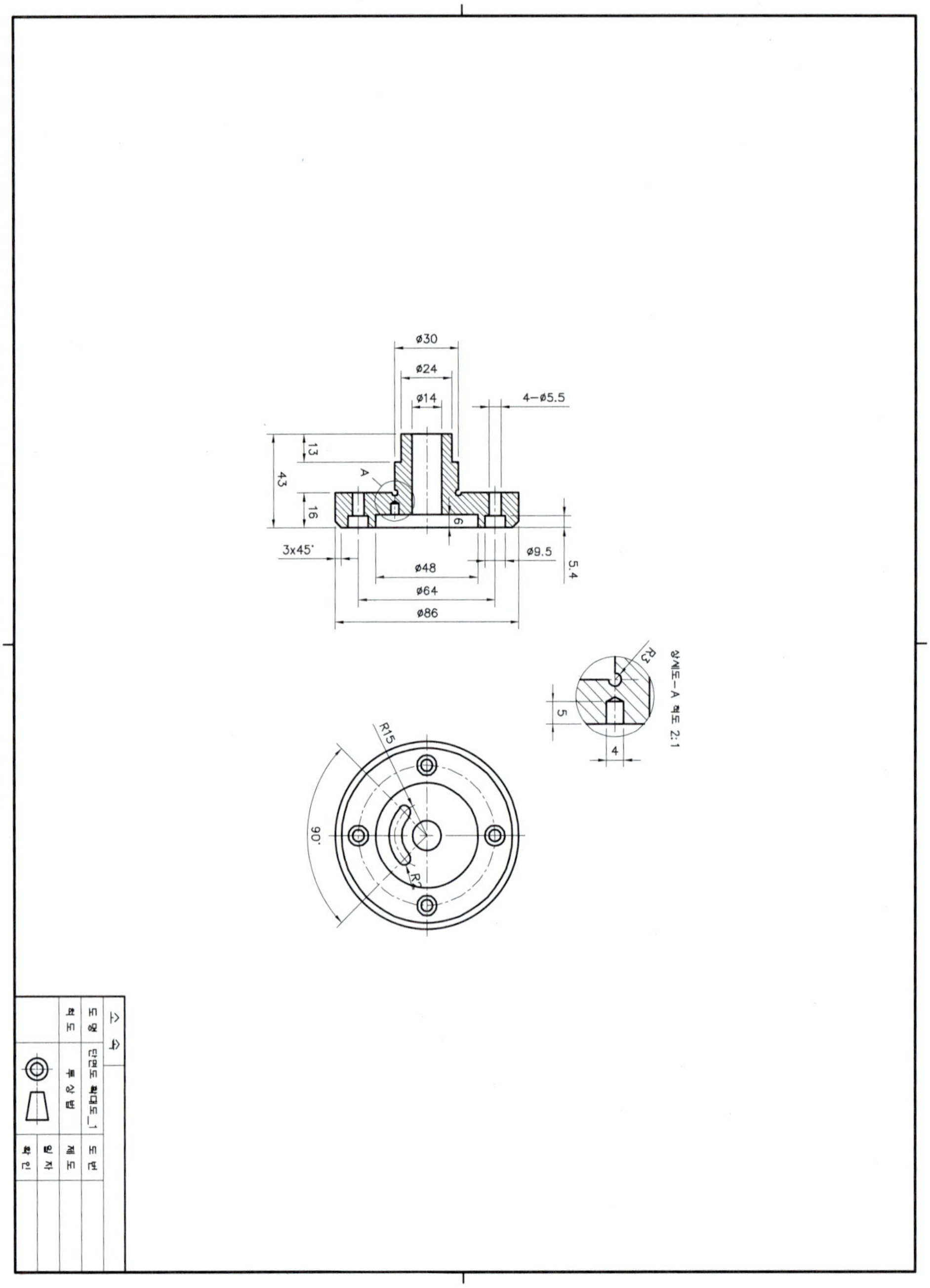

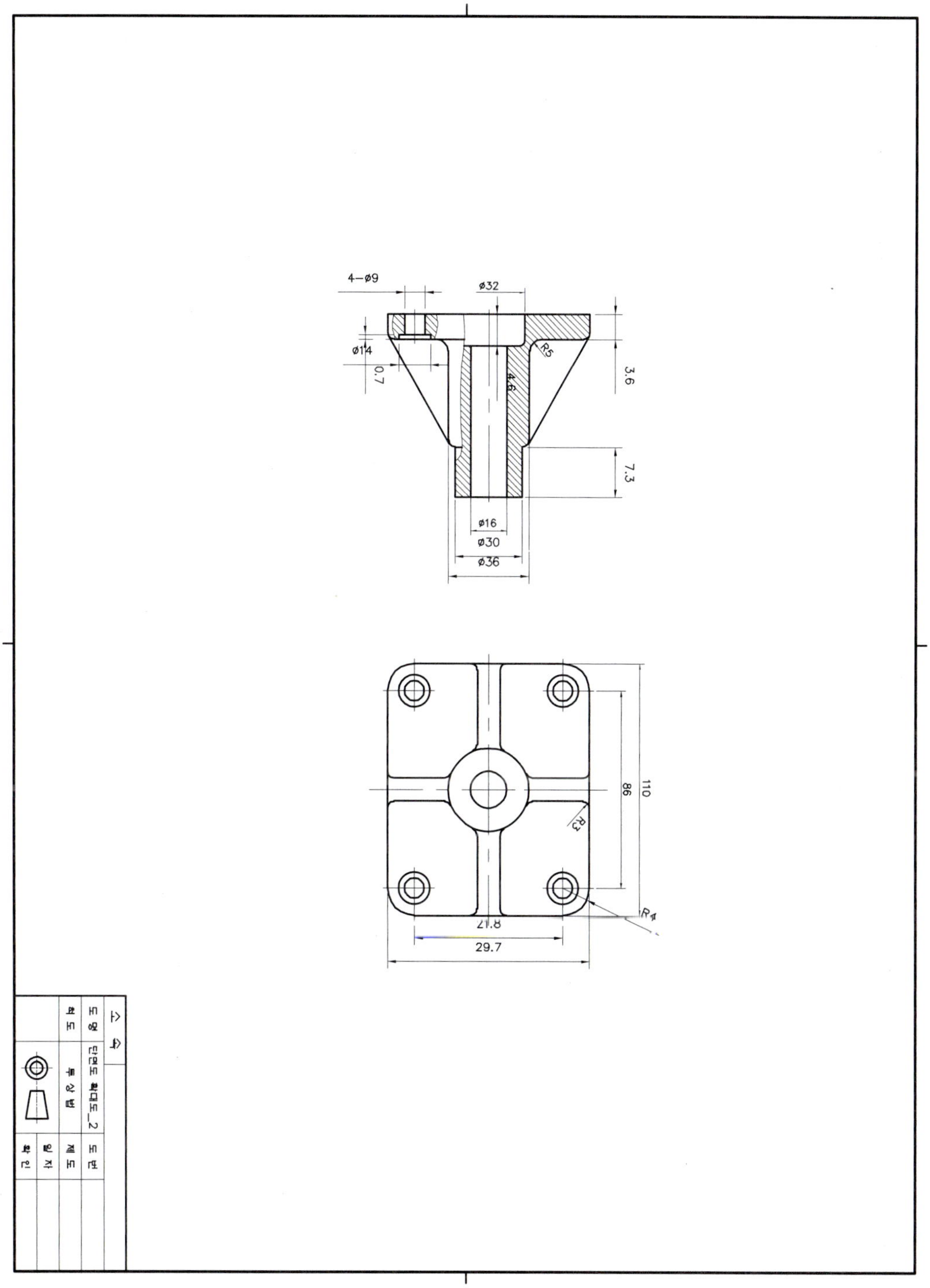
4-ø9
ø32
ø14
0.7
R5
4.6
3.6
7.3
ø16
ø30
ø36
110
86
R3
R4
21.8
29.7
소속
도명
단면도 확대도_2
척도
투상법
도번
제도
일자
확인

Chapter

09

문자와 치수기입

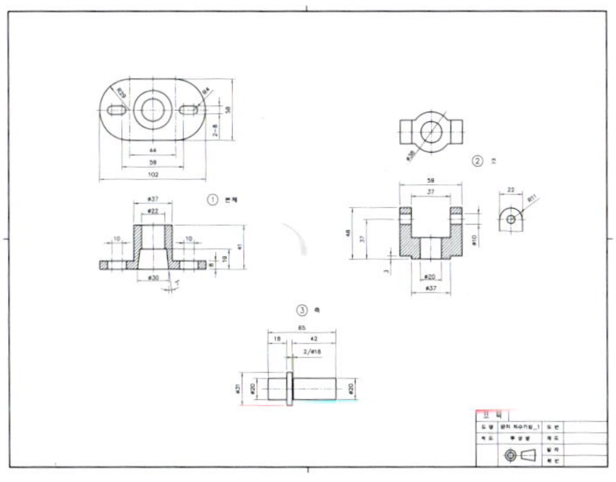

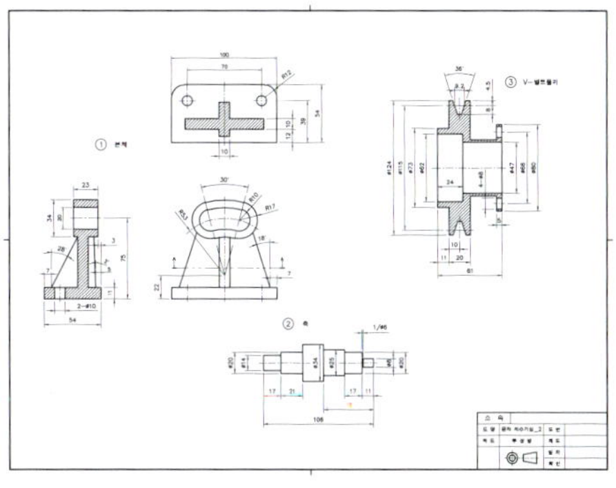

AutoCAD 2013

실습 목적

① 도면에 들어가는 문자 작성, 편집 방법에 대해 배운다.
② 도면에 치수기입하는 방법을 배운다.

AutoCAD 2013

실습 시간

1.5 hr ~ 2.0 hr

AutoCAD 2013

실습 내용

① 문자 스타일 설정하기 _ STYLE
② 단행 문자쓰기 _ TEXT
③ 문자 편집하기 _ DDEDIT
④ 다행 문자쓰기 _ MTEXT
⑤ 치수기입 환경 설정하기 _ DIMENSION STYLE EDIT
⑥ 치수 기입하기 _ DIMENSION
⑦ 지시선 그리기 _ QLEADER

AutoCAD 2013

참고 사항

- 도면의 문자 용도 및 주석 작성 방법
- 형상에 치수기입하는 방법

01 SECTION

문자 스타일 설정하기 _ STYLE

도면에 입력되는 문자에 대하여 사용자가 글꼴, 크기, 색상 등을 지정한다.

1 영문, 한글 글꼴 선택하여 문자 스타일 설정하기

1) 명령어의 실행

❶ ▸메뉴 표시줄 [Format] – [Text Style...] 선택
▸Style 도구모음 [Text Style...] 선택

❷ Command : STYLE 또는 ST Enter↵

2) 명령어 사용법 따라하기

영문 글꼴은 Simplex.shx, 한글 글꼴은 whgtxt.shx로 설정한다.

❶ ▸명령 실행, (ST Enter↵)
▸Font에서 simplex.shx 선택
▸Use Big Font 체크
▸Big font에서 whgtxt.shx 선택
▸Apply 클릭

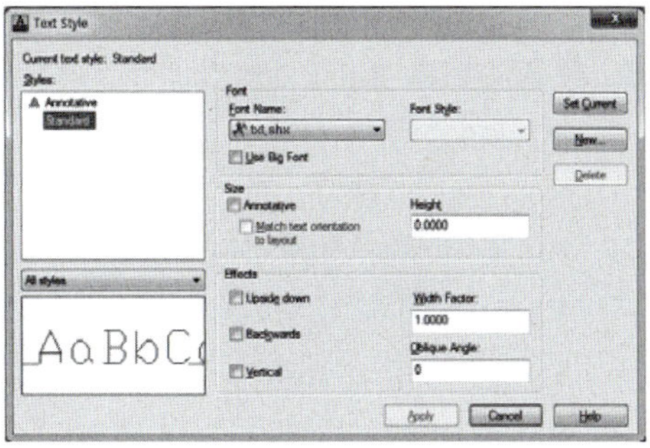

02 SECTION

단행 문자쓰기 _ TEXT

크기와 색상 등이 같은 한 줄의 문자를 입력한다.

1 직사각형 중앙에 단행 문자 입력하기

1) 명령어의 실행

❶ ▸메뉴 표시줄 [Draw] – [Text] – [Single Line Text] 선택

▸Text 도구모음 [Single Line Text] 선택

❷ Command : TEXT 또는 DT Enter↵

2) 명령어 사용법 따라하기

문자 정렬을 이용하여 위치를 지정하여 문자를 입력한다.

❶
- ▸명령을 실행. (DT Enter↵)
- ▸J Enter↵ (위치 정렬 옵션)
- ▸M Enter↵ (가운데)
- ▸대각선의 중간점을 클릭 (Click)
- ▸3.2 Enter↵ (문자 크기)
- ▸0 Enter↵ (문자 회전 각도)
- ▸'문자쓰기' 입력
- ▸명령 진행 (Enter↵)
- ▸명령 종료 (Enter↵)

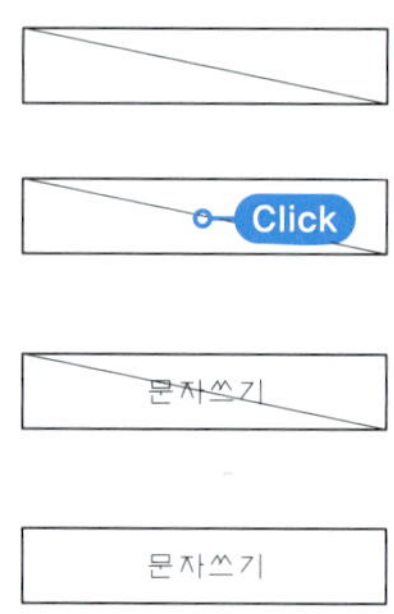

SECTION 03

문자 편집하기 _ DDEDIT

단행 문자를 편집하거나 다행 문자의 속성(색상, 크기)을 변경하는 명령이다.

1 문자 편집하기

1) 명령어의 실행

❶ ▸ 편집하고자 하는 단행 문자 객체를 더블 클릭하여 선택

▸ 메뉴 표시줄 [Modify] – [Object] – [Text] – [Edit...] 선택

▸ Text 도구모음 [Edit...] 선택

❷ Command : DDEDIT 또는 ED Enter↵

2) 명령어 사용법 따라하기

❶ ▸ 문자 객체 선택

▸ 명령을 실행, (ED Enter↵)

▸ '문자쓰기 편집' 으로 수정

▸ 명령 종료 (Enter↵)

문자쓰기

문자쓰기 편집

SECTION 04

다행 문자쓰기 _ MTEXT

여러 줄의 문자를 작성하는 명령이다.

1 다행 문자쓰기

1) 명령어의 실행

❶ ▸메뉴 표시줄 [Draw] – [Text] – [Multiline Text...] 선택

▸Text 도구모음 [Multiline Text...] 선택

❷ Command : MTEXT 또는 MT Enter↲

2) 명령어 사용법 따라하기

문자를 쓰는 공간과 크기, 색 등을 지정하고 여러 행의 문자를 작성한다.

❶ ▸명령을 실행. (MT Enter↲)

▸100,100 Enter↲

▸200,150 Enter↲

▸문자 크기 3.2 입력

▸오른쪽 그림과 같이 입력

▸OK 클릭

1. 문자 스타일 설정하기
2. 단행 문자 입력하기
3. 단행 문자 편집하기
4. 다행 문자 입력하기
5. 치수 환경 설정하기
6. 치수 기입하기
7. 신속 지시선 그리기

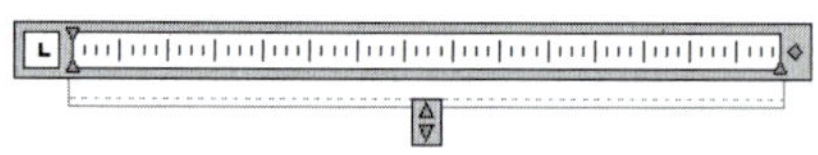

※ 다행 문자 쓰기 중 ESC 키를 누르면 저장없이 다행 문자 쓰기가 종료되므로 주의해야 한다.

05
SECTION

치수 기입 환경 설정하기 _ DIMENSION STYLE EDIT

제도 규격에 맞게 치수 기입을 위한 환경 설정을 한다.

1 KS 제도 규격에 맞게 치수 환경 설정하기

1) 명령어의 실행

❶ ▸메뉴 표시줄 [Dimension] – [Dimension Style...] 선택
▸Dimension 도구모음 [Dimension Style...] 선택

❷ Command : DIMSTYLE 또는 D Enter↵

2) 치수 기입을 위한 환경 설정 사항

규격에 맞춰 치수 요소들의 크기, 위치, 단위 등을 설정한다.

❶ ▸명령 실행, (D Enter↵)
▸Modify 클릭 (기존 설정을 수정)
▸규격에 맞춰 각 탭의 항목들을 설정

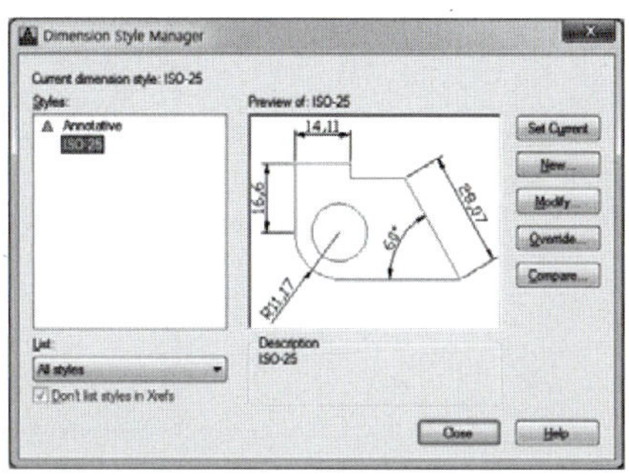

❷ [Lines] 탭 _ 치수선 및 치수보조선 설정

- Dimension lines – Color : ① 가는 실선(빨간색 또는 흰색)
  – Base spacing : ② 10 mm
- Extension lines – Color : ③ 가는 실선(빨간색 또는 흰색)
  – Extend beyond dim lines : ④ 2 mm
  – Offset from origin : ⑤ 1.5 mm

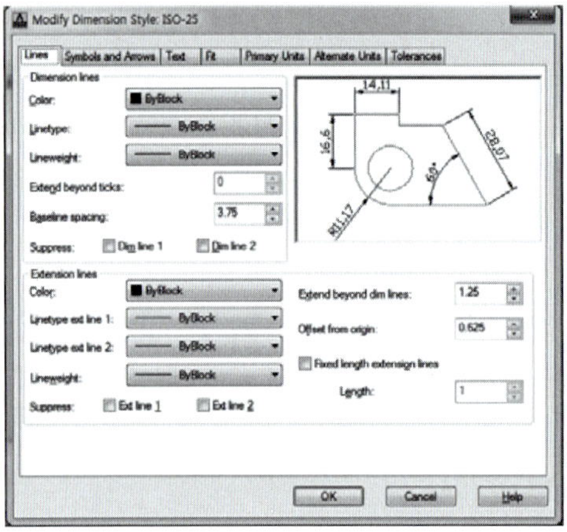

〈Line tab〉

❸ [Symbols and Arrows] 탭 _ 기호와 치수 화살표 설정

- Arrowheads – Arrow size : ① 2.5 mm
- Center marks – None : ② None
- Arc length symbol – Above dimension text : ③ Above dimension text

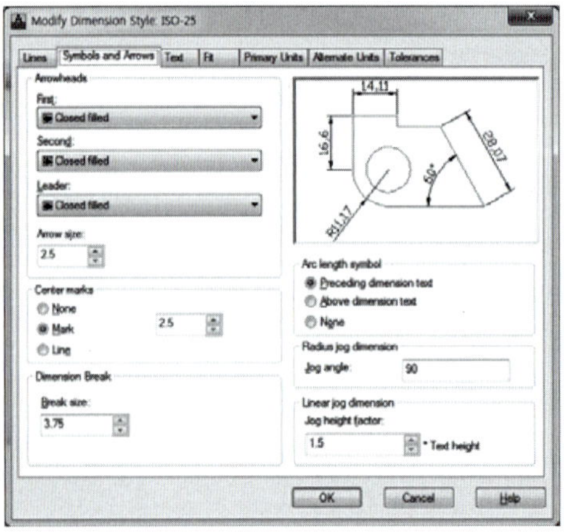

〈Symbols and arrows tab〉

❹ [Text] 탭 _ 치수 문자에 관한 설정

- Text appearance – Text color : ① 중간선 (노란색)
  – Text height : ② 3.2 mm
- Text placement – Offset from dim line : ③ 1.5 mm

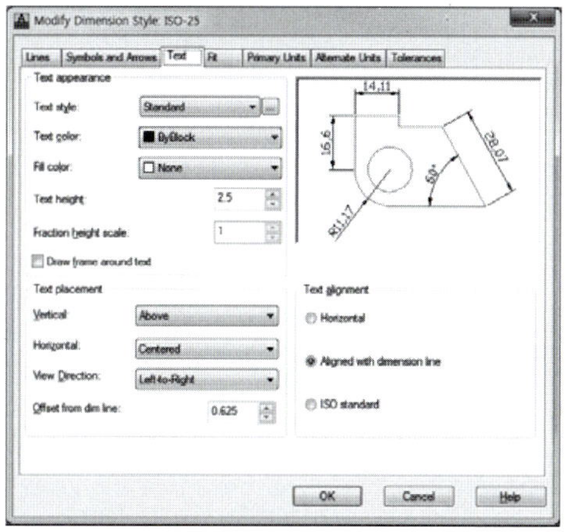

〈Text tab〉

❺ [Fit] 탭 _ 치수와 화살표의 위치에 대한 설정

- Fit options – Both text and arrows : ① Both text and arrows

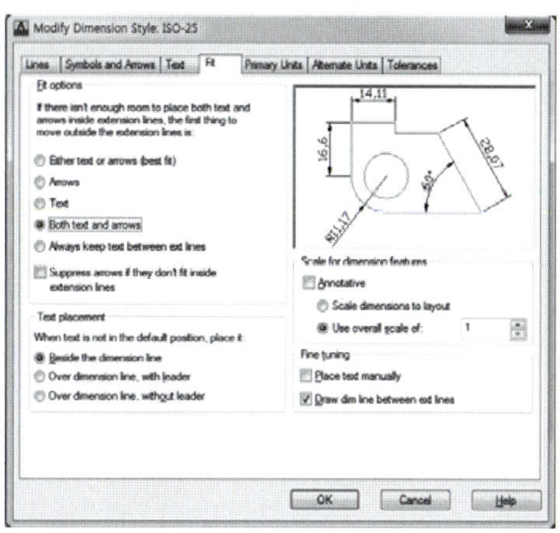

〈Fit tab〉

⑥ [Primary Units] 탭 _ 치수 단위에 대한 설정

▸ Linear dimensions – Precision : ① 0.0

– Decimal separator : ② '.' (Period)

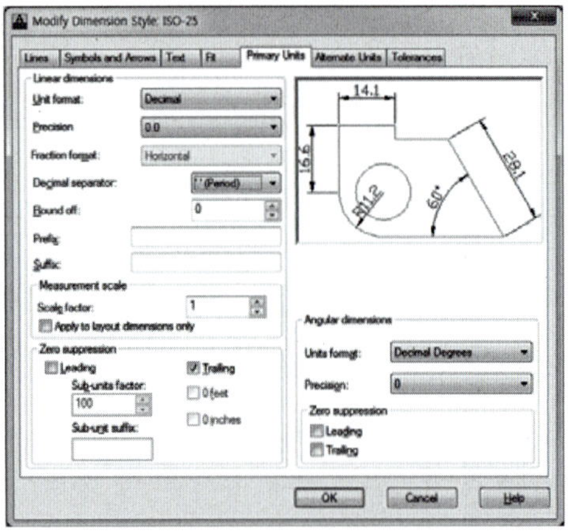

〈Primary Units tab〉

06 SECTION

치수 기입하기 _ DIMENSION

선형, 각도, 지름 등의 치수 기입한다.

1 선형 치수 기입하기–1

1) 명령어의 실행

❶ ▸메뉴 표시줄 [Dimension] – [Linear] 선택
▸Dimension 도구모음 [Linear] 선택

❷ Command : DIMLINEAR Enter↵

2) 명령어 사용법 따라하기

수평 거리의 치수를 기입한다.

❶ ▸명령을 실행(선형 치수 아이콘 클릭)
▸마우스 오른쪽 버튼 클릭
▸객체 클릭 (Click–1)
▸치수 기입 위치 클릭 (Click–2)

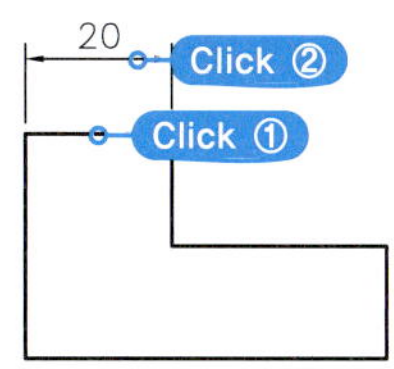

❷ ▸명령을 실행, (선형 치수 아이콘 클릭)
▸한쪽 끝점을 클릭 (Click–1)
▸반대쪽 끝점 클릭 (Click–2)
▸치수 기입 위치 클릭 (Click–3)

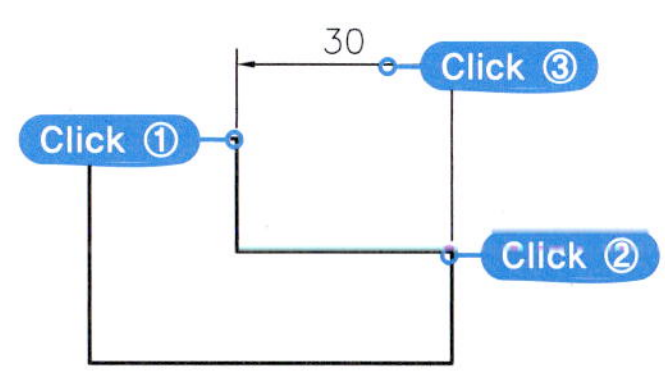

2 선형 치수 기입하기-2

1) 명령어의 실행

❶ ▸메뉴 표시줄 [Dimension] – [Aligned] 선택
▸Dimension 도구모음 [Aligned] 선택

❷ Command : DIMALIGNED Enter↵

2) 명령어 사용법 따라하기

경사선에 치수를 기입한다.

❶ ▸명령을 실행, (경사 치수 아이콘 클릭)
▸마우스 오른쪽 버튼 클릭
▸객체 클릭 (Click-1)
▸치수 기입 위치 클릭 (Click-2)

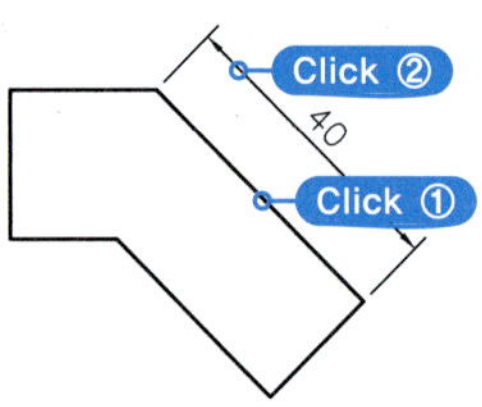

3 반지름 치수 기입하기

1) 명령어의 실행

❶ ▸메뉴 표시줄 [Dimension] – [Radius] 선택
▸Dimension 도구모음 [Radius] 선택

❷ Command : DIMRADIUS Enter↵

2) 명령어 사용법 따라하기

❶ ▸명령을 실행, (반지름 치수 아이콘 클릭)
▸객체 클릭 (Click-1)
▸치수 기입 위치 클릭 (Click-2)

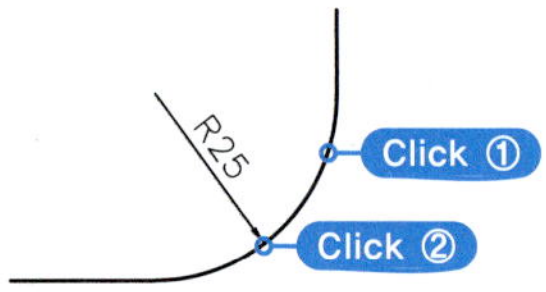

4 지름 치수 기입하기

1) 명령어의 실행

❶ ▸메뉴 표시줄 [Dimension] – [Diameter] 선택
▸Dimension 도구모음 [Diameter] 선택

❷ Command : DIMDIAMETER Enter↵

2) 명령어 사용법 따라하기

❶ ▸명령을 실행. (지름 치수 아이콘 클릭)
▸객체 클릭 (Click–1)
▸치수 기입 위치 클릭 (Click–2)

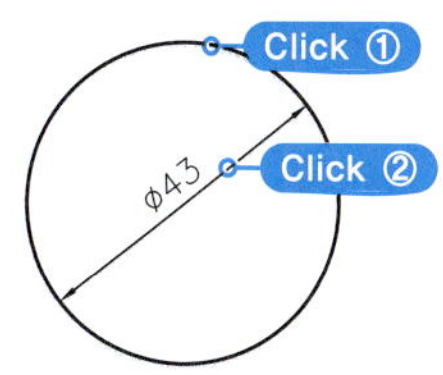

5 각도 치수 기입하기

1) 명령어의 실행

❶ ▸메뉴 표시줌 [Dimension] – [Angular] 선택
▸Dimension 도구모음 [Angular] 선택

❷ Command : DIMANGULAR Enter↵

2) 명령어 사용법 따라하기

❶ ▸명령을 실행. (각도 치수 아이콘 클릭)
▸각을 이루는 객체 클릭 (Click–1)
▸각을 이루는 다른 객체 클릭 (Click–2)
▸치수 기입 위치를 클릭 (Click–3)

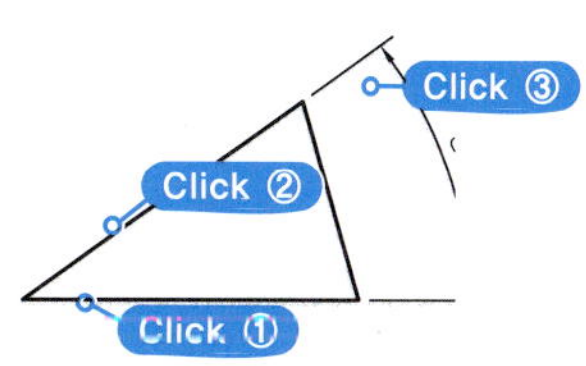

SECTION 07

지시선 그리기 _ QLEADER

지시선을 그리는 명령이다.

1 지시선으로 주석달기

1) 명령어의 실행

❶ Command : QLEADER 또는 LE Enter↵

2) 명령어 사용법 따라하기

지시선에 문자를 입력한다.

❶
- ▸명령을 실행, (LE Enter↵)
- ▸윗면의 타원을 클릭 (Click-1)
- ▸꺾기는 점을 클릭 (Click-2)
- ▸지시선의 끝점을 클릭 (Click-2)
- ▸명령 진행 (Enter↵)
- ▸Cylinder 입력
- ▸명령 진행 (Enter↵)
- ▸명령 종료 (Enter↵)

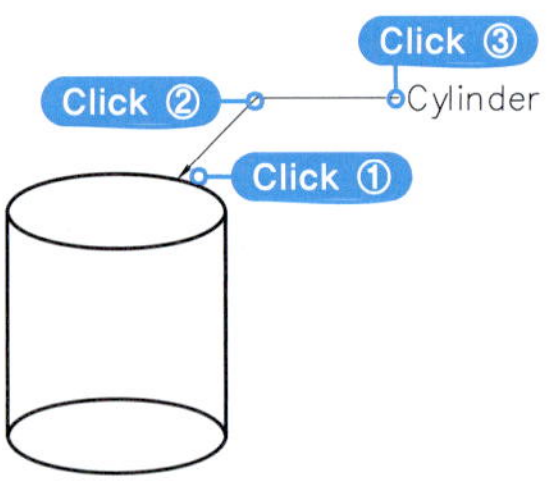

08 SECTION 예제 따라하기

Chapter 08에서 XXX을 도면 파일을 불러온다.

1 문자 및 치수기입 스타일 설정하기

1) 문자 스타일 설정하기

❶ ▸명령 실행, (ST Enter↵)
▸Font에서 simplex.shx 선택
▸Use Big Font 체크
▸Big font에서 whgtxt.shx 선택
▸Apply 클릭

2) 치수 환경 설정하기

❶ ▸명령 실행, (D Enter↵)
▸Modify 클릭

Line 탭 – Dimension lines
▸color를 빨간색으로 선택
▸base spacing에 10 입력

Line 탭 – Extension lines
▸color를 빨간색으로 선택
▸Extend beyond dim lines에 2 입력
▸Offset from origin에 1.5 입력

❷ Symbols and Arrow 탭 – Arrowheads

- Arrow size에 2.5 입력
- Center marks에서 None 선택
- Are length symbol에서 Above dimension text 선택

❸ Text 탭 – Text apperance

- Text color를 노란색으로 선택
- Text height에 3.2 입력

Text 탭 – Text placement

- Offset from dim line에 1.5 입력

❹ Fit 탭 – Fit options

- Both text and arrows 선택

❺ Primary Units 탭 – Linear dimensions

- Precision을 0.0 선택
- Decimal separator를 '.' (Period) 선택
- OK 클릭

3) 정면도에 치수 기입하기

❶
- 명령을 실행, (OPEN Enter↵)
- Chapter 08의 XXX.dwg 파일 경로
- OPEN

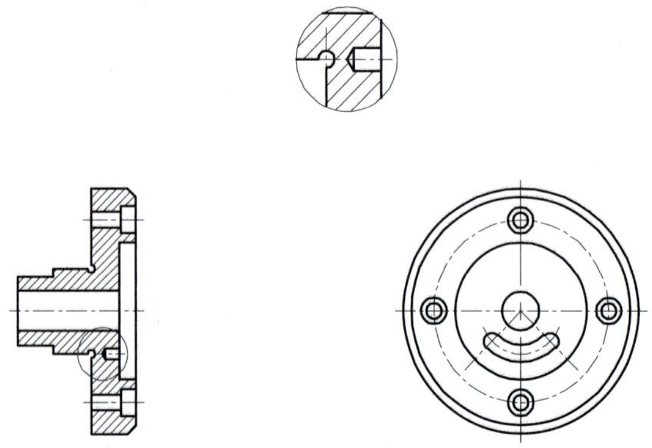

❷ ▸명령을 실행, (선형치수아이콘 클릭)
▸좌측 모서리 클릭
▸우측 모서리 클릭
▸치수 위치 클릭

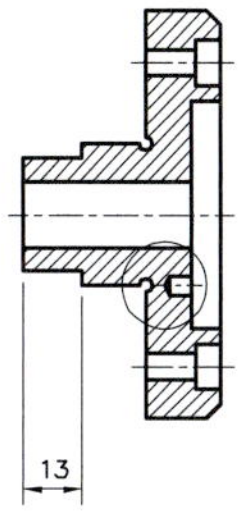

※ 같은 방법으로 정면도에 선형 치수를 기입

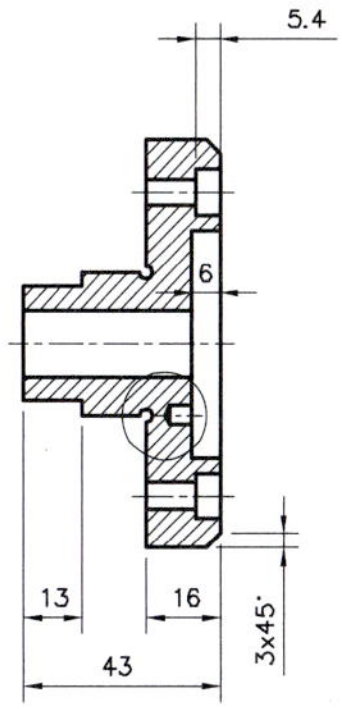

❸ ▸명령을 실행, (선형치수아이콘 클릭)
▸그림과 같이 지름 치수기입 할 부분에 선형 치수 기입

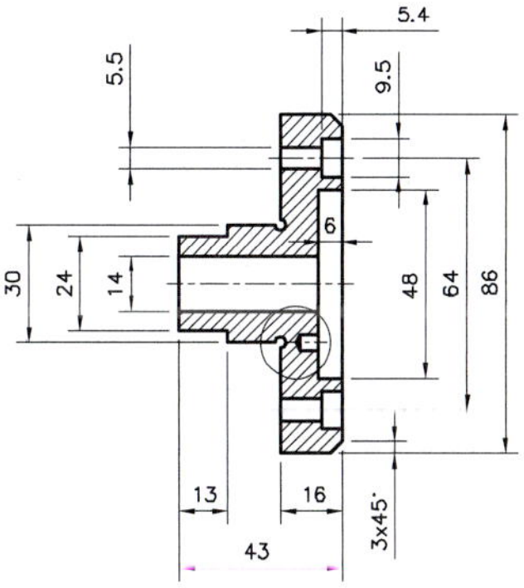

❹ ▸명령을 실행, (DIMEDIT Enter↵)
▸N Enter↵
▸숫자 0 앞에 %%C 입력
▸OK 클릭
▸지름 치수가 될 선형 치수들을 모두 클릭
▸명령 종료 (Enter↵)

❺ ▸명령을 실행, (ED Enter↵)
▸φ5.5 클릭
▸φ5.5 앞에 4- 입력
▸OK 클릭

▸명령을 실행,(ED Enter↵)
▸3 클릭
▸3 뒤에 x45%%D 입력
▸OK 클릭

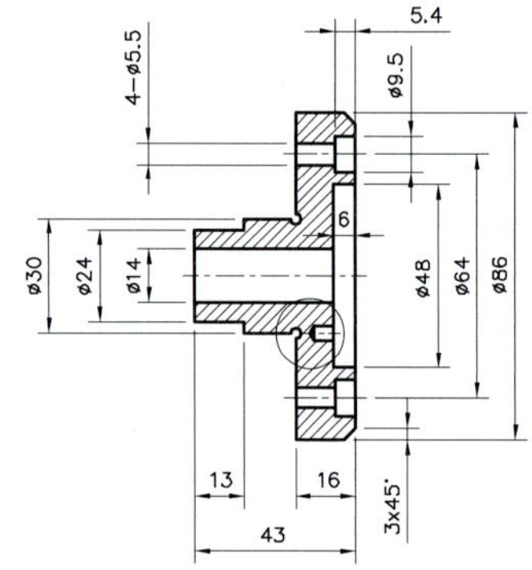

❻ ▸명령을 실행, (L Enter↵)
▸확대도 원의 근접점 클릭
▸대각선 방향 점 클릭
▸명령 종료 (Enter↵)

❼ ▸명령을 실행, (DT Enter↵)
▸대각선 근처 점 클릭
▸3.2 Enter↵
▸명령 진행 (Enter↵)
▸A Enter↵
▸명령 종료 (Enter↵)

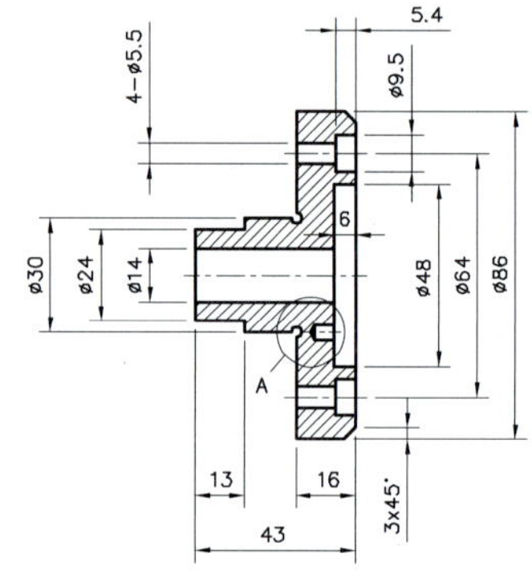

4) 우측면도에 치수 기입하기

❶ ▸명령을 실행,
(반지름 치수 아이콘 클릭)
▸치수 기입할 원 클릭 (R15)
▸반지름 치수 기입 위치 클릭

▸명령을 실행,
(반지름 치수 아이콘 클릭)
▸치수 기입할 원 클릭 (R2)
▸반지름 치수 기입 위치 클릭

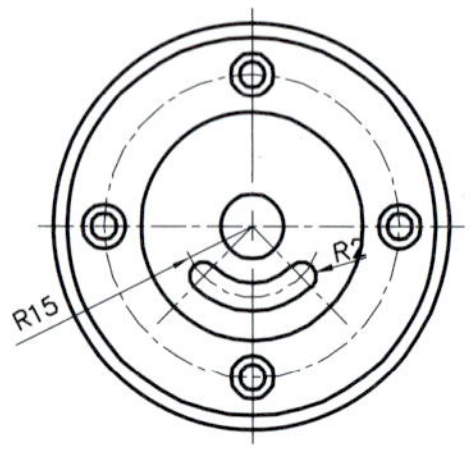

❷ ▸명령을 실행, (각도 치수 아이콘 클릭)
▸각도 기입할 왼쪽 중심선 클릭
▸오른쪽 중심선 클릭
▸각도 치수 기입 위치 클릭

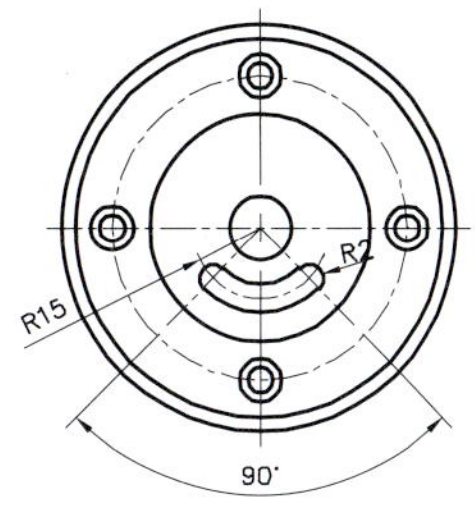

5) 확대도에 치수 기입하기

❶ ▸명령을 실행, (DT Enter↵)
▸원 위쪽 클릭
▸3.2 Enter↵
▸명령 진행 (Enter↵)
▸상세도-A 척도 2:1 Enter↵
▸명령 종료 (Enter↵)

▸명령을 실행, (선형 치수 아이콘 클릭)
▸그림과 같이 선형 치수 기입

상세도-A 척도 2:1

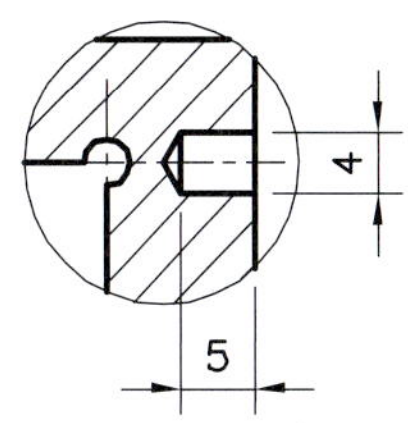

❷ ▸치수 선택
▸명령을 실행, (CH Enter↵)
Primary Unirs 탭
▸Dim Scale linear에 0.5 입력
▸창 닫기

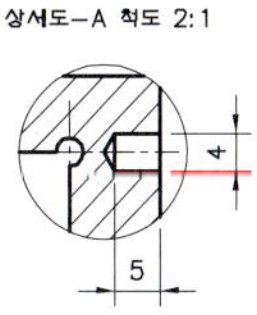

❸ ▸명령을 실행, (반지름 치수 아이콘 클릭)
▸치수 기입할 원 클릭 (R3)
▸반지름 치수 기입 위치 클릭

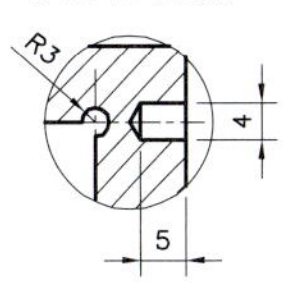

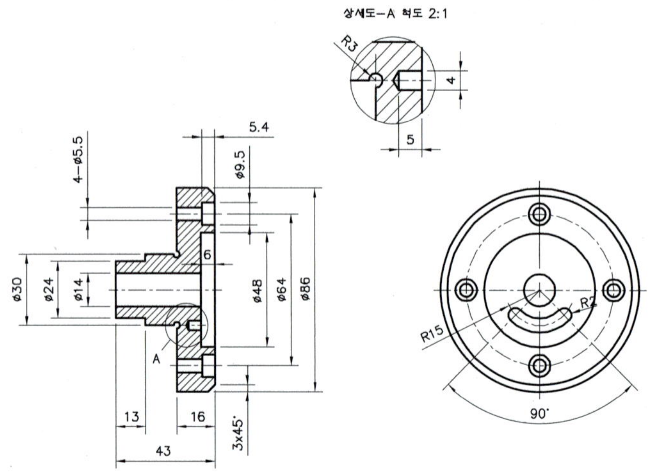

상세도-A 척도 2:1
R3
4
5
5.4
4-ø5.5
ø9.5
6
ø30
ø24
ø14
ø48
ø64
ø86
A
13
16
3x45°
43
R2
R15
90°

연습 과제

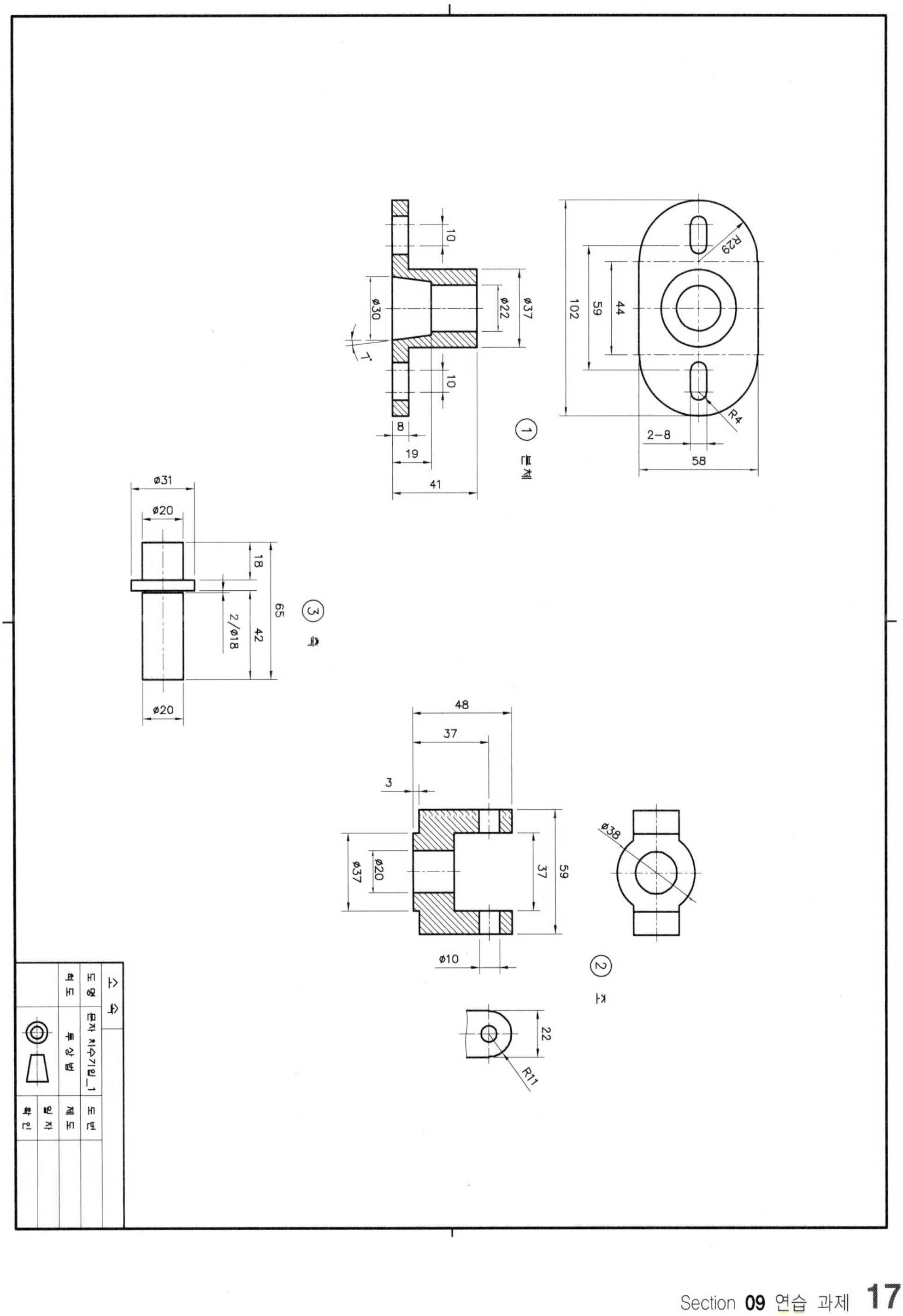

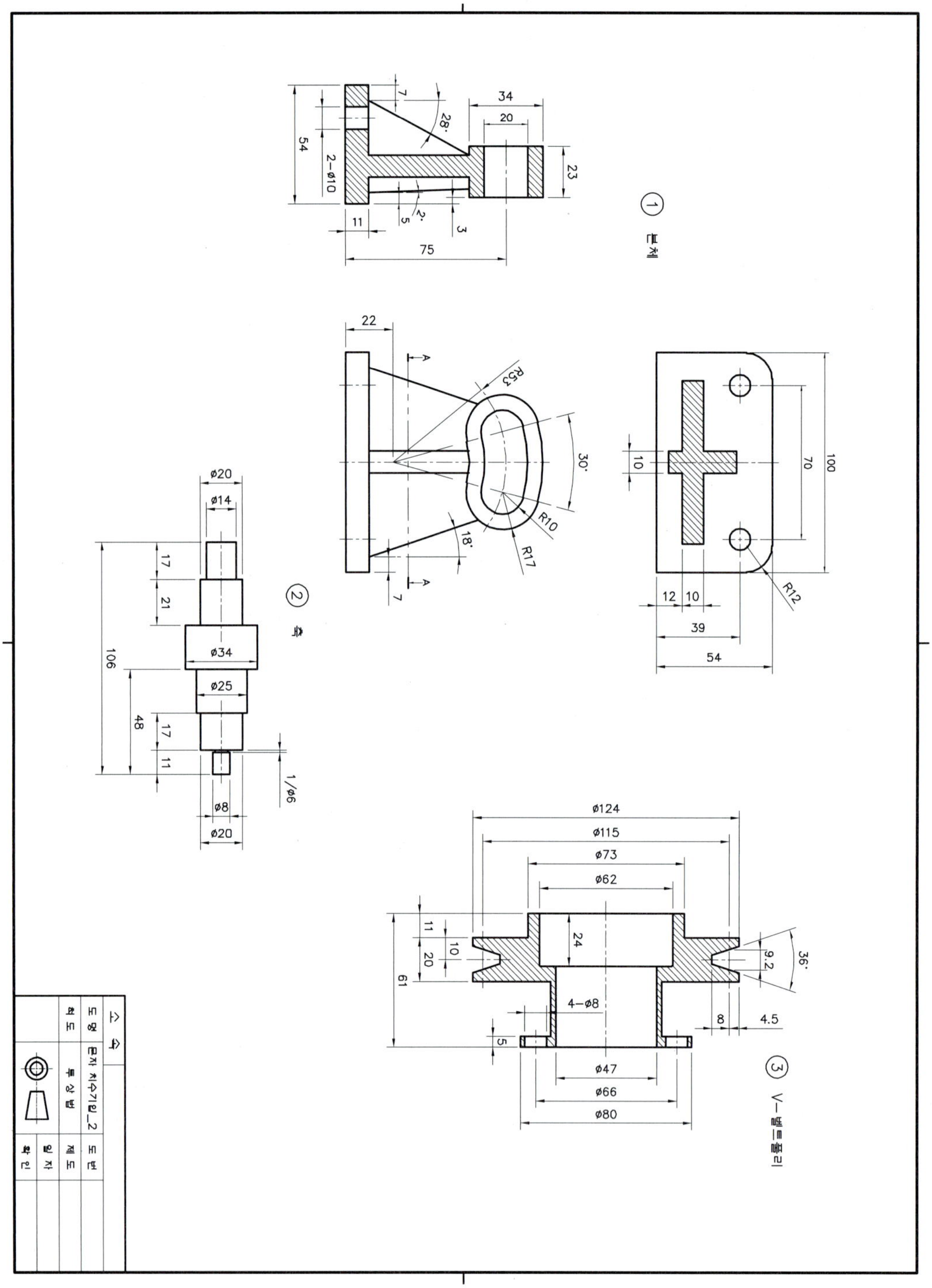
① 본체
② 축
③ V-벨트풀리
소속
도명 문자 치수기입_2
척도
투상법
도번
제도
일자
확인

Chapter

10

도면 출력

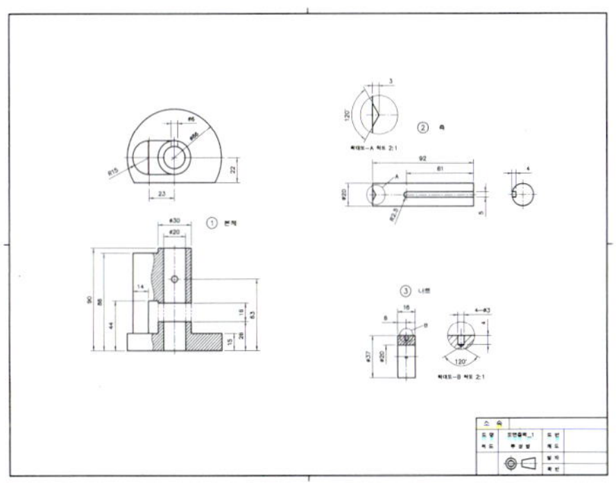

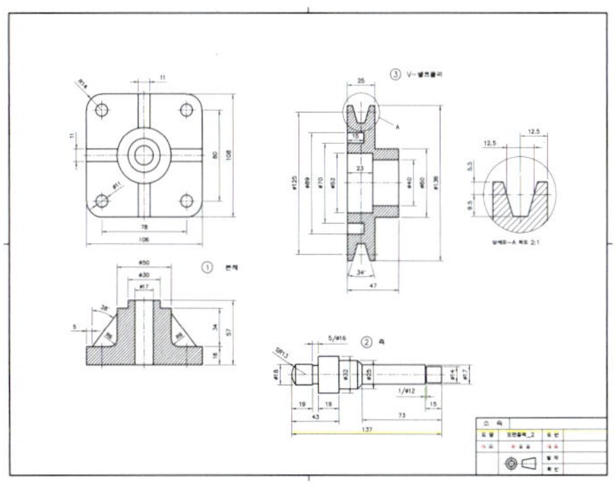

AutoCAD 2013

실습 목적

① 규격용지에 출력하는 방법을 배운다.
② 그림파일로 도면을 출력하는 방법을 배운다.

AutoCAD 2013

실습 시간

1.5 hr ~ 2.0 hr

AutoCAD 2013

실습 내용

① 도면 출력 개요
② 출력 스타일 설정하기 _ STYLEMANAGER
③ 플로터 설정하기 _ PLOTTERMANAGER
④ 도면의 한계영역 설정하기 _ LIMITS
⑤ 도면 출력 환경 설정하기 _ PAGESETUP
⑥ 도면 출력하기 _ PLOT

AutoCAD 2013

참고 사항

- 작성된 도면을 보고서나 출력물로 보관하기 위해 그림파일 또는 규격용지에 출력하는 방법
- 도면의 한계영역에 대한 이해

01

SECTION

도면 출력 개요

도면을 규격 용지에 출력하기 위한 준비 과정을 알아본다.

1 도면 출력 과정

1) Plotting하기 위한 준비

❶ 플로터 또는 프린터가 올바르게 연결되었는지 확인한다.
플로터는 도면전용 출력기이고, 프린터는 레이저 프린터나 잉크젯 프린터를 말한다.

❷ 운영체제에서 기본 플로터 또는 프린터를 설정한다.
Windows와 AutoCAD에서 출력 작업을 수행할 장치를 설정하여야 한다.

❸ 현재 도면을 인쇄(Plotting) 하기
현재 화면에 활성화된 도면을 개별적 또는 플롯 파일을 만들어 대량으로 출력한다.

2) Plotting 작업의 순서

출력할 도면을 불러온다. → PLOT 환경을 설정한다. → 준비된 출력기로 도면을 출력한다.

1. 프린터 목록을 확인하고 설정한다.
2. 출력할 도면 크기를 설정한다.
3. 색상 별로 펜 굵기(선 두께 가중치)를 설정한다.
4. 도면과 용지의 대비를 설정한다.

5. 척도를 설정한다.
6. 현재 도면과 용지의 위치를 설정한다.
7. 미리보기를 통해서 출력 내용을 확인한다.
8. 복사할 매수를 설정한다.
9. 출력기로 출력할 것인지 파일로 출력할 것인지를 설정한다.
10. 출력한다.

SECTION **02**

출력 스타일 설정하기 _ STYLEMANAGER

1 제도 규격에 맞춰 선 굵기 설정하기

1) 명령어의 실행

❶ ▸메뉴 표시줄 [File] – [Plot Style Manager...] 선택

❷ Command : STYLEMANAGER Enter↲

2) 명령어 사용법 따라하기

작성된 도면에 선의 모양과 선굵기를 적용하여 외형선, 숨은선, 중심선들을 표현한다.

❶ ▸명령을 실행.
(STYLESMANAGER Enter↲)

▸Monochrome.ctb 파일 복사
▸파일 이름을 PLOT STYLE.ctb로 수정
▸PLOT STYLE 더블 클릭

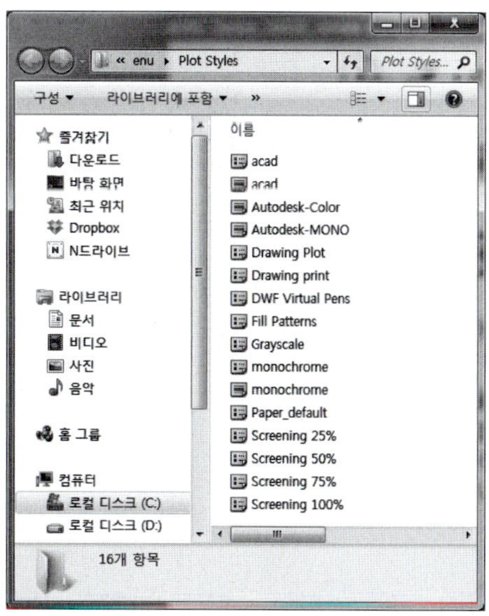

〈Plot Style Table Editor〉

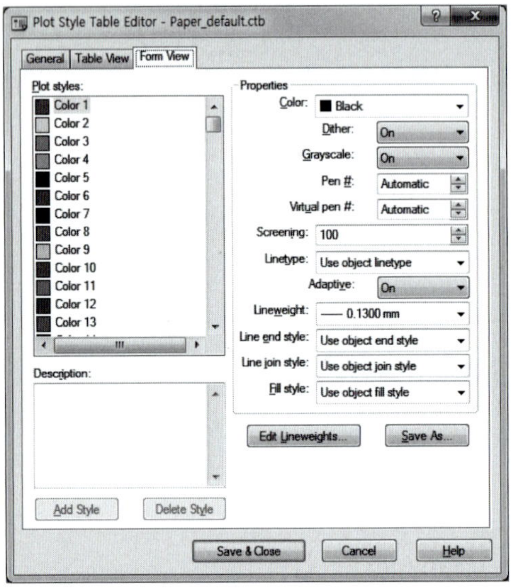

- 출력 스타일을 설정할 색상을 선택
- 색상(Color)을 〈Black〉을 선택
- 색상에 대해 선 두께(lineweight) 선택
- 저장하고 종료

※ 선 두께(Lineweight) 설정 사항
- 빨간색(Red) : 0.25 (가는선)
- 노란색(Yellow) : 0.35 (중간선)
- 초록색(Green) : 0.5 (굵은선)
- 하늘색(Cyan) : 0.7 (아주 굵은선)
- 하얀색(White) : 0.25 (가는선)

SECTION 03

플로터 설정하기 _ PLOTTERMANGER

1 EPS 파일 출력을 위한 플로터 설정하기

1) 명령어의 실행

❶ ▸메뉴 표시줄 [File] – [Plotter Manager...] 선택

❷ Command : _PLOTTERMANAGER Enter↵

2) 명령어 사용법 따라하기

❶ ▸명령을 실행, (PLOTTERMANAGER Enter↵)

▸Add–A–Plotter Wizard 더블클릭

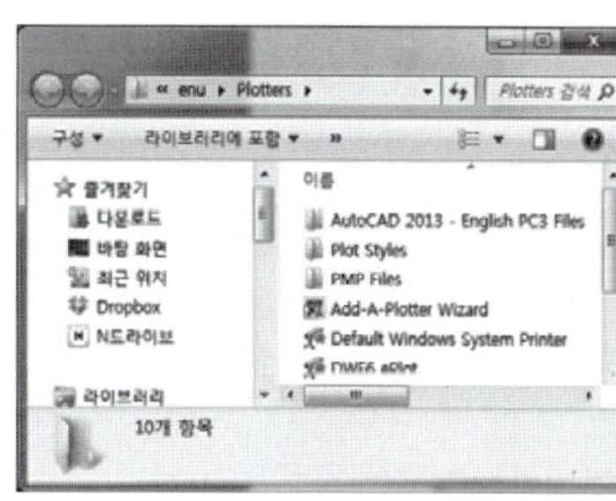

❷ ▸플로터를 설정하기 위한 마법사 대화창

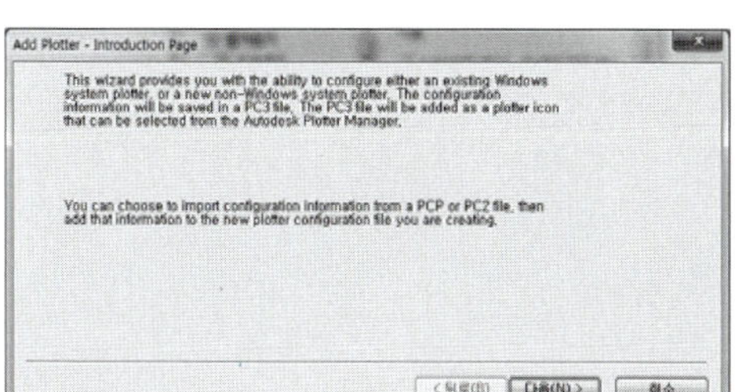

① 다음 선택

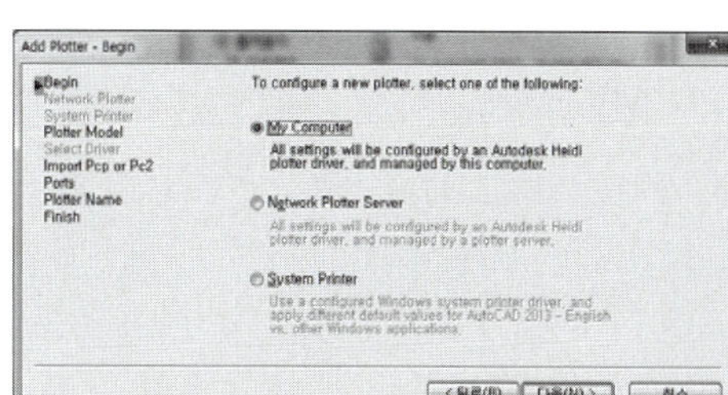

② My Computer를 선택

③ 다음 클릭

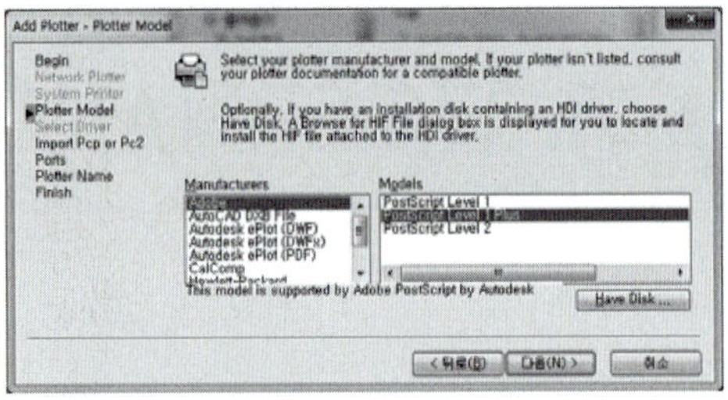

④ Manufacturers에서 Adobe 선택

⑤ Models에서 PostScript Level 1 Plus 선택

⑥ 다음 클릭

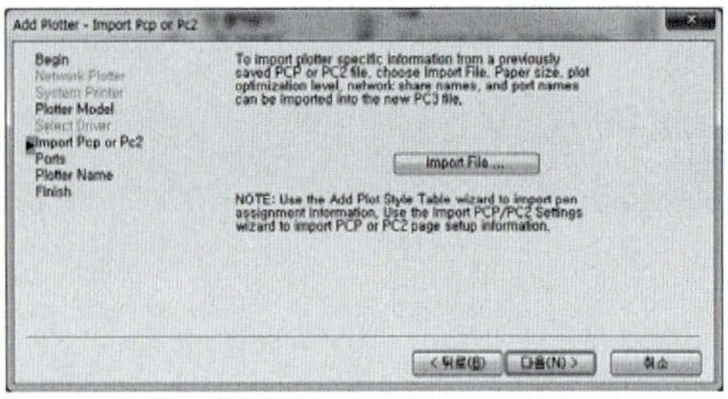

⑦ 다음 선택

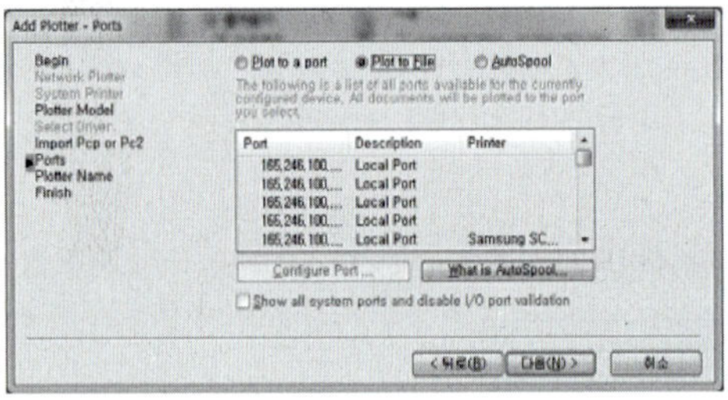

⑧ Plot to File 선택

⑨ 다음 클릭

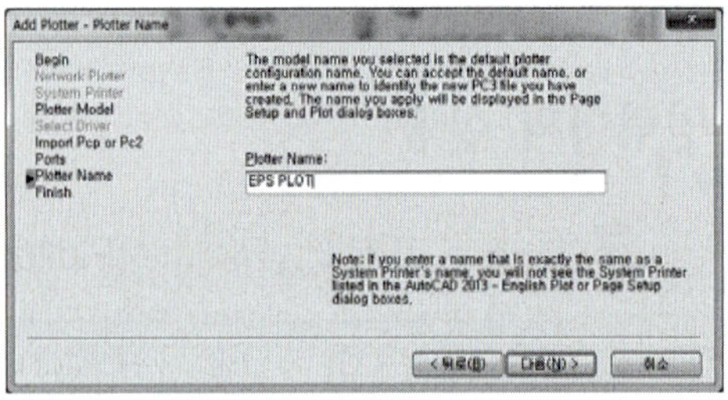

⑩ Plotter name에 EPS PLOT으로 입력

⑪ 다음 클릭

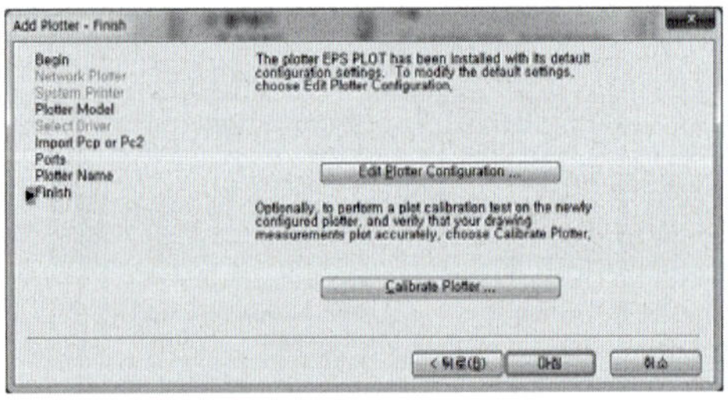

⑫ 마법사 대화창을 종료

04

SECTION

도면의 한계 영역 설정하기 _ LIMITS

1 용지에 맞춰 도면 영역 설정하기

도면의 한계영역은 작업 공간을 설정하는 것이다. 이 영역은 출력 영역으로 선택할 수 있다.

1) 명령어의 실행

❶ ▸메뉴 표시줄 [Format] – [Drawing Limits] 선택

❷ Command : LIMITS Enter↵

2) 명령어 사용법 따라하기

지정한 용지 크기에 맞춰 도면영역을 설정한다.

❶ ▸A2 사이즈 도면 영역의 설정 – A2 Size (594mm×420mm)
▸명령 실행, (LIMITS Enter↵)
▸0,0 Enter↵ (도면 좌측 하단)
▸594,420 Enter↵ (도면 우측 상단)

TIP

➡ LIMITS 명령 켜기/끄기

ON : 설정된 영역 내부에서만 객체를 작성하게 한다.
OFF : 설정된 영역 외부에서도 객체를 작성할 수 있게 한다.

SECTION 05

도면 출력 환경 설정하기 _ PAGESETUP

도면을 출력하기 위한 출력기, 용지 크기 등 환경을 새로 만들거나 수정, 저장한다.

1 종이로 출력하기 위한 환경 설정하기

1) 명령어의 실행

❶ ▸메뉴 표시줄 [File] – [Page Setup Manager...] 선택

❷ Command : PAGESETUP [Enter↵]

2) 명령어 사용법 따라하기

❶ ▸명령을 실행, (PAGESETUP [Enter↵])

▸Modify 클릭

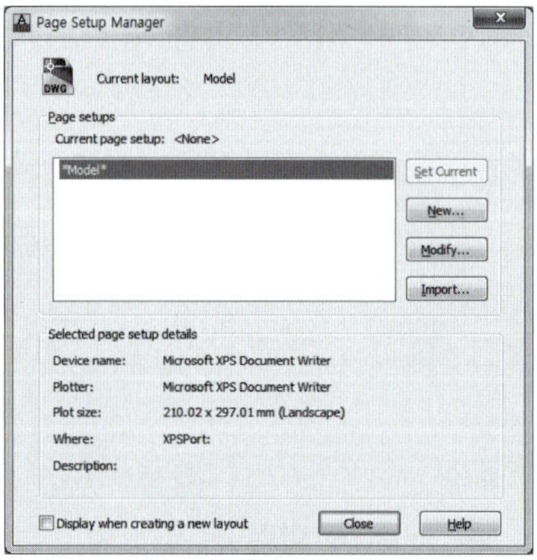

❷ ▸ 프린터 이름 (Printer / plotter name)을 〈현재 사용중인 프린터〉로 선택
▸ 용지 사이즈(Paper size)를 〈A4〉로 선택
▸ 출력 영역(Plot area)를 〈Limits〉로 선택
▸ 출력 간격띄우기(Plot offset)에서 〈Center the plot〉 체크
▸ 출력 축척(Plot scale)에서 〈Fit to paper〉를 체크
▸ 출력 스타일 테이블(Plot style table)에서 〈Monochrome.ctb〉로 선택
▸ 모든 배치에 적용할 것인지를 물으면 〈예〉 선택
▸ 미리보기(Preview) 버튼을 눌러 출력 내용을 미리보기로 확인
▸ 〈OK〉 버튼을 선택하여 설정을 저장

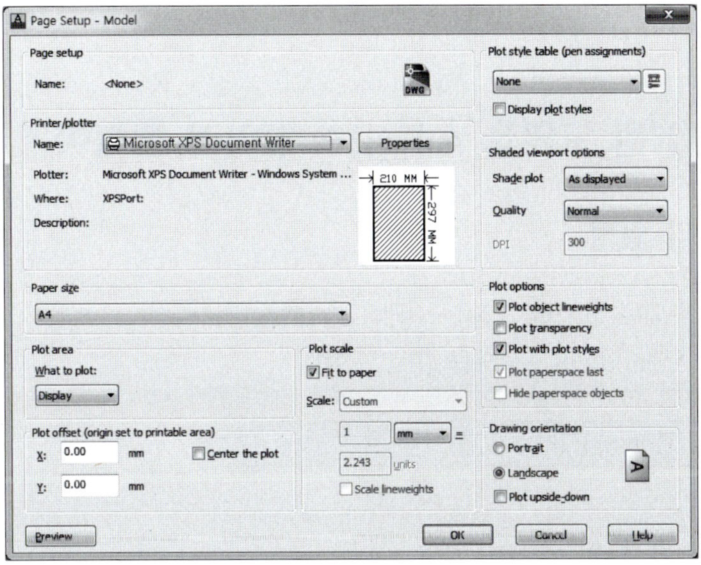

2 PDF 파일로 출력하기 위한 환경 설정하기

❶ ▸ 프린터 이름 (Printer / plotter name)을 〈Adobe PDF〉로 선택
▸ 용지 사이즈(Paper size)를 〈A4〉로 선택
▸ 출력 영역(Plot area)를 〈Limits〉로 선택
▸ 출력 간격띄우기(Plot offset)에서 〈Center the plot〉 체크
▸ 출력 축척(Plot scale)에서 〈Fit to paper〉를 체크
▸ 출력 스타일 테이블(Plot style table)에서 〈Monochrome.ctb〉로 선택
▸ 모든 배치에 적용할 것인지를 물으면 〈예〉 선택
▸ 미리보기(Preview) 버튼을 눌러 출력 내용을 미리보기로 확인
▸ 〈OK〉 버튼을 선택하여 설정을 저장

06

SECTION

도면 출력하기 _ PLOT

앞서 설정한 출력 스타일과 플로터를 이용하여 작성된 도면을 출력한다.

1 작성된 도면을 A4 size 종이에 출력하기

1) 명령어의 실행

❶ ▸메뉴 표시줄 [File] – [Plot...] 선택

▸Standard 도구모음 [Plot] 선택

❷ Command : PLOT Enter↵

2) 명령어 사용법 따라하기

프린터를 이용하여 작성된 도면을 규격용지에 출력한다.

❶ ▸명령 실행, (PLOT Enter↵)

▸Name에서 도면 출력 환경 설정을 선택

▸프린터/플로터 이름 항목에서 〈사용자가 사용중인 프린터 이름〉을 확인

▸종이 크기(Paper size) 항목에서 A4 용지에 출력하기 위해 〈A4〉 확인

▸범위(Plot area) 항목에서 한계영역을 기준으로 출력하기 위해서 〈Limits〉를 확인

▸출력 간격띄우기(Plot offset) 항목에서 〈Center the plot〉 확인

▸출력 축척(Plot scale) 항목에서 〈Fit to paper〉 확인

▸출력 스타일 테이블(Plot style table) 항목에서 〈PLOT STYLE.ctb〉 확인

▸도면 방향(Drawing Orientation) 항목에서 〈Landscape〉 확인

▸미리보기(Preview)로 도면 출력내용 확인

▸OK 클릭

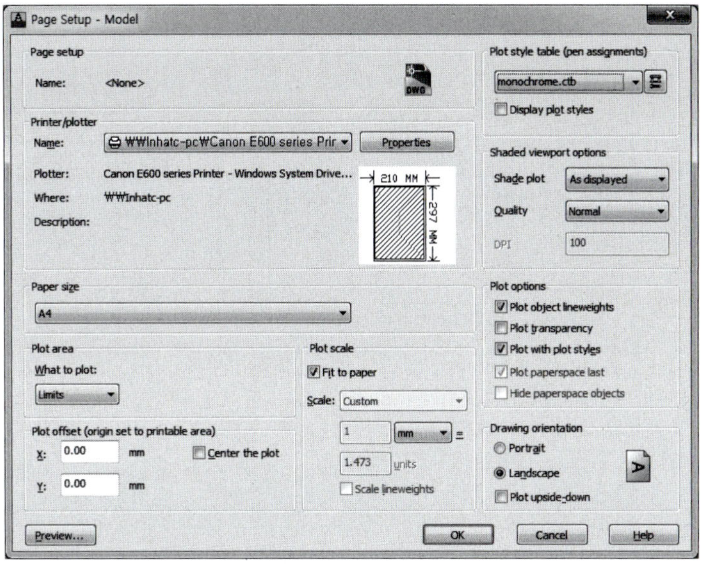

2 작성된 도면을 EPS 그림 파일로 출력하기

프린터를 이용하지 않고 그림 파일로 도면을 출력한다.

1) 명령어 사용법 따라하기

❶ ▸명령 실행, (PLOT Enter↵)

▸Name에서 도면 출력 환경 설정을 선택

▸프린터/플로터 이름 항목에서 앞서 설정한 플로터 〈EPS PLOT〉을 확인

▸종이 크기(Paper size) 항목에서 〈ISO A4(297.00mm×210.0mm)〉 확인

▸범위(Plot area) 항목에서 한계영역을 기준으로 출력하기 위해서 〈Limits〉를 확인

▸출력 간격띄우기(Plot offset) 항목에서 〈Center the plot〉 확인

▸출력 축척(Plot scale) 항목에서 〈Fit to paper〉 확인

▸출력 스타일 테이블(Plot style table) 항목에서 〈PLOT STYLE.ctb〉 확인

▸도면 방향(Drawing Orientation) 항목에서 〈Landscape〉 확인

▸미리보기(Preview)로 도면 출력내용 확인

▸OK 클릭

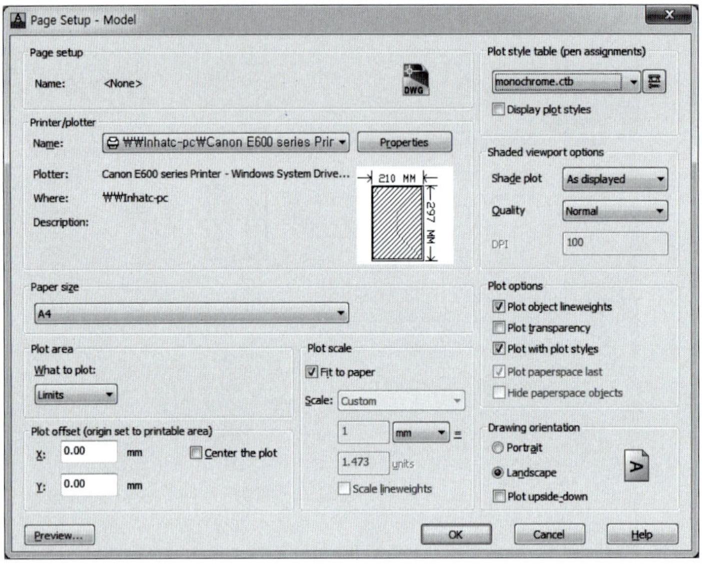

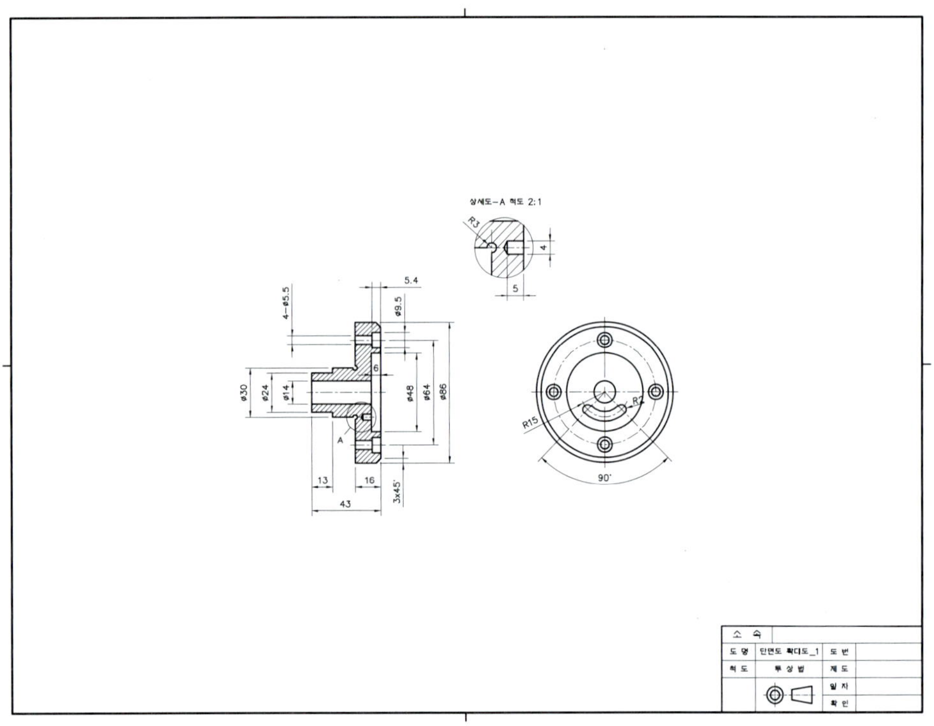

〈EPS 그림파일로 출력된 도면〉

07

SECTION

예제 따라하기

1 EPS 그림 파일로 도면 출력하기

출력 스타일 PLOT Style, 플로터 EPS PLOT에 대한 설정 방법은 Section 2~6을 참고한다.

1) 도면 파일 불러오기

❶ ▸ 명령을 실행. (OPEN Enter↵)
▸ Chapter 09의 XXX.dwg 파일 경로
▸ OPEN 클릭

2) 출력 스타일 설정하기

❶ ▸ 명령을 실행.
(STYLESMANAGER Enter↵)
▸ PLOT Style 더블클릭
▸ Form Vicw 탭 클릭

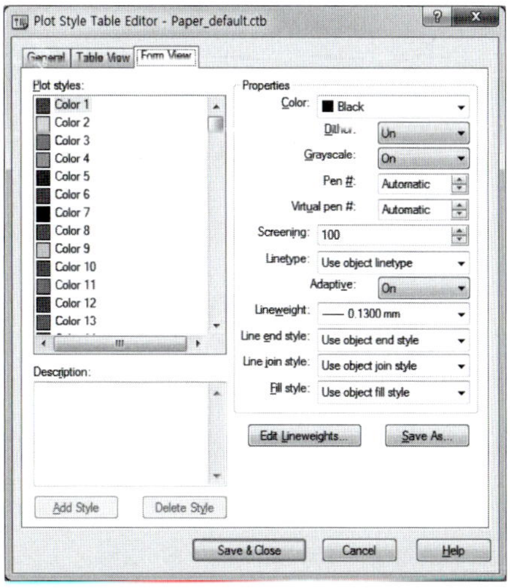

▸ Color 1 선택 (빨간색)
▸ Color 를 Use object color 선택
▸ Lineweight 를 0.25 선택
▸ 같은 방법으로 아래 굵기로 선택

– 빨간색(Red) : 0.25 (가는선)
– 노란색(Yellow) : 0.35 (중간선)
– 초록색(Green) : 0.5 (굵은선)
– 하늘색(Cyan) : 0.7 (아주 굵은선)
– 하얀색(White) : 0.25 (가는선)
▸ Save & Close 클릭

3) A2 사이즈 도면 영역 설정하기

❶ ▸명령 실행, (LIMITS [Enter↵])
▸0,0 [Enter↵]
▸594,420 [Enter↵]

4) EPS 그림 파일로 출력하기

❶ ▸명령 실행, (PLOT [Enter↵])

Printer/plotter
▸Name에서 EPS PLOT 선택
▸Description에서 Plot to file 체크

Paper size
▸Paper size에서 ISO A4(297.00×210.00MM) 선택

Plot area
▸What to plot에서 Limits 선택

Plot offset (origin set to printable area)
▸Center the plot 체크

Plot scale
▸Fit to paper 체크

Plot style table (pen assignments)
▸ PLOT Style.ctb 선택

Drawing orientation
▸Landscape 선택
▸Preview 클릭 (미리보기 내용확인)
▸Plot 아이콘 클릭

▸파일 경로 및 파일 명 입력
▸Save 클릭

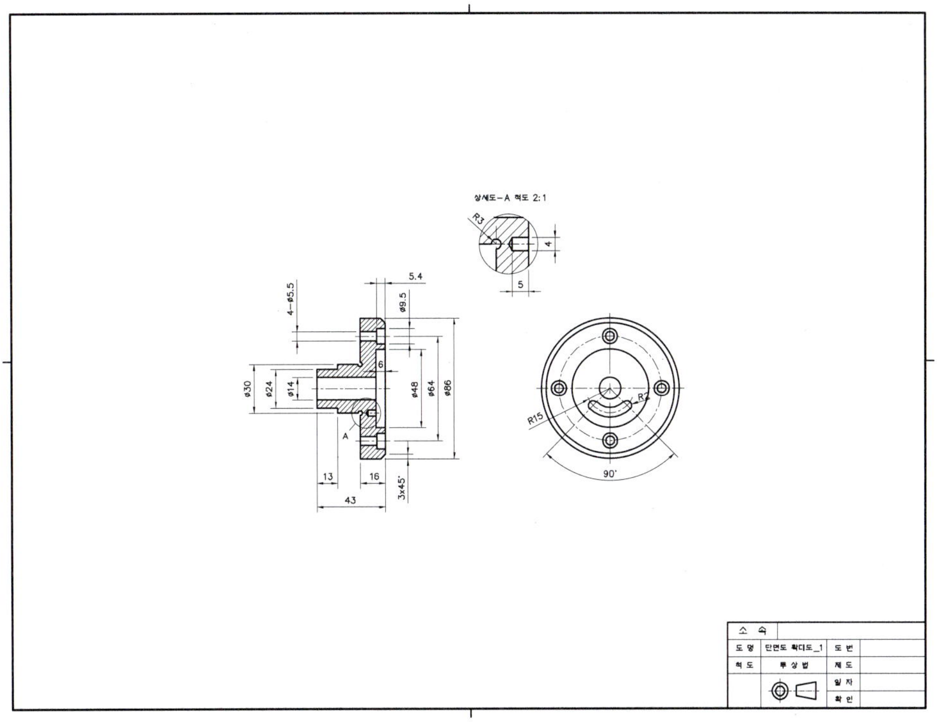

상세도-A 척도 2:1
R3
4
5
5.4
4-ø5.5
ø9.5
6
ø30
ø24
ø14
ø48
ø64
ø86
A
13
16
43
3x45°
R15
R2
90°
소 속
도 명
단면도 확대도_1
도 번
척 도
투 상 법
제 도
일 자
확 인

08 SECTION

연습 과제

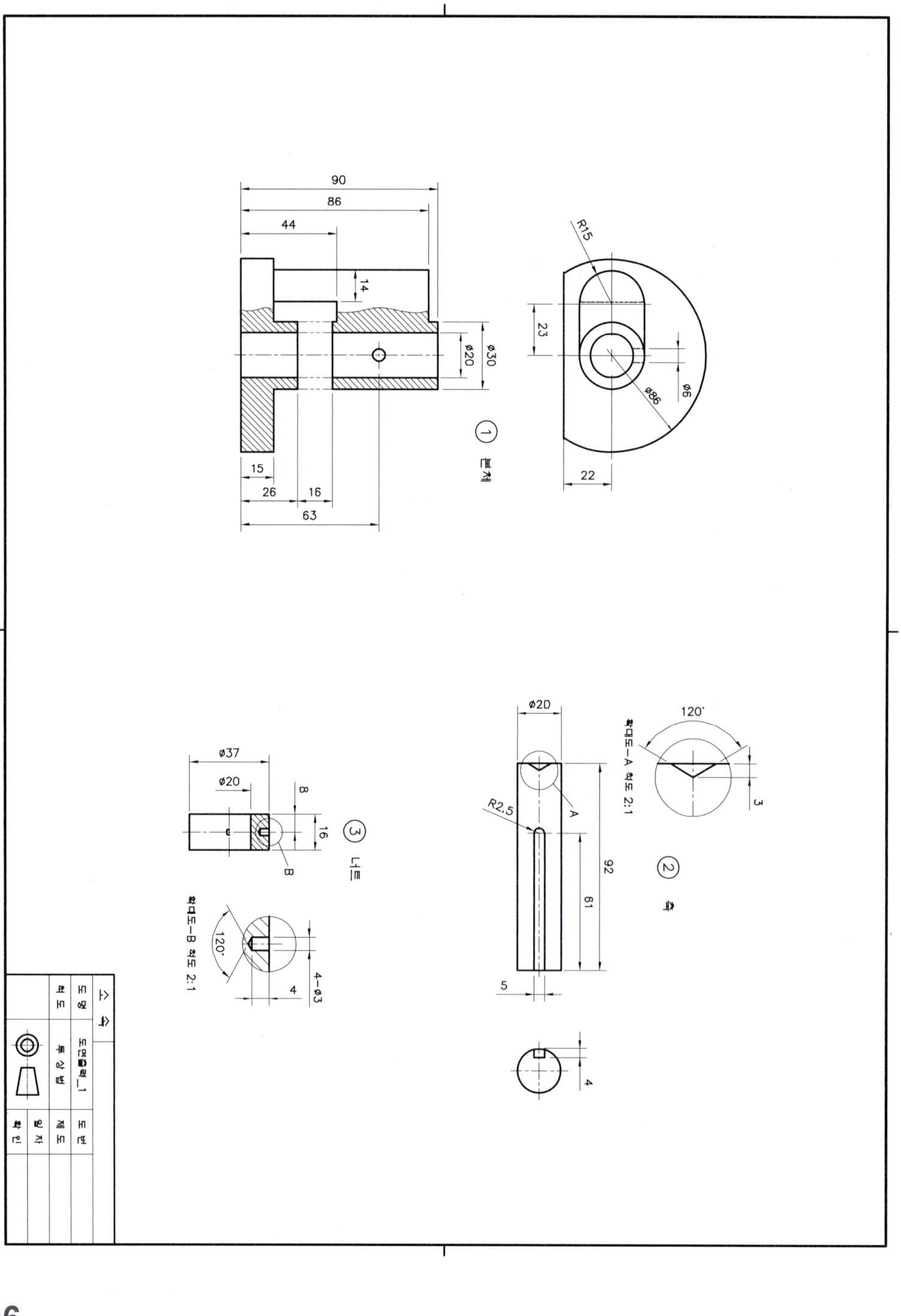

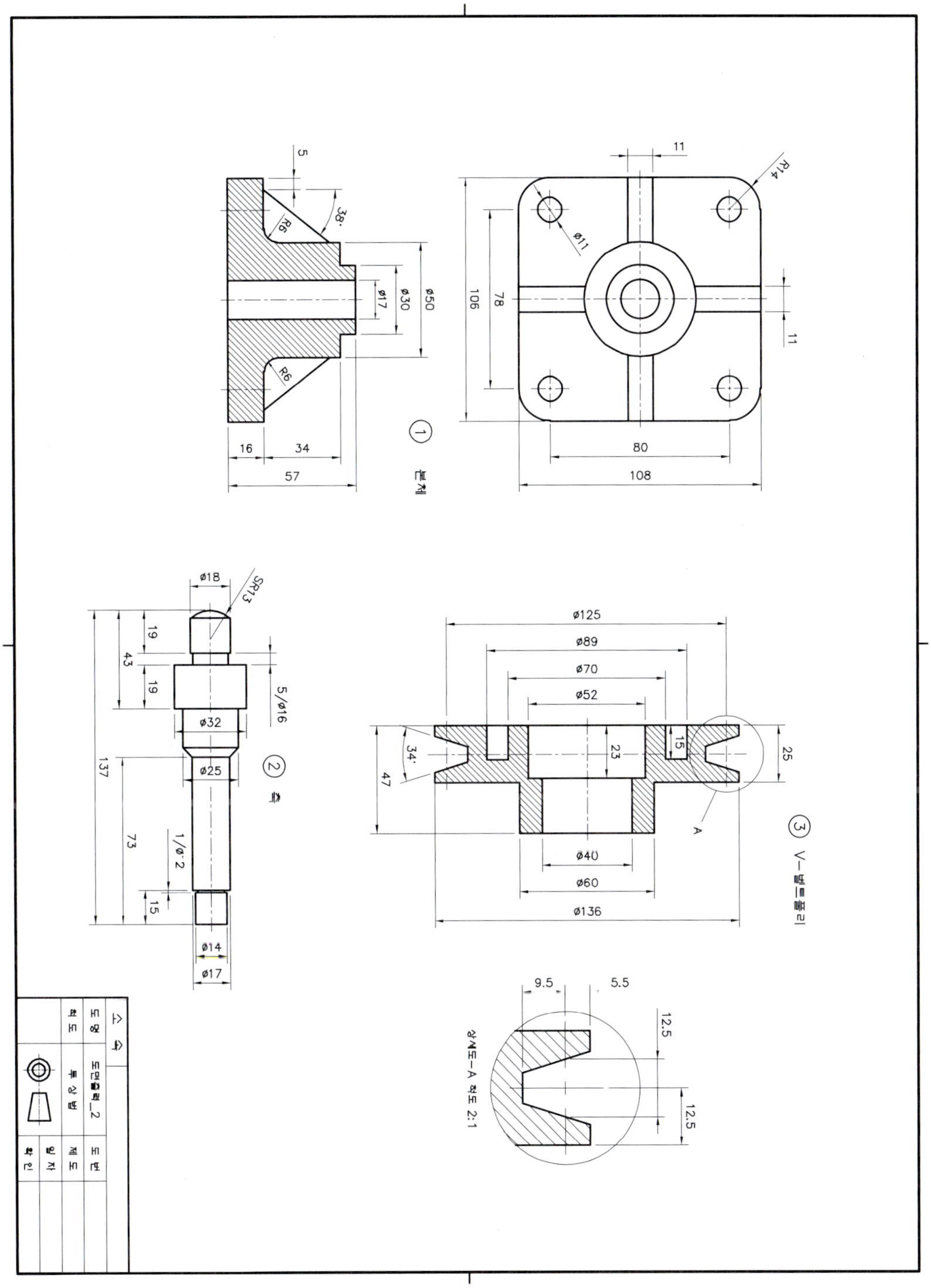
① 본체
② 축
③ V-벨트풀리
상세도-A 척도 2:1

Chapter

11

원시(Primitive) 명령을 이용한 3차원 모델링

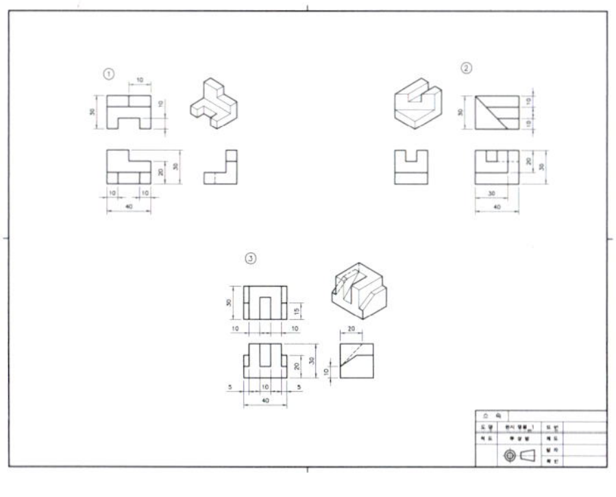

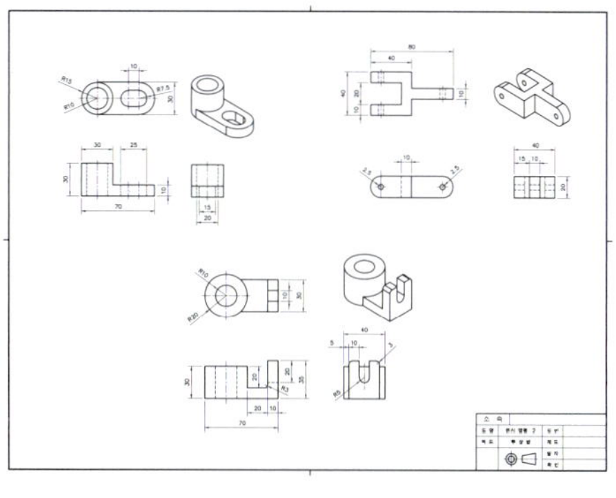

AutoCAD 2013

실습 목적

① 3차원 모델링 개요 및 원시 모델링 명령에 대하여 배운다.
② 3차원 모델링을 위한 기본 조작법, 환경 설정 등에 대해 배운다.
③ 원시 모델링 명령을 이용하여 3차원 형상을 모델링한다.

AutoCAD 2013

실습 시간

1.5 hr ~ 2.0 hr

AutoCAD 2013

실습 내용

① 3차원 모델링의 개요
② 3차원 작업 환경 설정하기
   _ VPORTS, VPOINT, UCS, PLAN, VSCURRENT
③ 원시(Primitive) 모델링 명령
   _ BOX, CYLINDER, CONE, WEDGE
④ 불린(Boolean) 연산 명령
   _ UNION, SUBTRACT, INTERSECT, INTERFERE

AutoCAD 2013

참고 사항

- 원시 모델링 명령과 불린 연산을 이용하여 3차원 형상을 모델링
- UCS의 이해 및 활용법
- 원시 모델링 명령의 특징

01
SECTION

3차원 모델링의 개요

1 개요 및 활용 목적

형상 모델링(Geometric modeling)은 CAD/CAM 시스템으로 제품을 설계하고 생산할 때 선행되어야 하는 것으로 실제 제품의 형상 정보를 컴퓨터의 화면에 시각적으로 나타내는 과정을 말한다. 형상 모델링 데이터는 다음과 같이 활용될 수 있다.

① 모의실험(Simulation)
② 설계, 자동제도(Design, Auto Drawing)
③ 자동 제품 생산(Manufacturing)
④ 제품 디자인(Graphic Design)

2 형상정보를 표현하기 위한 차원(D : Dimension)

① 2차원(2D)
2차원의 평면에 2D 도면을 작성하는 방법으로 드로잉(Drawing)이라고 한다.

② 2.5차원(2.5D)
평면에서 입체 형상처럼 그리는 방법이다.

③ 3차원(3D)
입체를 표현하는 방법으로 x, y, z 축에 좌표값을 입력하거나 표시함으로서 3차원의 형상을 구현하며 모델링(Modeling)이라고 한다.

3 모델링의 종류 및 특징

1) 와이어 프레임 모델링(Wire Frame Modeling)

제품의 형상을 점, 직선, 원과 호 그리고 곡선 등의 기하학적인 요소들로 철사를 연결한 구조물과 같이 모델링한다. 소요시간이 적게 들고 메모리의 용량이 적어도 모델링이 가능하여 주로 2차원의 도면 출력을 위한 용도와 평면 가공에 적합한 모델링 방식이다.

2) 서페이스 모델링(Surface Modeling)

물체의 경계면을 구성하는 요소들을 기초로 하여 모델링하는 것으로 흔히 경계면 모델링(boundary surface modeling)이라고 한다. 와이어 프레임의 데이터에 표면의 데이터를 인식할 수 있도록 만든 것으로 가공 면을 정확히 인식하여 NC 정보로 가공이 용이하게 만든 방식이다.

3) 솔리드 모델링(Solid modeling)

모델링에서 가장 진보적인 방식으로 3차원으로 형상화된 물체의 내부를 공학적으로 분석할 수 있는 방식이다. 물체를 가공하기 전에 가공 상태를 미리 예측하거나 부피, 무게 등의 다양한 정보를 제공한다.

4 3차원 좌표계(3D Coordinate system)

1) 직교 좌표계(Rectangular Coordinate System)

평면이나 공간상의 점의 위치가 서로 직교하는 축을 이용하여 정해지는 것을 말한다.

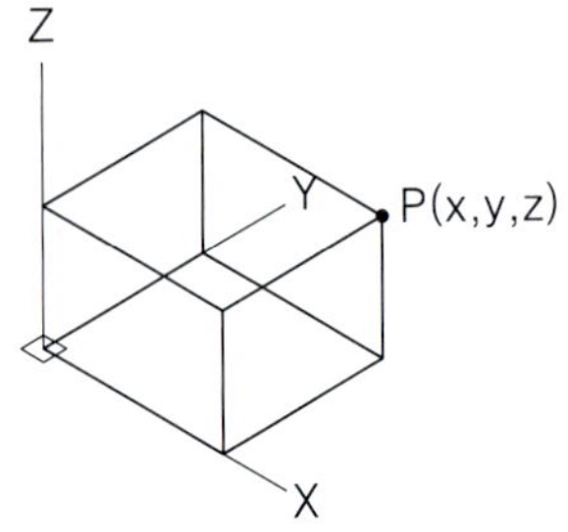

입력 방식 :
x 방향, y 방향, z 방향

2) 원통 좌표계(Cylindrical Coordinate System)

3차원 공간을 나타내기 위해, 평면 극 좌표계에 평면에서부터의 높이 z를 더해, r, θ , z 로 정해지는 것을 말한다.

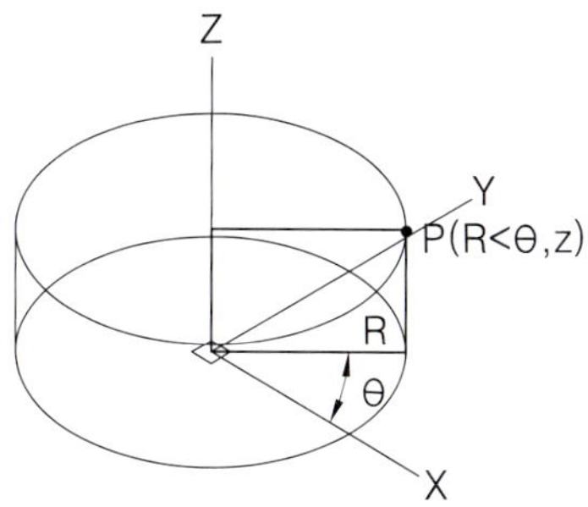

입력 방식 :
거리(R)<각도(θ), z 방향

3) 구면 좌표계(Spherical Coordinate System)

공 모양의 표면에서 물체의 위치를 나타내는 좌표로서, 중심으로부터의 거리와 두 개의 각도로 정해지는 것을 말한다.

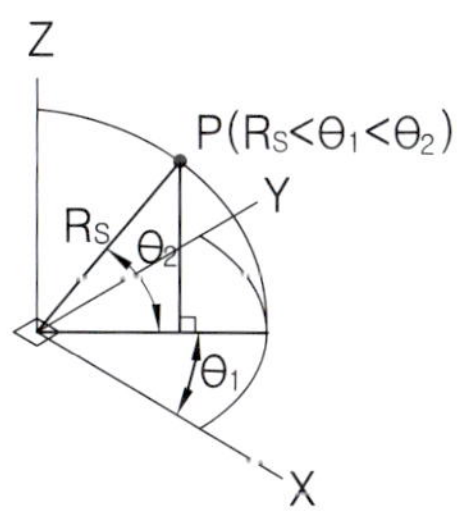

입력 방식 :
거리(R)<
x축→y축 회전하는 각도(θ_1)
xy평면→z축 회전하는 각도(θ_1)

5 모델링 방법

1. 폼 디자인(Form Design)

기초적인 모델링 방식으로 상자, 원추, 원통 등의 기본 블록을 불린(Boolean) 연산하여 형상을 만들어 간다.

2. 프리 폼 디자인(Free Form Design)

작업 평면에서 2차원으로 스케치하고 닫힌 도형으로 만든 후 솔리드로 변환 생성하는 방법이다.

프리폼 디자인으로 제품을 형상화 하는 작업 순서는 아래와 같다.

① 작업 평면을 설정한다.
② 형상을 스케치 한다.
③ 스케치를 구속시킨다.
④ 변환 생성하여 모델링 한다.

SECTION 02

3차원 작업 환경 설정하기 _ VPORTS, VPOINT, UCS, PLAN, VSCURRENT

1 3차원 모델링을 위한 화면 구성

3차원 모델링 작업시 작업 공간을 '3D Modeling' 으로 선택하면 3차원 작업에 필요한 도구모음이 화면에 배치되어 쉽게 모델링 작업을 할 수 있다.

2 정면, 우측면, 평면, 등각 방향의 뷰포트(VPORTS) 구성하기

3차원 모델링시 시점의 이동을 줄임으로서 보다 신속하고 편리한 작업을 위하여 뷰포트 구성을 통해 각각의 방향을 한 화면에 동시에 나타낸다.

1) 명령어의 실행

▸메뉴 표시줄 [View] – [Viewports] – [New Viewports...] 선택

Command : VPORTS Enter↵

2) VIEWPORTS 설정

- New Viewports : 표준 뷰포트 구성 리스트를 표시하고 3D 화면 분할을 구성
- Named Viewports : 현재 도면에 저장되어 있는 모든 뷰포트 구성을 표시
- Standard Viewports : 화면 분할의 리스트를 구성
- Setup : 2D, 3D 화면을 설정
- Change view to : 분할된 화면에 시점을 부여

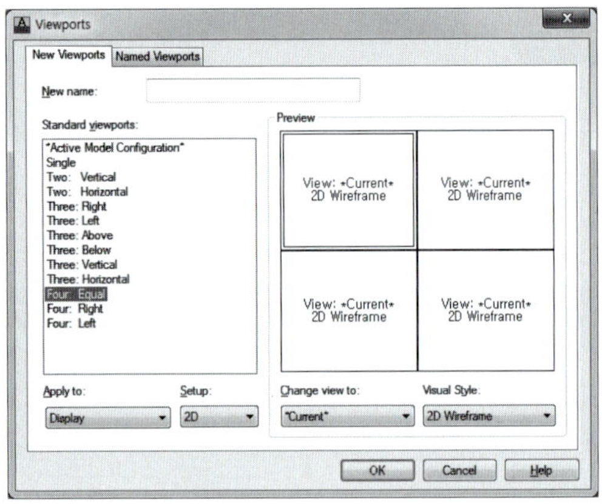

3 3차원 형상에 대한 시점 설정하기

형상의 3차원 시각화를 위해 관측 방향(시점)을 설정한다.

1) 명령어의 실행

▸메뉴 표시줄 [View] – [3D views] 선택

Command : VPOINT Enter↵

2) VIEWPOINT 설정

▸ 관측방향

- 정면도(Front view[x,z]) : 0, −1, 0
- 평면도(Top view[x,y]) : 0, 0, 1
- 우측면도(Right view[y,z]) : 1, 0, 0
- 좌측면도(Left view[−y,z]) : −1, 0, 0
- 저면도(Bottom view[x,−y]) : 0, 0, −1
- 배면도(Back view[−x,z]) : 0, 1, 0
- 등각도(SE Isometric view[x,−y,z]) : 1, −1, 1

TIP

➡ VPOINT 명령의 옵션

▸ 시점(View point) : 입력하는 x, y, z 좌표를 사용하여, 도면을 관측하는 방향을 정의하는 벡터를 작성한다.

▸ 회전(Rotate) : 두 개의 각도를 이용하여 새로운 관측 방향을 지정한다.

▸ 나침반과 삼각대 표시(Display compass and tripod) : 뷰포트에서 관측 방향을 정의하는데 사용하는 나침반과 축 삼각대를 표시한다.

4 사용자 좌표계(UCS) 설정하기

사용자 좌표계로 작업 평면인 [x,y] 평면을 설정하거나 관리한다.

1) 명령어의 실행

▸ 메뉴 표시줄 [Tools] − [New UCS] 선택

Command : UCS Enter↵

TIP

➡ UCS 명령의 옵션

- 면(Face) : 3차원 솔리드의 선택한 면에 UCS를 정렬한다.
- 3점(3P) : 세 점(원점, x 방향, y 방향)으로 작업 평면을 정의한다. 이 옵션은 경사면을 작업 평면으로 설정할 때 필요하다.
- 원점(Origin) : 한 점을 선택하여 원점을 새로이 지정한다. 이 옵션을 사용하여 물체의 기준점으로 정확한 크기를 입력할 수 있다.
- 명명된(Named) : 자주 사용하는 UCS 방향을 이름별로 저장하고 불러온다.
- 객체(Object) : 선택한 3차원 객체를 기준으로 새로운 작업 평면을 설정한다.
- 이전(Previews) : 이전 UCS로 되돌아 간다.
- 관측(View) : 관측 방향에 수직인(화면에 평행인) xy 평면으로 새로운 작업 평면을 설정한다. 관측 방향을 작업 평면으로 설정하기 때문에 가장 편리하고 많이 사용된다.
- World : 현재 사용자 좌표계를 표준 좌표계로 설정한다.
- X/Y/Z : 지정한 축을 중심으로 현재 UCS를 회전하여 작업 평면을 설정한다.
- Z축(Zaxis) : 원점과 지정된 양의 z축 방향을 선택하여 작업 평면을 설정한다.

5 평면 뷰 표시하기

지정된 사용자 좌표계의 평면 뷰를 표시한다.

1) 명령어의 실행

- 메뉴 표시줄 [View] – [3D Views] – [Plan View] 선택

Command : PLAN Enter↵

6 화면 제어하기

1) 마우스 휠 버튼

마우스 휠 버튼을 이용하여 3차원 모델링 작업 화면을 제어할 수 있다.

① 마우스 휠 버튼 회전하기 : 화면을 확대 또는 축소
② 마우스 휠 버튼 끌기(Drag) : 화면을 이동
③ Shift키 누른 상태에서 마우스 휠 버튼 끌기(Drag) : 화면을 회전

7 VSCURRENT 명령

현재 뷰포트의 뷰 스타일을 설정한다.

1) 명령어의 실행

▸메뉴 표시줄 [View] – [visual Styles] 선택

```
Command : VSCURRENT Enter↵
```

TIP

➡ VSCURRENT 명령의 옵션

2wireframe　3Dwireframe　3DHidden　Realistic　Conceptual

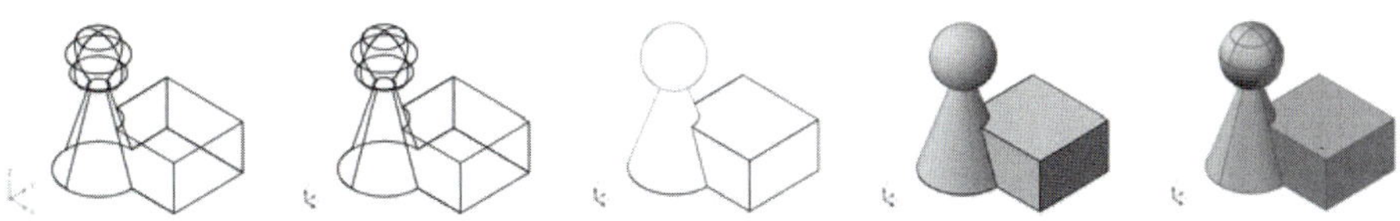

03 SECTION 기초 모델링 명령 _ BOX, CYLINDER, CONE, WEDGE

1 BOX 명령

3차원 솔리드 상자를 만드는 명령이다.

1) 명령어의 실행

▸메뉴 표시줄 [Draw] – [Modeling] – [Box] 선택

Command : BOX Enter↵

2) 명령어의 사용법 따라하기

❶ ▸명령 실행, (BOX Enter↵)
▸임의의 점 클릭
▸L Enter↵ (각 방향 길이 입력 옵션)
▸40 Enter↵
▸30 Enter↵
▸50 Enter↵

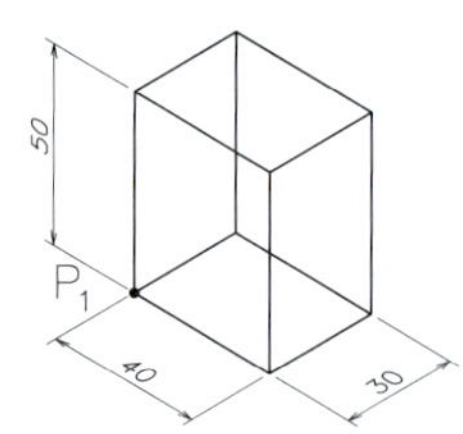

2 CYLINDER 명령

3차원 솔리드 원형 또는 타원형 기둥을 만드는 명령이다.

1) 명령어의 실행

▸메뉴 표시줄 [Draw] – [Modeling] – [Cylinder] 선택

Command : CYLINDER 또는 CYL Enter↵

2) 명령어의 사용법 따라하기

❶ ▸명령 실행, (CYL Enter↵)
▸임의의 점 클릭
▸20 Enter↵ (지름)
▸50 Enter↵ (높이)

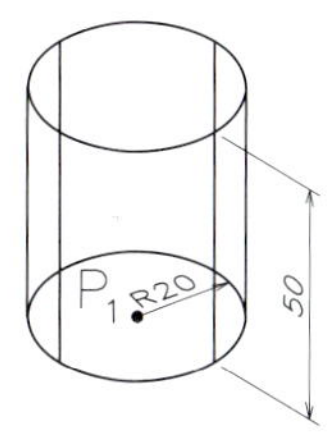

3 CONE 명령

3차원 솔리드 원추형이나 윗부분이 잘린 원추형을 만드는 명령이다.

1) 명령어의 실행

▸메뉴 표시줄 [Draw] – [Modeling] – [Cone] 선택

Command : CONE Enter↵

2) 명령어의 사용법 따라하기

❶ ▸명령 실행, (CONE Enter↵)
▸임의의 점 클릭
▸20 Enter↵ (반지름)
▸50 Enter↵ (높이)

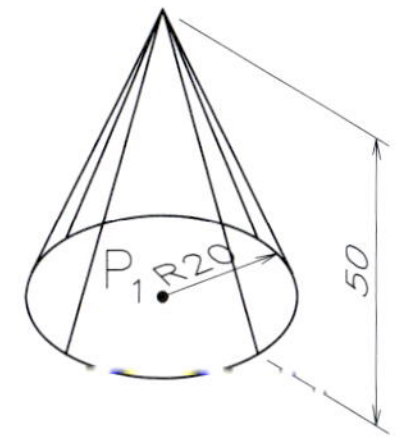

4 WEDGE 명령

3차원 솔리드 쐐기형을 만드는 명령이다.

1) 명령어의 실행

▸ 메뉴 표시줄 [Draw] – [Modeling] – [Wedge] 선택

Command : WEDGE Enter↵

2) 명령어의 사용법 따라하기

❶ ▸ 명령 실행, (WEDGE Enter↵)
▸ 임의의 점 클릭
▸ L Enter↵ (길이 입력 옵션)
▸ 40 Enter↵ (길이)
▸ 30 Enter↵ (폭)
▸ 50 Enter↵ (높이)

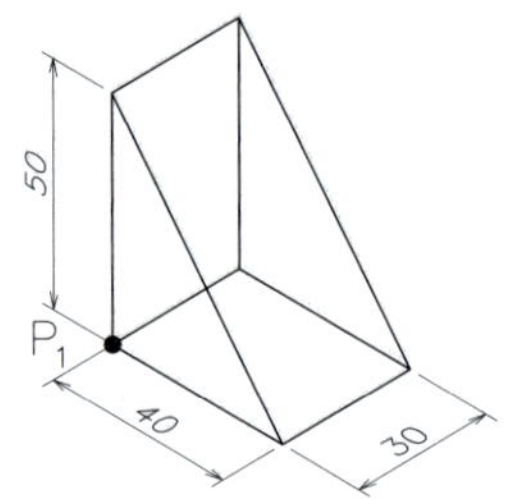

04

SECTION

블린(Boolean) 연산 명령 _ UNION, SUBTRACT, INTERSECT, INTERFERE

1 UNION 명령

선택한 영역 또는 솔리드들을 합치는 명령이다.

1) 명령어의 실행

▸메뉴 표시줄 [Modify] – [Solid Editing] – [Union] 선택

Command : UNION 또는 UNI Enter↵

2) 명령어의 사용법 따라하기

❶ ▸명령 실행, (UNI Enter↵)
▸합치기 위한 솔리드를 모두 선택
▸명령 진행 (Enter↵)

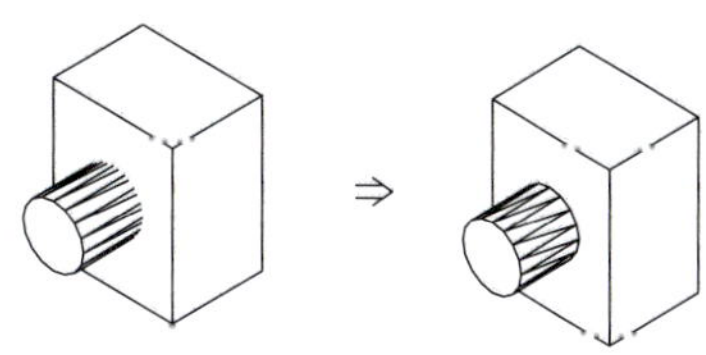

2 SUBTRACT 명령

선택한 영역 또는 솔리드에서 다른 솔리드를 제거하는 명령이다.

1) 명령어의 실행

▸메뉴 표시줄 [Modify] – [Solid Editing] – [Subtract] 선택

Command : SUBTRACT 또는 SU Enter↵

2) 명령어의 사용법 따라하기

❶ ▸명령 실행, (SU Enter↵)
▸원본 솔리드 객체를 선택
▸명령 진행 (Enter↵)
▸제거할 솔리드 객체를 선택
▸명령 진행 (Enter↵)

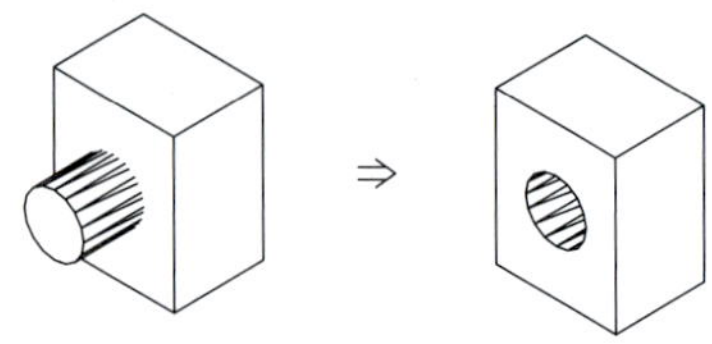

3 INTERSECT 명령

선택한 영역들 또는 솔리드들의 겹쳐진 부분만을 남기고 겹쳐지지 않은 부분을 제거하여 새롭게 만드는 명령이다.

1) 명령어의 실행

▸메뉴 표시줄 [Modify] – [Solid Editing] – [Intersect] 선택

Command : INTERSECT 또는 IN Enter↵

2) 명령어의 사용법 따라하기

❶ ▸명령 실행, (IN Enter↵)
▸교차부분만 남기기 위한 모델들을 모두 선택
▸명령 진행 (Enter↵)

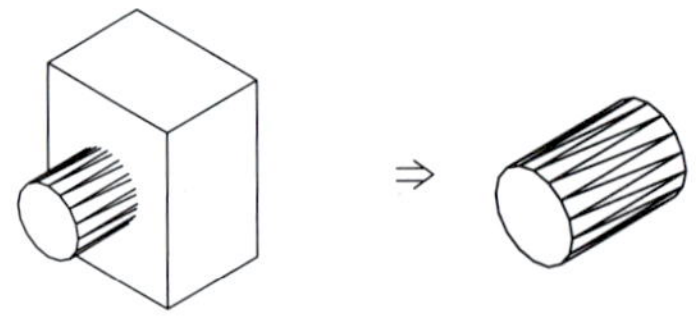

4 INTERFERE 명령

겹쳐진 3차원 솔리드들의 간섭부분을 체크하여 간섭부분만 추가로 새롭게 만드는 명령이다.

1) 명령어의 실행

▸메뉴 표시줄 [Modify] – [3D Operations] – [Interference check] 선택

Command : INTERFERENCE Enter↵

2) 명령어의 사용법 따라하기

❶ ▸명령 실행. (INTERFERENCE Enter↵)
▸간섭을 체크할 객체들을 선택
▸명령 진행 (Enter↵)

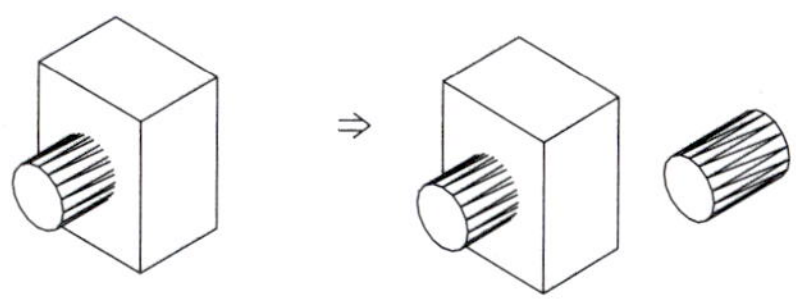

05

SECTION

예제 따라하기

1) 소재 크기 모델링 하기

❶

- ▸ 명령 실행, (VPOINT Enter↵)
- ▸ 1,−1,1 Enter↵

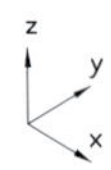

❷

- ▸ 명령 실행, (BOX Enter↵)
- ▸ 임의 점 클릭
- ▸ L Enter↵
- ▸ 40 Enter↵
- ▸ 30 Enter↵
- ▸ 30 Enter↵

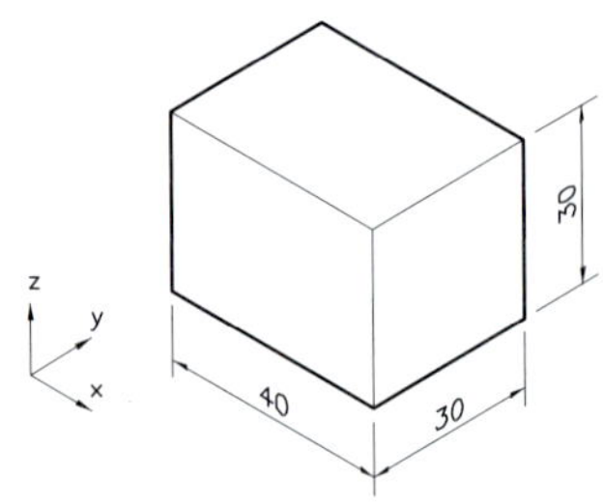

2) 1차 가공하기

❶

- ▸ 명령 실행, (UCS Enter↵)
- ▸ 육면체 모서리 클릭
- ▸ x 방향 모서리 클릭
- ▸ y 방향 모서리 클릭

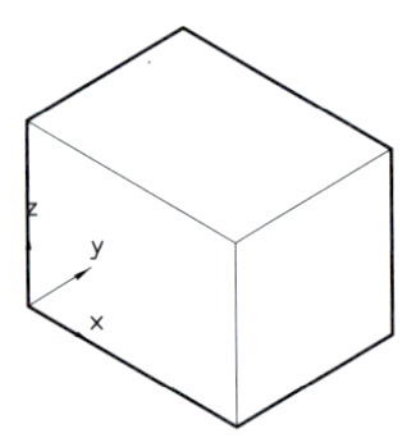

❷

- ▸ 명령 실행, (BOX Enter↵)
- ▸ 10,0,0 Enter↵
- ▸ L Enter↵
- ▸ 20 Enter↵
- ▸ 30 Enter↵
- ▸ 10 Enter↵

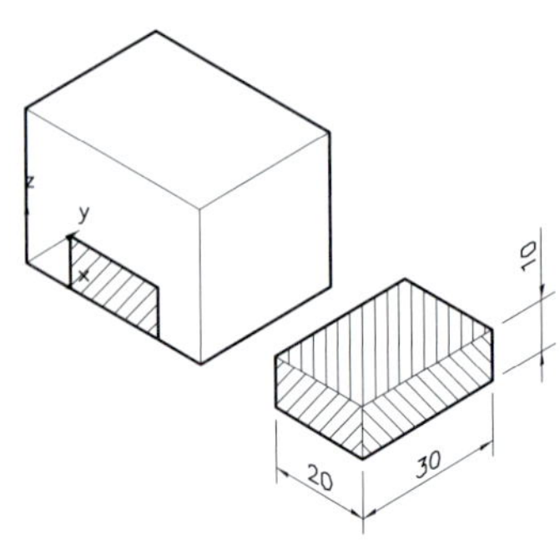

❸ ▸명령 실행, (SU Enter↵)
▸큰 육면체 클릭
▸작은 육면체 클릭
▸명령 종료 (Enter↵)

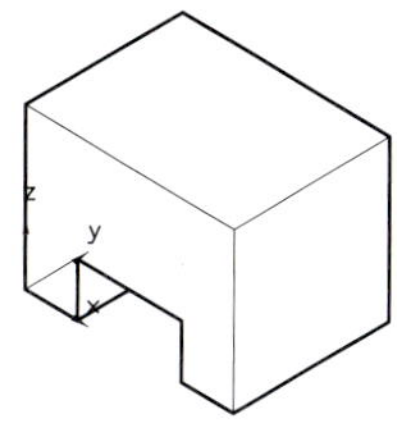

3) 2차 가공하기

❶ ▸명령 실행, (UCS Enter↵)
▸육면체 모서리 클릭
▸x 방향 모서리 클릭
▸y 방향 모서리 클릭

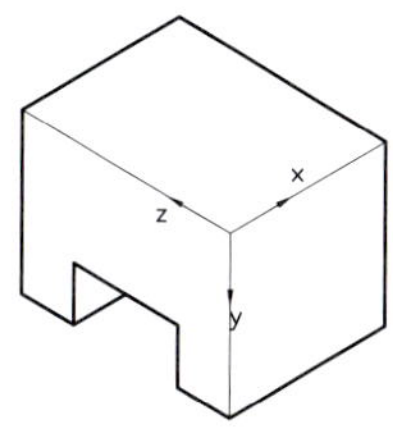

❷ ▸명령 실행, (BOX Enter↵)
▸0,0,0 Enter↵
▸L Enter↵
▸10 Enter↵
▸10 Enter↵
▸40 Enter↵

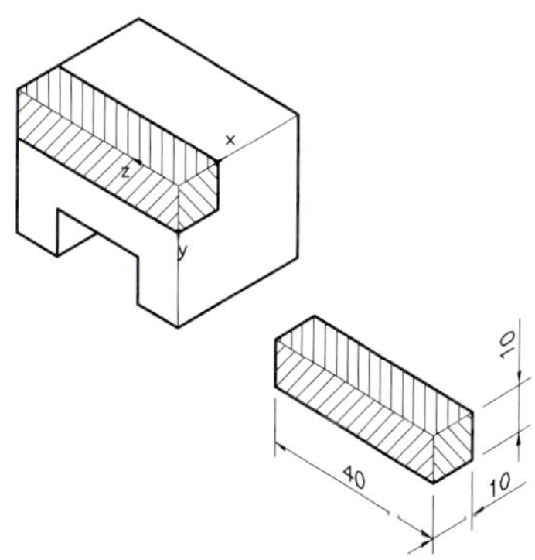

❸ ▸명령 실행, (BOX Enter↵)
▸20,0,0 Enter↵
▸L Enter↵
▸10 Enter↵
▸10 Enter↵
▸40 Enter↵

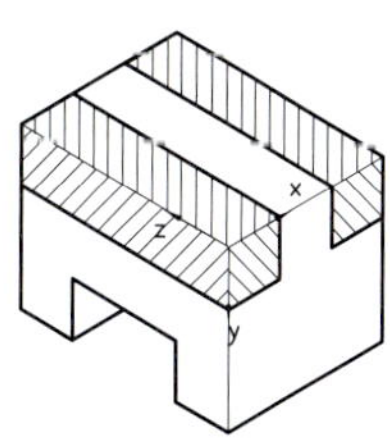

❹ ▸명령 실행, (SU Enter↵)
▸전체 형상 클릭
▸빼기할 육면체 모두 클릭
▸명령 종료 (Enter↵)

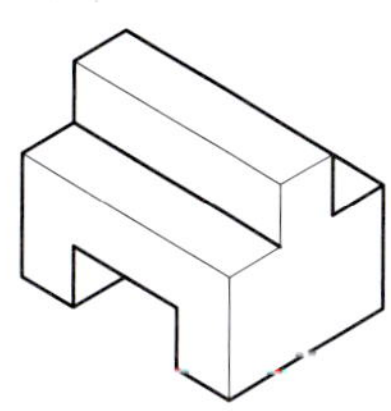

4. 3차 가공하기

❶

- 명령 실행. (UCS Enter↵)
- 육면체 모서리 클릭
- x 방향 모서리 클릭
- y 방향 모서리 클릭

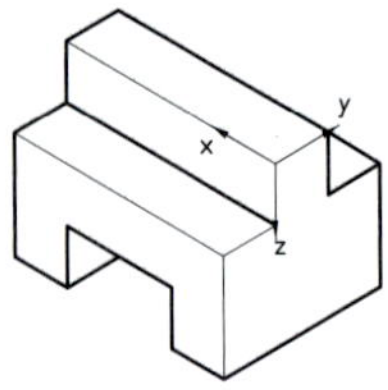

❷

- 명령 실행. (BOX Enter↵)
- 0,0,0 Enter↵
- L Enter↵
- 10 Enter↵
- 10 Enter↵
- 10 Enter↵

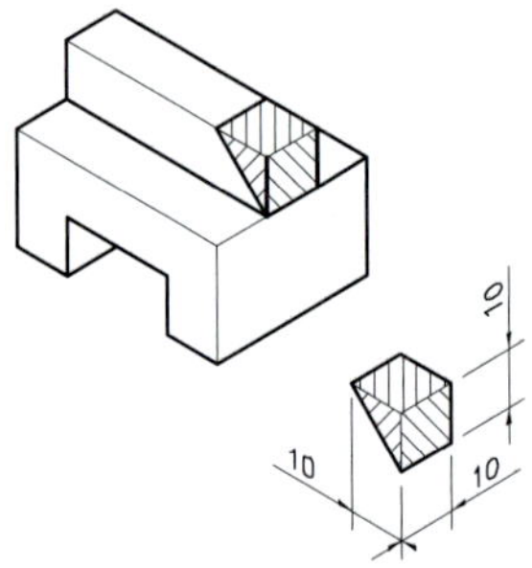

❸

- 명령 실행. (BOX Enter↵)
- 30,0,0 Enter↵
- L Enter↵
- 10 Enter↵
- 10 Enter↵
- 10 Enter↵

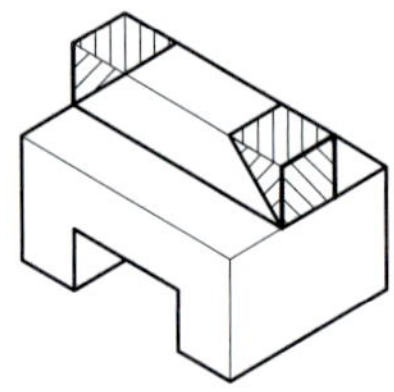

❹

- 명령 실행. (SU Enter↵)
- 전체 형상 클릭
- 빼기할 쐐기형상 모두 클릭
- 명령 종료 (Enter↵)

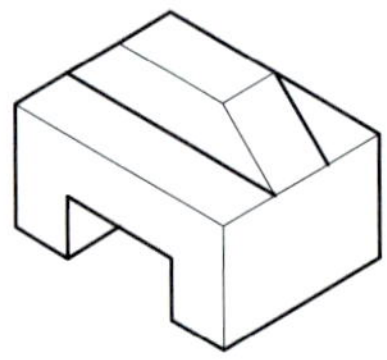

연습 과제

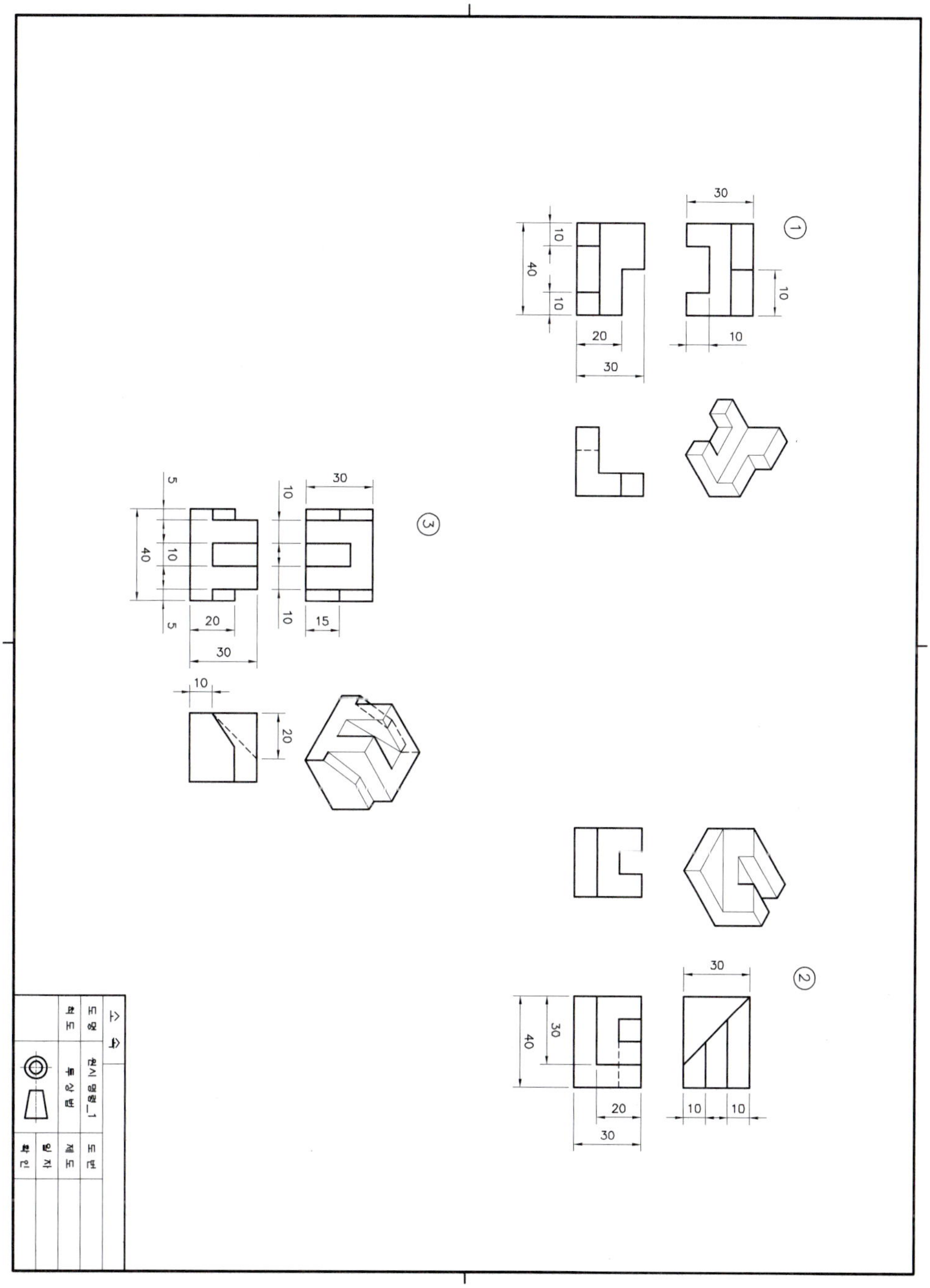

Chapter

12

2차원 도면을 이용한 3차원 모델링

AutoCAD 2013

실습 목적

① 2차원 객체를 3차원 형상으로 변환하기 위해 여러 객체들을 한 개의 객체로 만드는 명령에 대하여 배운다.

② 2차원 객체를 3차원 형상으로 변환하는 명령들에 대하여 배운다.

AutoCAD 2013

실습 시간

1.5 hr ~ 2.0 hr

AutoCAD 2013

실습 내용

① 여러 2차원 객체를 한 개의 객체로 만들기
_ REGION, BOUNDARY

② 2차원 객체를 3차원 형상으로 변환하기
_ EXTRUDE, REVOLVE, SWEEP, LOFT, PRESSPULL, POLYSOLID

③ 3차원 형상의 모양 변경하기
_ FILLET, CHAMFER, MIRROR3D, 3DARRAY

AutoCAD 2013

참고 사항

- 복잡한 형상이나 자유 곡선을 갖는 솔리드 형상을 2차원 단면 객체를 이용하여 3차원 형상으로 변환하는 방법
- 2차원 객체를 3차원 솔리드로 변화하는 명령들은 적층 원리를 이용한 것으로 기준이 되는 2차원 객체를 직선 또는 곡선을 따라 적층하여 솔리드를 형성

01 SECTION 여러 객체들을 한 개의 객체로 만들기 _ REGION, BOUNDARY

2차원 객체를 3차원 솔리드 형상으로 변환하기 위해서는 먼저 2차원 선 객체들을 한 개의 면 객체로 만드는 과정이 필요하다.

1 REGION 명령

정점(Vertex)들이 연결된 폐다각 객체를 영역 객체(Region)로 변환하는 명령이다.

1) 명령어의 실행

▸메뉴 표시줄 [Draw] – [Region] 선택

Command : REGION 또는 REG Enter↵

2) 명령어의 사용법 따라하기

❶ ▸명령 실행, (REG Enter↵)
▸영역 객체(region)로 변환할 2D 객체를 선택
▸명령 진행 (Enter↵)

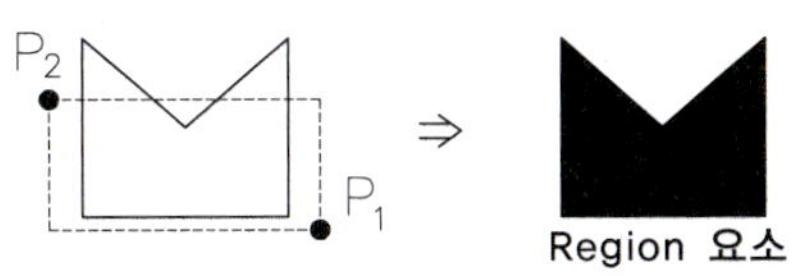

2 BOUNDARY 명령

Pick Point에 의해 선택된 점을 포함하는 경계영역을 찾아내어 영역 객체(Region) 또는 다중 객체(Poly line object)로 변환하는 명령이다.

1) 명령어의 실행

▸메뉴 표시줄 [Draw] – [Boundary...] 선택

Command : BOUNDARY 또는 BO Enter↵

2) 명령어의 사용법 따라하기

❶ ▸명령 실행, (BO Enter↵)
▸Pick Point 클릭
▸영역 객체를 만들고자 하는 객체들의 경계 내부를 클릭 (P1)
▸명령 진행 (Enter↵)
▸OK 클릭

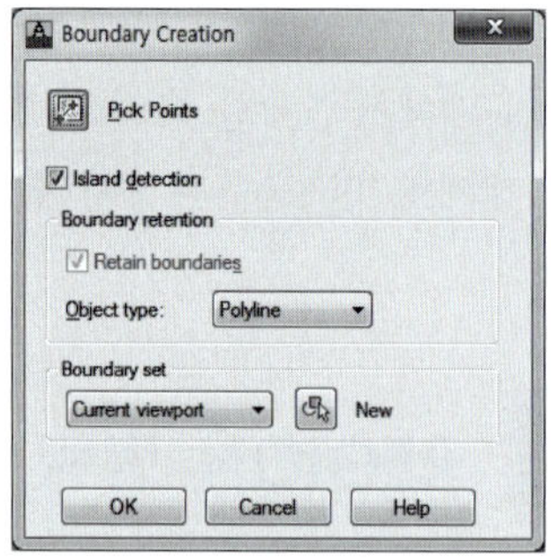

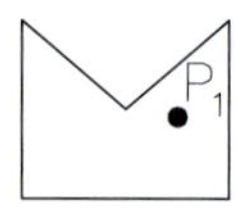

TIP

➡ BOUNDARY 명령의 옵션

- ▸**선택점(Pick Point)** : 선택된 점을 기준으로 닫힌 영역을 구성하는 기존의 객체들로부터 경계를 결정
- ▸**고립영역 탐지(Island detection)** : 고립영역이라고 하는, 선택점으로 선택한 닫힌 영역 내부의 다른 경계영역을 찾을 것인지를 선택
- ▸**객체 유형(Object type)** : BOUNDARY 명령을 이용하여 REGION 객체로 변환할 것인지 POLY 객체로 변환할 것인지를 결정

02 SECTION 2차원 객체를 3차원 형상으로 변환하기 _ EXTRUDE, REVOLVE, SWEEP, LOFT, PRESSPULL, POLYSOLID

2차원의 객체는 높이 방향으로 인출하거나, 축을 중심으로 회전시켜 3차원 솔리드 객체로 변환할 수 있다.

1 EXTRUDE 명령

지정된 직선 거리까지 또는 직선, 곡선을 따라 돌출(Extrude) 시켜 3차원 솔리드 형상을 생성하는 명령이다.

1) 명령어의 실행

▸메뉴 표시줄 [Draw] – [Modeling] – [Extrude] 선택

Command : EXTRUDE 또는 EXT Enter↵

2) 명령어의 사용법 따라하기

❶ ▸명령 실행, (EXT Enter↵)
▸2차원의 사각형 객체를 선택
▸명령 진행 (Enter↵)
▸60 Enter↵ (객체 높이)

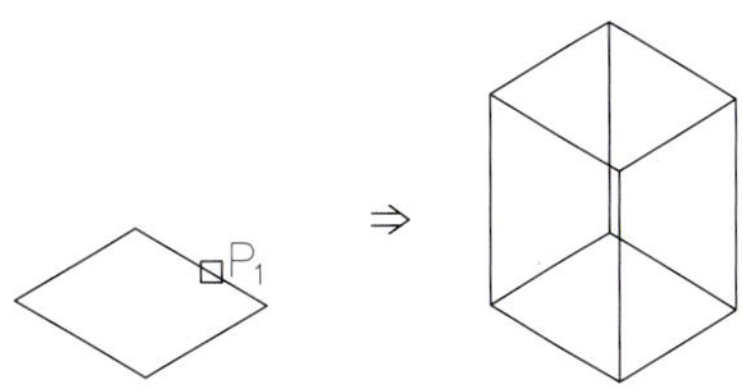

2 REVOLVE 명령

축대칭 형상을 객체를 선택하여 특정한 축을 기준으로 회전(Revolve) 시켜 3차원 솔리드 형상을 생성하는 명령이다.

1) 명령어의 실행

▸메뉴 표시줄 [Draw] – [Modeling] – [Revolve] 선택

Command : REVOLVE 또는 REV Enter↵

2) 명령어의 사용법 따라하기

❶ ▸명령 실행, (REV Enter↵)
▸2차원의 객체를 선택 (P1)
▸명령 진행 (Enter↵)
▸회전 축의 한 점을 클릭 (P2)
▸회전 축의 다른 한 점을 클릭 (P3)
▸360 Enter↵ (회전 각도)

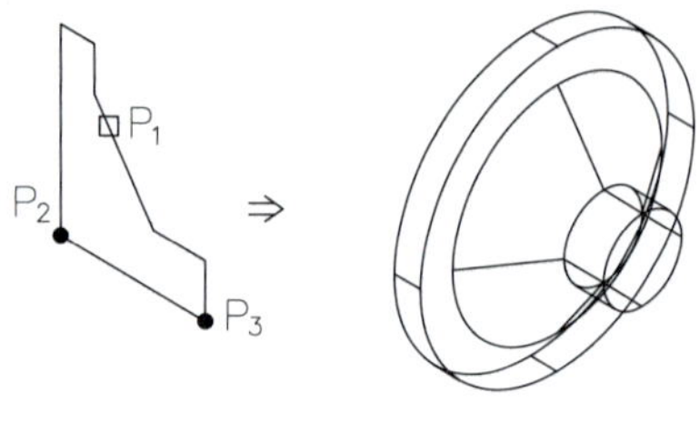

❷ ▸명령 실행, (REV Enter↵)
▸2차원의 객체를 선택 (P1)
▸명령 진행 (Enter↵)
▸O Enter↵ (축 객체 선택 옵션)
▸축 객체를 선택
▸명령 진행 (Enter↵)
▸360 Enter↵ (회전 각도)

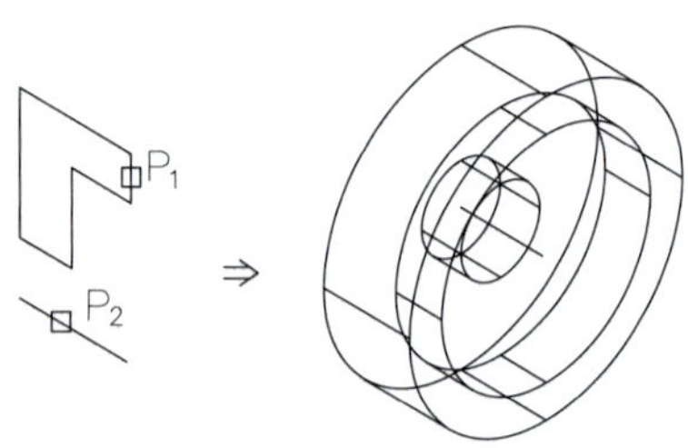

3 SWEEP 명령

특정한 경로를 갖는 직선 또는 곡선을 따라 스윕(Sweep)하여 3차원 솔리드 형상을 생성하는 명령이다.

1) 명령어의 실행

▸메뉴 표시줄 [Draw] – [Modeling] – [Sweep] 선택

Command : SWEEP Enter↵

2) 명령어의 사용법 따라하기

❶ ▸명령 실행, (SWEEP Enter↵)
▸2차원의 단면 객체를 선택
▸명령 진행 (Enter↵)
▸SWEEP하기 위한 경로 객체를 선택
▸명령 종료 (Enter↵)

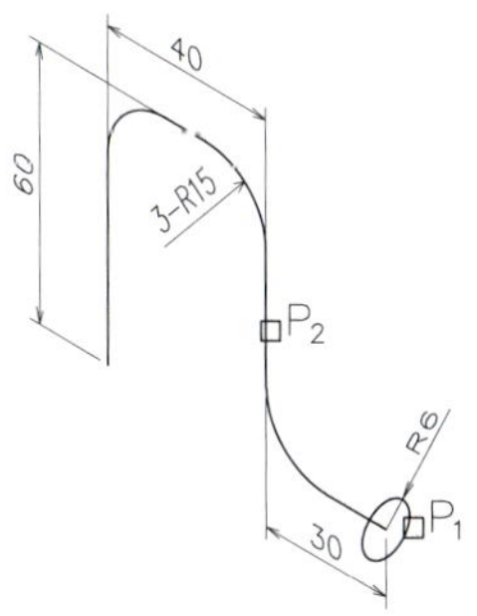

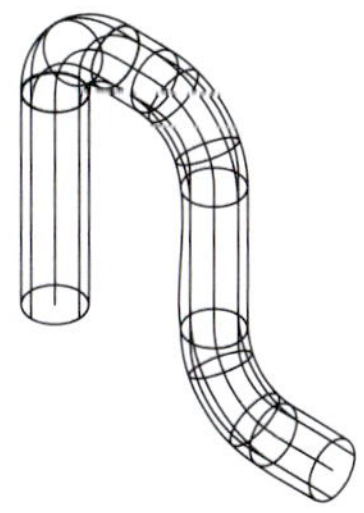

4 LOFT 명령

둘 이상의 객체를 선택하여 특정한 경로를 갖는 직선 또는 곡선을 따라 로프트(Loft)하여 3차원 솔리드 형상을 생성하는 명령이다.

1) 명령어의 실행

▸메뉴 표시줄 [Draw] – [Modeling] – [Loft] 선택

Command : LOFT Enter↵

2) 명령어의 사용법 따라하기

❶ ▸명령 실행, (LOFT Enter↵)

▸LOFT를 위한 단면 객체를 순서대로 선택

▸명령 진행 (Enter↵)

▸명령 종료 (Enter↵)

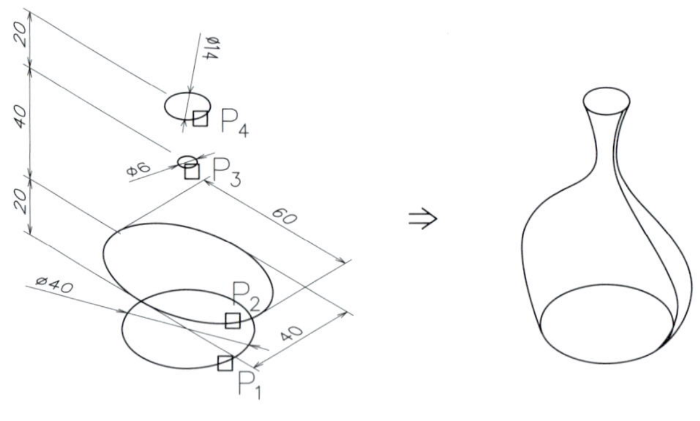

5 PRESSPULL 명령

Region 객체나 Poly 객체를 선택하지 않고 솔리드 모델의 경계 영역을 선택하여 늘이거나 압축하여 3차원 솔리드 형상을 생성하는 명령이다.

1) 명령어의 실행

- Modeling 도구모음 [Presspull] 선택

Command : PRESSPULL Enter↵

2) 명령어의 사용법 따라하기

❶
- 명령 실행, (PRESSPULL Enter↵)
- 솔리드 객체의 경계 내부 점 클릭
- 명령 진행 (Enter↵)
- 20 Enter↵ (늘어날 길이)

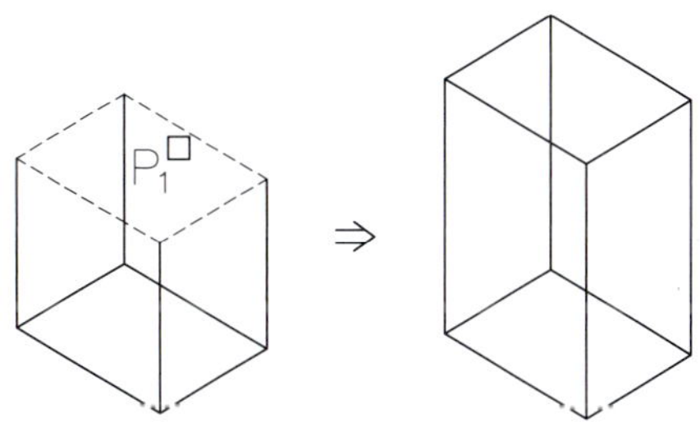

6 POLYSOLID 명령

미리 정의한 높이와 두께 값으로 선 객체들을 선택하여 3차원 솔리드 형상을 생성하는 명령이다.

1) 명령어의 실행

▸메뉴 표시줄 [Draw] – [Modeling] – [Polysolid] 선택

Command : POLYSOLID Enter↵

2) 명령어의 사용법 따라하기

❶ ▸명령 실행, (POLYSOLID Enter↵)
▸H Enter↵ (객체 높이 옵션)
▸60 Enter↵ (객체 높이)
▸W Enter↵ (객체 폭 옵션)
▸5 Enter↵ (객체 폭)
▸폴리선 객체를 클릭
▸명령 종료 (Enter↵)

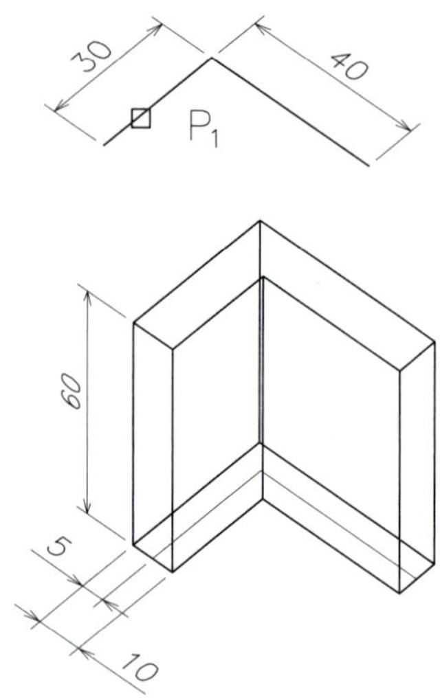

03

SECTION

3차원 형상 모양 변경하기

3차원 솔리드 형상의 모서리에 모깎기, 모떼기 하거나 형상을 변형 시킬 수 있다.

1 FILLET 명령

3차원 솔리드 형상의 모서리 부분을 모깎기 하는 명령이다.

1) 명령어의 실행

▸메뉴 표시줄 [Modify] – [Fillet] 선택

Command : FILLET 또는 F Enter↵

2) 명령어의 사용법 따라하기

❶ ▸멍령 실행. (F Enter↵)
▸모깎기 할 모서리를 선택
▸명령 진행(Enter↵)
▸10 Enter↵ (반지름)
▸C Enter↵ (인접 모서리 선택 옵션)
▸모깎기 할 모서리를 선택
▸명령 종료 (Enter↵)

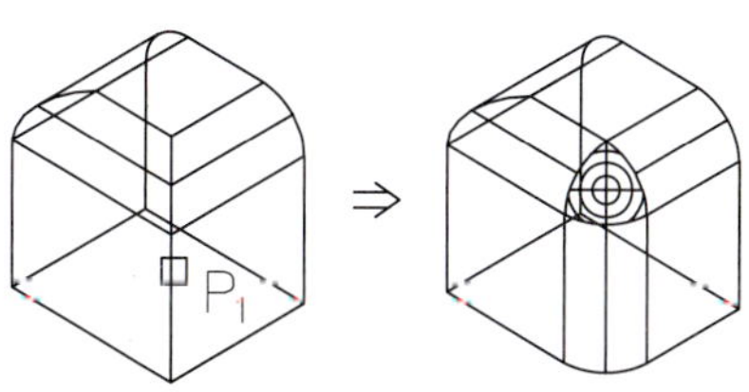

2 CHAMFER 명령

3차원 솔리드 형상의 모서리 부분을 모따기 하는 명령이다.

1) 명령어의 실행

▸메뉴 표시줄 [Modify] – [Chamfer] 선택

Command : CHAMFER 또는 CHA [Enter↵]

2) 명령어의 사용법 따라하기

❶ ▸명령 실행, (CHA [Enter↵])
▸모따기 할 모서리를 클릭
▸N [Enter↵] (모따기 될 기준면의 선택)
▸명령 진행 ([Enter↵])
▸10 [Enter↵] (기준면의 모따기 거리)
▸5 [Enter↵] (기준면과 접한 면의 모따기 거리)
▸모따기 할 모서리를 모두 클릭 (P2, P3)
▸명령 종료 ([Enter↵])

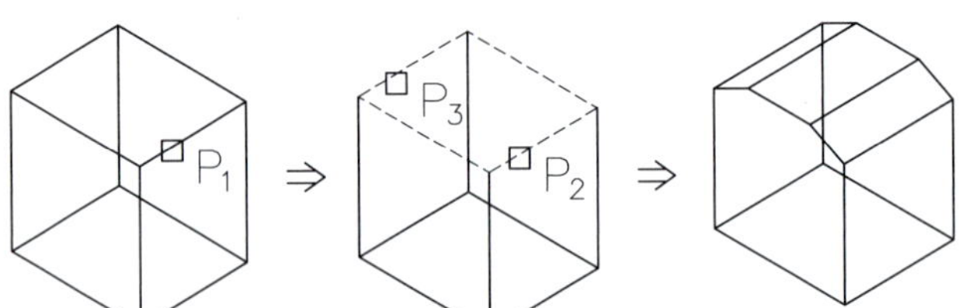

3 MIRROR3D 명령

평면을 중심으로 3차원 솔리드 객체를 대칭 복사하거나 대칭 이동한다.

1) 명령어의 실행

▸메뉴 표시줄 [Modify] – [3D Operations] – [3D MIRROR] 선택

Command : MIRROR3D Enter↵

2) 명령어의 사용법 따라하기

❶ ▸명령 실행, (MIRROR3D Enter↵)
▸대칭 복사할 객체를 선택 (P1)
▸명령 진행 (Enter↵)
▸세 점을 이용하여 대칭면을 선택 (P2, P3, P4)
▸원본 데이터를 삭제할 것인지 선택
▸명령 종료 (Enter↵)

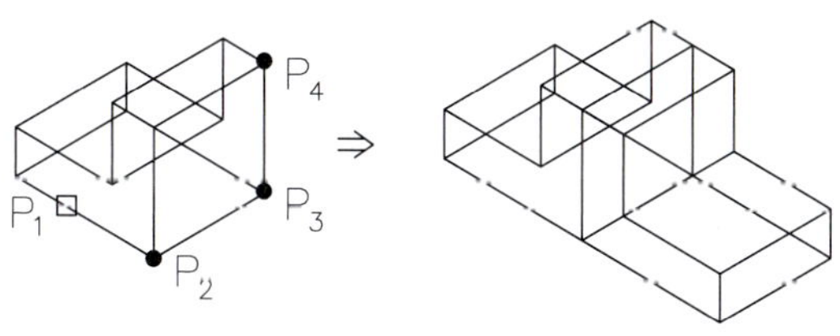

5 3DARRAY 명령

3차원 작업 공간에서 3차원 솔리드 객체를 사각, 원형 배열하는 명령이다.

1) 명령어의 실행

▸메뉴 표시줄 [Modify] – [3D Operations] – [3DARRAY] 선택

Command : 3DARRAY Enter↵

2) 명령어의 사용법 따라하기

❶ ▸명령 실행, (3DARRAY Enter↵)
▸배열할 객체를 선택
▸명령 진행 (Enter↵)
▸R Enter↵ (사각 배열 선택)
▸3 Enter↵ (row 수)
▸4 Enter↵ (column 수)
▸3 Enter↵ (level 수)
▸20 Enter↵ (row 간격)
▸30 Enter↵ (column 간격)
▸40 Enter↵ (level 간격)

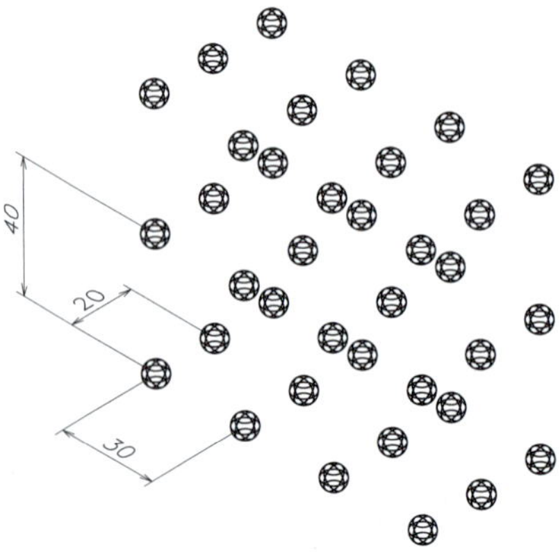

❷ ▸명령 실행. (3DARRAY Enter↵)
▸배열할 객체를 선택
▸명령 진행 (Enter↵)
▸P Enter↵ (원형 배열 선택)
▸4 Enter↵ (배열 객체 수)
▸180 Enter↵ (배열 각도)
▸Y Enter↵ (회전 복사 옵션)

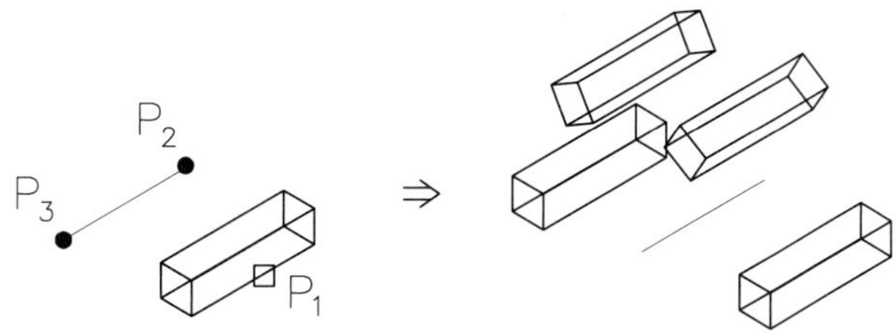

04 SECTION 예제 따라하기

1) 브라켓을 그리기 위한 2차원 단면 형상 그리기

❶ ▸명령 실행, (VPOINT Enter↵)
▸0,−1,0 Enter↵ (정면도 선택)

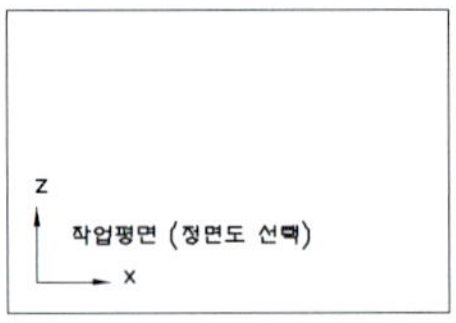

❷ ▸명령 실행, (REC Enter↵)
▸공간의 한 점을 클릭
▸@136,16 Enter↵ (사각형의 크기)

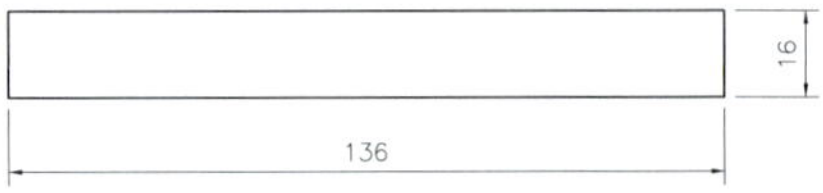

❸ ▸명령 실행, (O Enter↵)
▸38 Enter↵
▸좌측 수직선 클릭
▸수직선의 오른쪽 위치 클릭
▸명령 종료 (Enter↵)

※같은 방법으로 오른쪽과 같이 완성

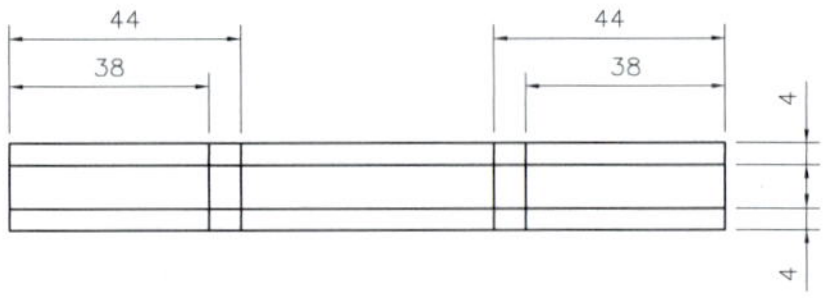

❹ ▸명령 실행, (TR and E Enter↵)

※그림과 같이 선들을 정리

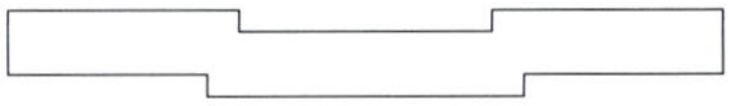

2) 브라켓의 3차원 형상 그리기

❶
- 명령 실행, (REG Enter↵)
- 모든 선 객체 선택
- 명령 종료 (Enter↵)

❷
- 명령 실행, (EXT Enter↵)
- 닫힌 선 선택
- 명령 진행 (Enter↵)
- 82 Enter↵ (돌출 길이)

❸
- 명령 실행, (UCS Enter↵)
- 육면체 모서리를 원점으로 클릭
- x 방향 모서리 클릭
- y 방향 모서리 클릭

- 명령 실행, (CYL Enter↵)
- 24,14 Enter↵ (중심점)
- 30 Enter↵ (높이)

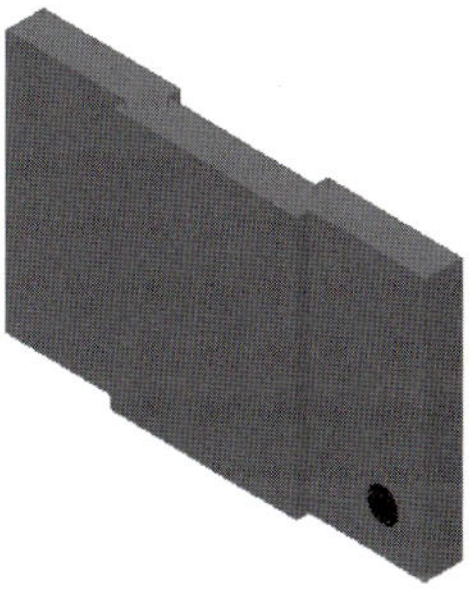

❹
- 명령 실행, (3DARRAY Enter↵)
- R Enter↵ (사각 배열)
- 2 Enter↵ (가로 방향 수)
- 2 Enter↵ (세로 방향 수)
- 108 Enter↵ (가로 간격)
- 54 Enter↵ (세로 간격)

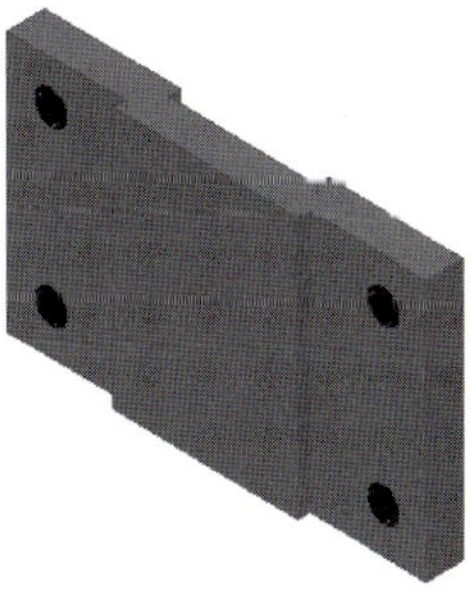

❺ ▸명령 실행, (SU Enter↵)
▸브라켓 클릭 Enter↵
▸원기둥 클릭 Enter↵

❻ ▸명령 실행, (F Enter↵)
▸14 Enter↵ (반지름)
▸C Enter↵ (연결 옵션)
▸E Enter↵ (모서리 선택 옵션)
▸네 방향 모서리 클릭

3) 지지대를 그리기 위한 2차원 단면 형상 그리기

❶ ▸명령 실행, (REC Enter↵)
▸한점 클릭
▸@82,38 Enter↵ (사각형의 크기)

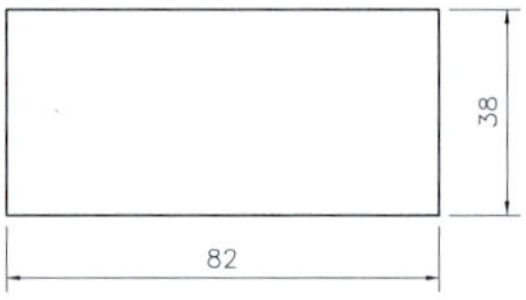

❷ ▸명령 실행, (F Enter↵)
▸14 Enter↵ (반지름)
▸모서리의 한 선 클릭
▸모서리의 다른 선 클릭

※같은 방법으로 그림 완성

❸ ▸명령 실행, (REG Enter↵)
▸모든 선 객체 선택 Enter↵

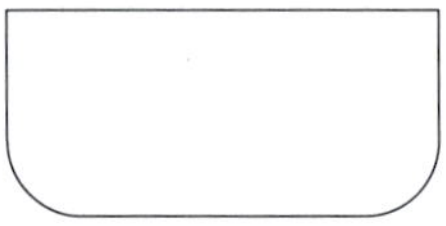

4) 지지대의 3차원 형상 그리기

❶ ▸명령 실행, (EXT Enter↵)
▸단면 선택 Enter↵
▸10 Enter↵ (돌출 길이)

❷ ▸명령 실행, (UCS Enter↵)
▸모서리를 원점으로 선택
▸x 방향 모서리 클릭
▸y 방향 모서리 클릭

▸명령 실행, (CYL Enter↵)
▸14,24 Enter↵ (중심점)
▸2 Enter↵ (원기둥 높이)

▸명령 실행, (CYL Enter↵)
▸14,24 Enter↵ (중심점)
▸20 Enter↵ (원기둥 높이)

❸ ▸명령 실행, (MIRROR3D Enter↵)
▸두 개의 원기둥 선택 Enter↵
▸오른쪽 중간점 글릭 (대칭평면)
▸가운데 중간점 클릭
▸인쪽 중간점 클릭

❹ ▸명령 실행, (SU Enter↵)
▸밑판 선택 Enter↵
▸원기둥 선택 Enter↵

❺ ▸명령 실행, (UCS Enter↵)
▸윗면의 모서리를 원점으로 선택
▸x 방향 모서리 선택
▸y 방향 모서리 선택

▸명령 실행, (C Enter↵)
▸41,48 Enter↵ (중심점)
▸19 Enter↵ (반지름)

▸명령 실행, (L Enter↵)
▸TAN Enter↵
▸원의 1사분면 클릭
▸밑판의 모서리 클릭

※같은 방법으로 그림 완성

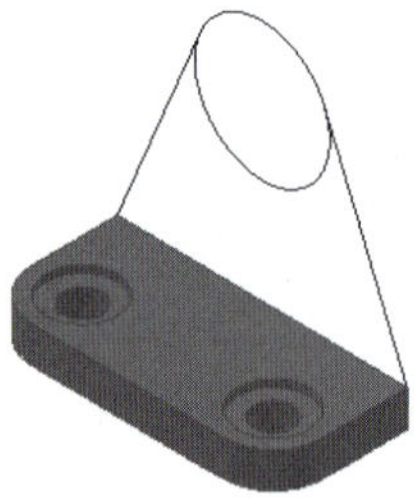

❻ ▸명령 실행, (REG Enter↵)
▸모든 선 객체 선택 Enter↵

▸명령 실행, (EXT Enter↵)
▸단면 선택 Enter↵
▸10 Enter↵ (돌출 길이)

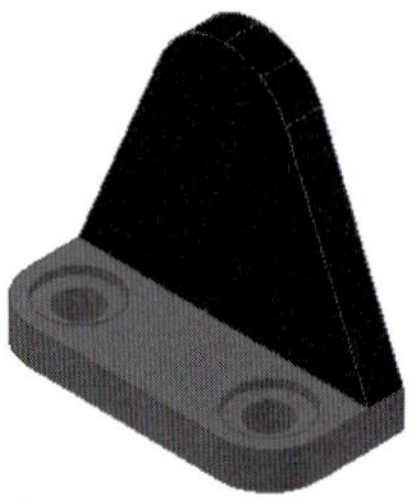

❼ ▸명령 실행, (UNI Enter↵)
▸모든 객체 선택 Enter↵

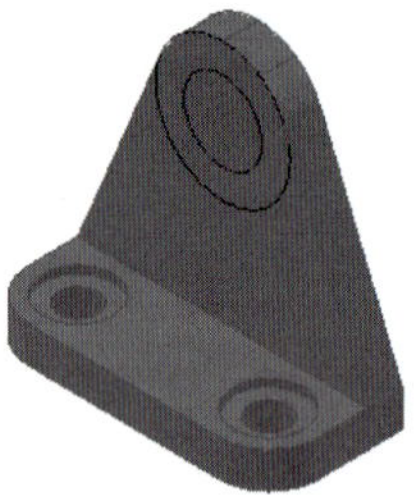

⑧ ▸ 명령 실행, (CYL Enter↵)
▸ 41,48 Enter↵ (중심점)
▸ 19 Enter↵ (반지름)
▸ 12 Enter↵ (돌출 길이)

※같은 방법으로 중심점이 같은 지름 22, 돌출 길이 20의 원기둥 완성

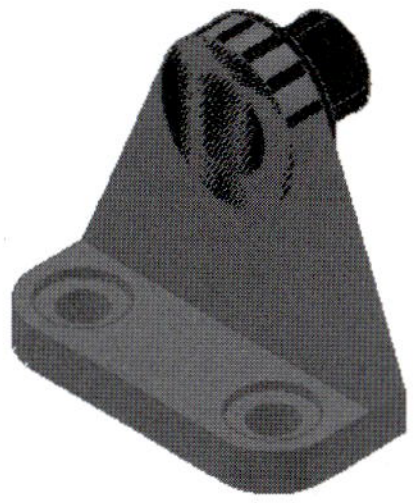

⑨ ▸ 명령 실행, (UNI Enter↵)
▸ 모든 객체 선택 Enter↵

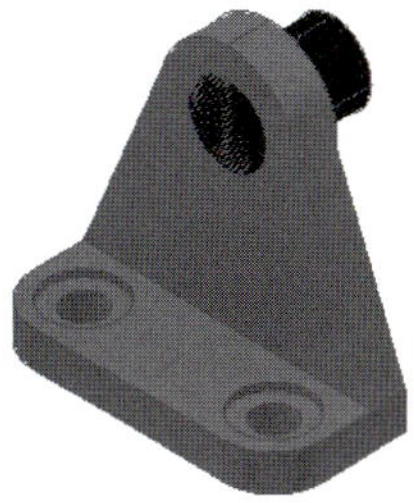

⑩ ▸ 명령 실행, (SU Enter↵)
▸ 지지대 선택 Enter↵
▸ 원기둥 선택 Enter↵

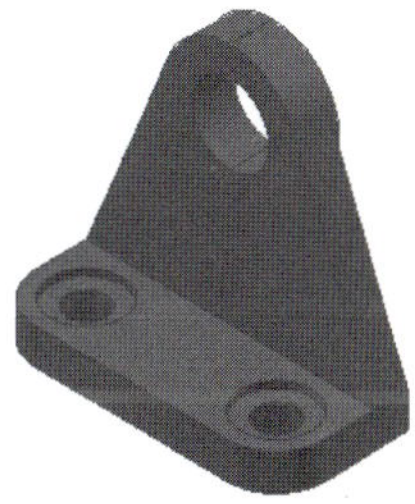

⑪ ▸ 명령 실행, (F Enter↵)
▸ 3 Enter↵ (반지름)
▸ C Enter↵ (연결 옵션)
▸ E Enter↵ (모서리 선택 옵션)
▸ 앞면 모서리들 클릭

※같은 방법으로 뒷면 홈과 지지대 연결부위에 R2의 모깎기

5) 부시의 2차원 형상 그리기

❶ 오른쪽과 같이 기초선을 그린다.

- ▸명령 실행, (L Enter↵)
- ▸수직선의 시작점 클릭
- ▸수직선의 끝점 크
- ▸ 명령 종료 (Enter↵)

※같은 방법으로 수평선 완성

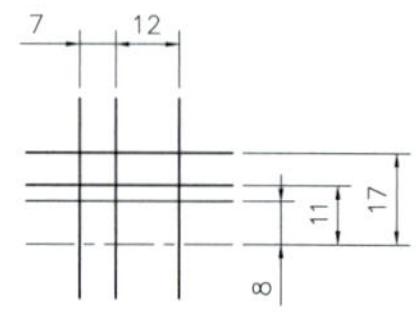

- ▸명령 실행, (O Enter↵)
- ▸7 Enter↵
- ▸수직선 클릭
- ▸수직선의 오른쪽 공간 클릭
- ▸명령 종료 (Enter↵)

※같은 방법으로 그림 완성

❷ ▸명령 실행, (TR and E Enter↵)

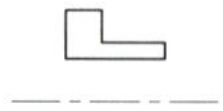

※그림과 같이 선들을 정리

❸ ▸명령 실행, (CHA Enter↵)

- ▸D Enter↵
- ▸1 Enter↵
- ▸1 Enter↵
- ▸한쪽 모서리 클릭
- ▸다른 한쪽 모서리 클릭

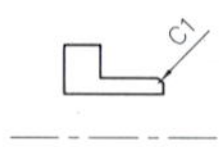

❹ ▸명령 실행, (REG Enter↵)

- ▸중심선을 제외한 모든 선 선택
- ▸명령 종료 (Enter↵)

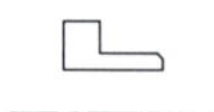

6) 부시의 3차원 형상 그리기

❶
- 명령 실행, (REV Enter↵)
- 단면 형상 클릭 Enter↵
- 중심선의 한 점 클릭
- 중심선의 다른 점 클릭

7) 축의 2차원 형상 그리기

❶
- 명령 실행, (L Enter↵)
- 수직선의 시작점 클릭
- 수직선의 끝점 클릭
- 명령 종료 (Enter↵)

※같은 방법으로 수평선 완성

- 명령 실행, (O Enter↵)
- 19 Enter↵
- 수직선 클릭
- 수직선의 오른쪽 공간 클릭

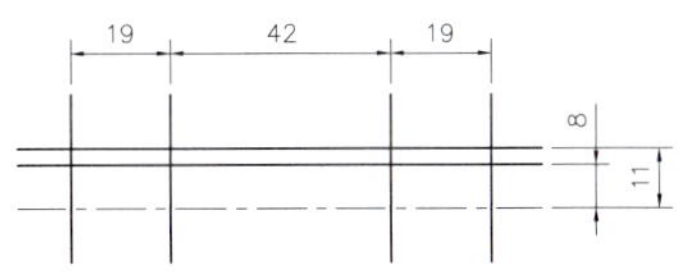

※같은 방법으로 그림과 같이 완성

❷
- 명령 실행, (TR and E Enter↵)

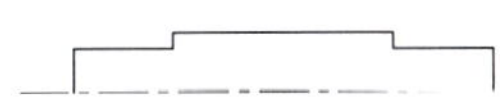

※그림과 같이 선들을 정리

❸
- 명령 실행, (CHA Enter↵)
- D Enter↵
- 1 Enter↵
- 1 Enter↵
- 한쪽 모서리 클릭
- 다른 한쪽 모서리 클릭

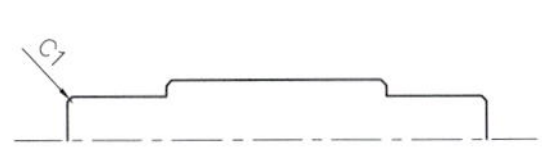

※같은 방법으로 그림 완성

❹ ▸명령 실행, (REG Enter↵)
▸모든 선 선택 Enter↵

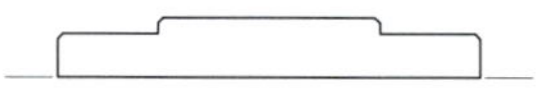

8) 축의 3차원 형상 그리기

❶ ▸명령 실행, (REV Enter↵)
▸단면 형상 클릭 Enter↵
▸중심선의 한 점 클릭
▸중심선의 다른 점 클릭

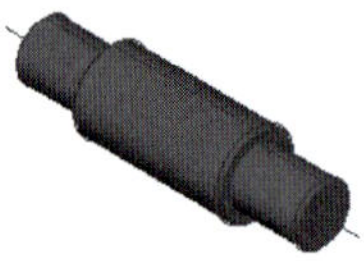

9) 롤러의 2차원 단면 형상 그리기

❶ ▸명령 실행, (L Enter↵)
▸수직선의 시작점 클릭
▸수직선의 끝점 클릭
▸명령 종료 (Enter↵)

※ 같은 방법으로 수평선 완성

▸명령 실행, (O Enter↵)
▸21 Enter↵
▸수직선을 클릭
▸수직선의 오른쪽 공간을 클릭
▸명령 종료 (Enter↵)

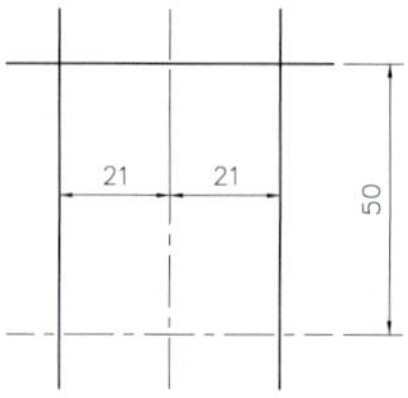

※같은 방법으로 오른쪽과 같이 완성

❷ ▸명령 실행, (TR and E Enter↵)

※그림과 같이 선들을 정리

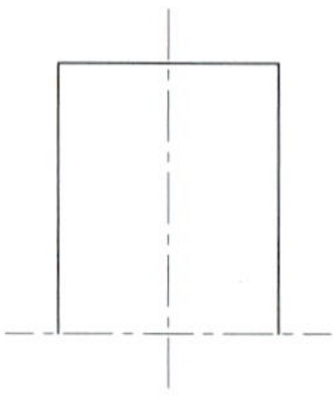

❸ ▸명령 실행, (O Enter↵)
▸2 Enter↵
▸수직선 클릭
▸수직선의 오른쪽 공간 클릭
▸명령 종료 (Enter↵)

※같은 방법으로 오른쪽과 그림 완성

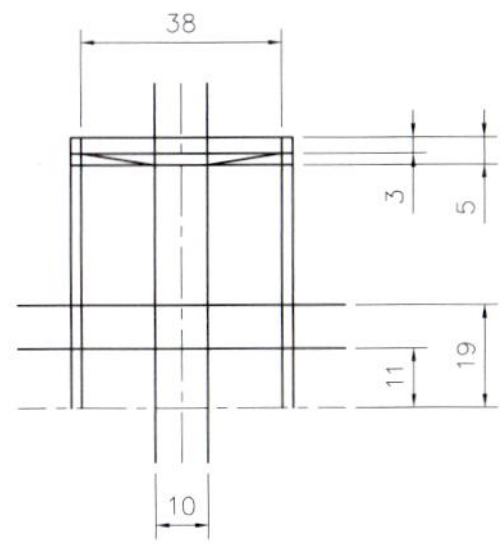

▸명령 실행, (L Enter↵)
▸내부 사각형의 한쪽 모서리 클릭
▸반대편 대각선 모서리 클릭
▸명령 종료 (Enter↵)

※같은 방법으로 반대편 대각선 완성

❹ ▸명령 실행, (TR and E Enter↵)

※그림과 같이 선들을 정리

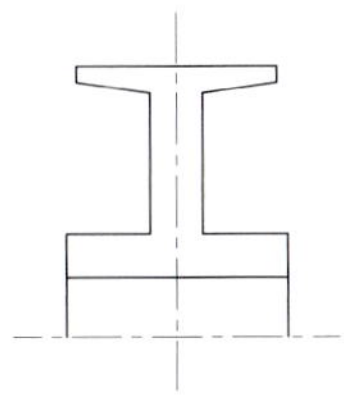

❺ ▸명령 실행, (CHA Enter↵)
▸D Enter↵
▸1 Enter↵
▸1 Enter↵
▸한쪽 모서리 클릭
▸다른쪽 모서리 클릭

※같은 방법으로 그림 완성

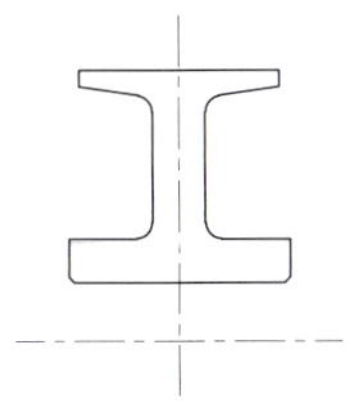

❻ ▸명령 실행, (REG Enter↵)
▸모든 선 선택 Enter↵

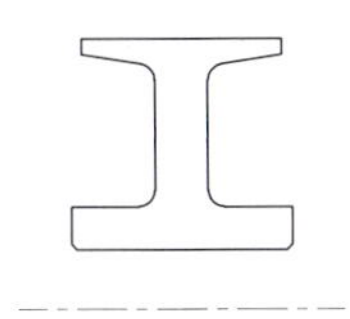

10) 롤러의 3차원 형상 그리기

❶ ▸명령 실행, (REV Enter↵)
▸단면 형상 클릭 Enter↵
▸중심선의 한 점 클릭
▸중심선의 다른 점 클릭

05 SECTION 연습 과제

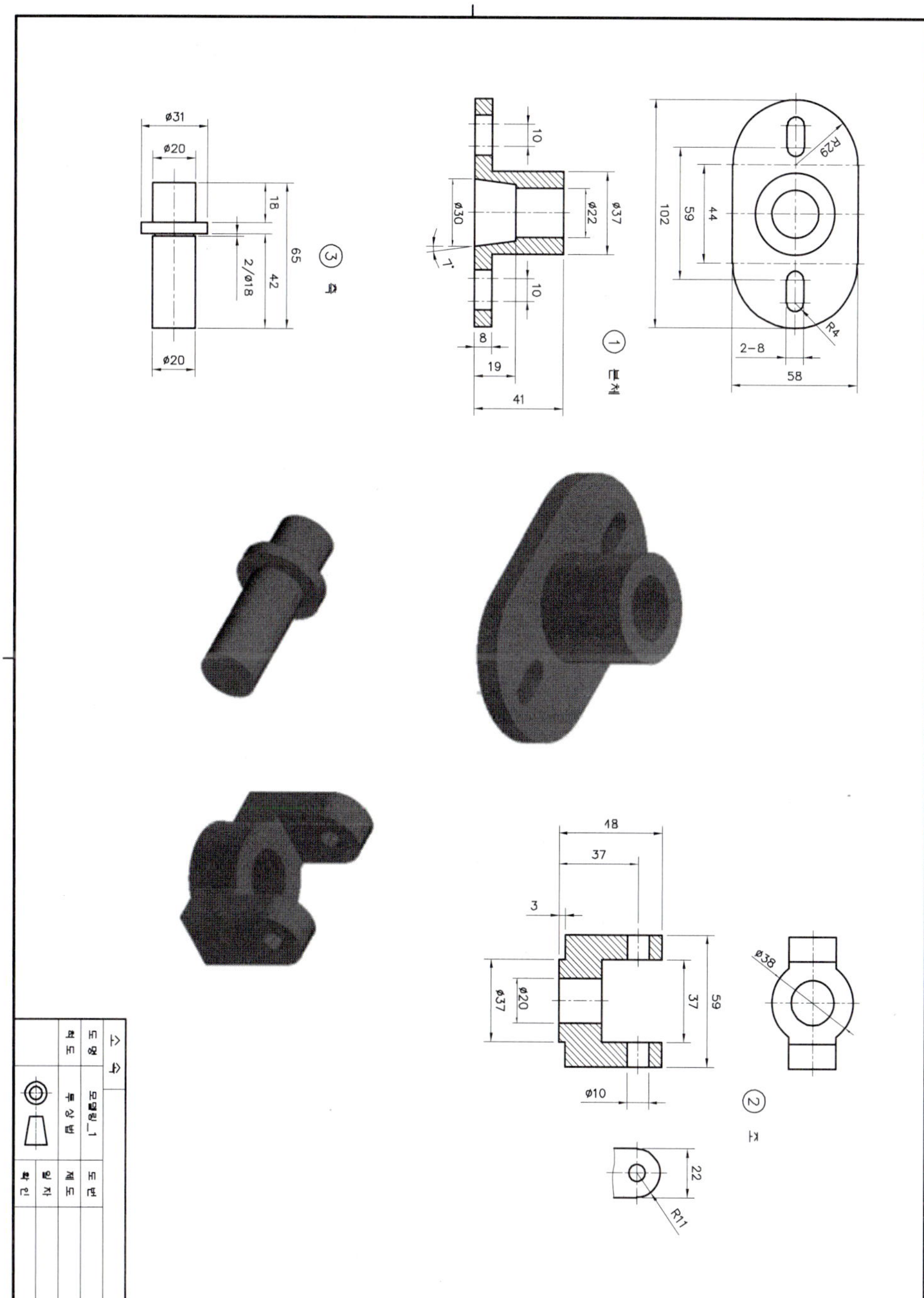

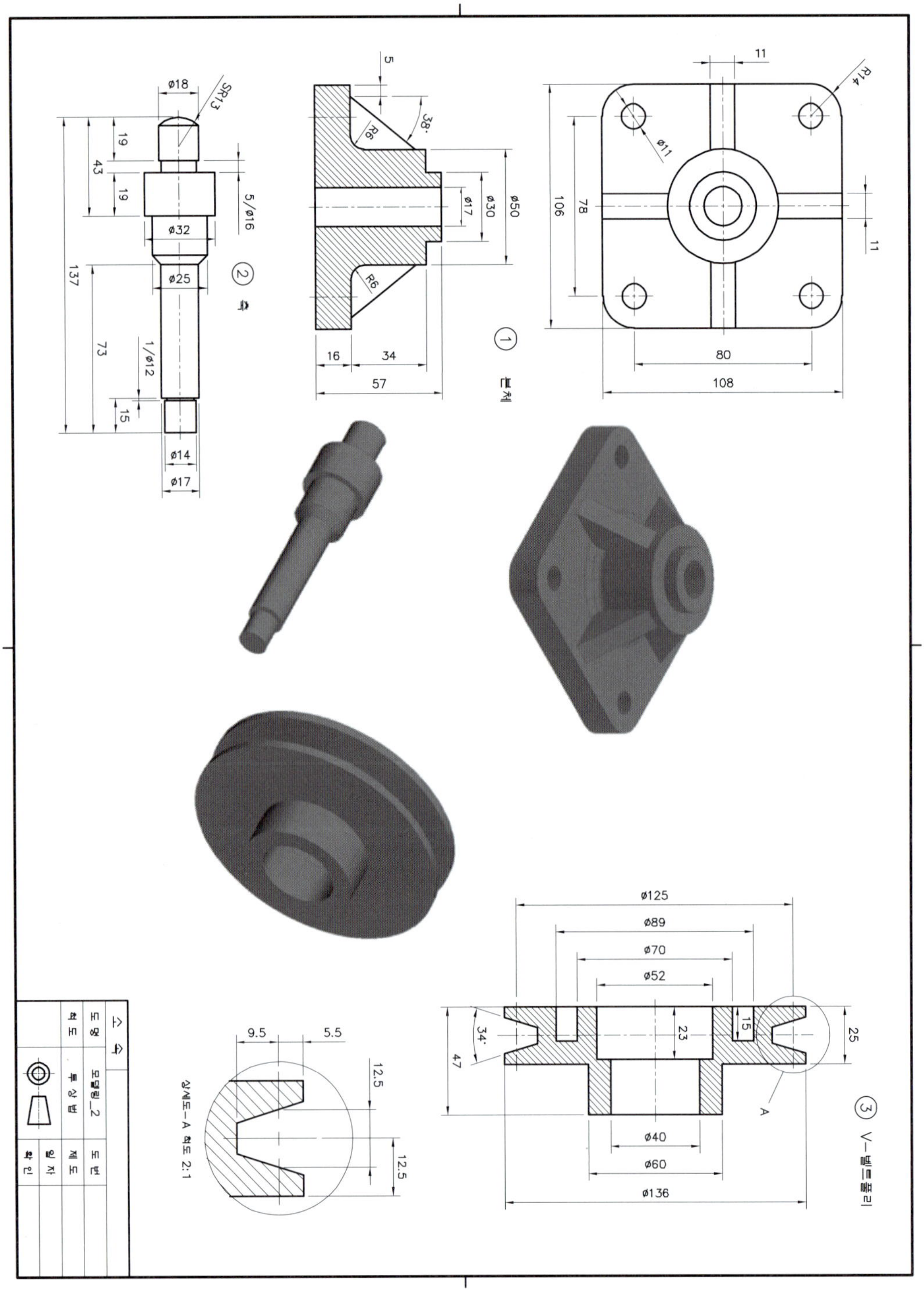
① 본체
② 축
③ V-벨트풀리
상세도-A 척도 2:1
소속
도명 모델링_2
척도
투상법
도번
제도
일자
확인

Chapter

13

3차원 형상의 분해도 및 2D 윤곽도

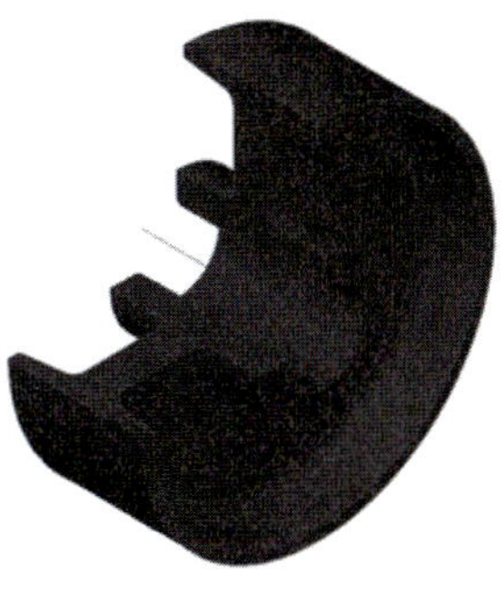

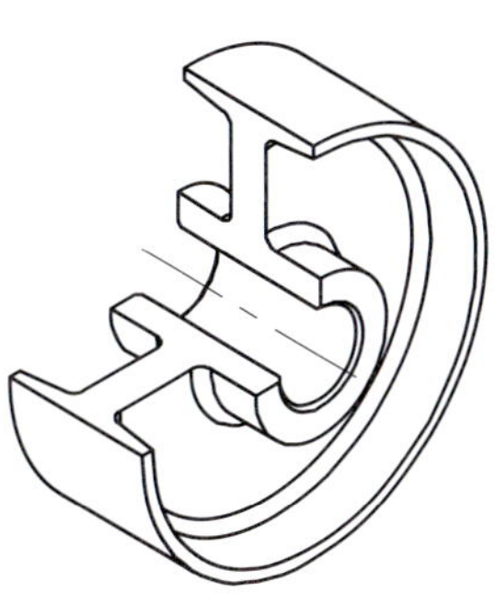

AutoCAD 2013

실습 목적

① 3차원 형상의 내부를 절단하여 나타낸다.
② 3차원 형상을 이동 또는 복사하여 분해도로 나타낸다.
③ 3차원 입체 형상을 2D 윤곽도로 출력한다.

AutoCAD 2013

실습 시간

1.5 hr ~ 2.0 hr

AutoCAD 2013

실습 내용

① 3차원 형상의 내부 절단하기 _ SLICE, SECTION
② 3차원 형상의 복사 및 이동하기
  _ 3DALIGN, 3DMOVE, 3DROTATE
③ 3차원 형상을 2D 윤곽도로 변환하기
  _ TILEMODE, MVIEW, MSPACE, PSPACE, SOLPROF

AutoCAD 2013

참고 사항

- 3차원 형상을 절단하여 내부 단면을 확인 하는 방법
- 3차원 객체를 조립 순서로 배열하여 부품도를 구성
- 3차원 객체를 2차원 평면에 투영하여 2D 윤곽도 생성

01

SECTION

3차원 형상의 내부 절단하기 _ SLICE, SECTION

1 SLICE 명령

평면 또는 곡면으로 솔리드를 자르기 하는 명령이다.

1) 명령어의 실행

▸메뉴 표시줄 [Modify] – [3D Operations] – [Slice] 선택

Command : SLICE 또는 SL Enter↵

2) 명령어의 사용법 따라하기

❶ ▸명령 실행. (SL Enter↵)
▸자르기 할 솔리드 객체를 선택
▸명령 진행 (Enter↵)
▸자르기 할 기준면의 첫 번째 점을 클릭
▸자르기 할 기준면의 두 번째 점을 클릭
▸자르기 할 기준면의 세 번째 점을 클릭
▸B Enter↵ (객체 유지)

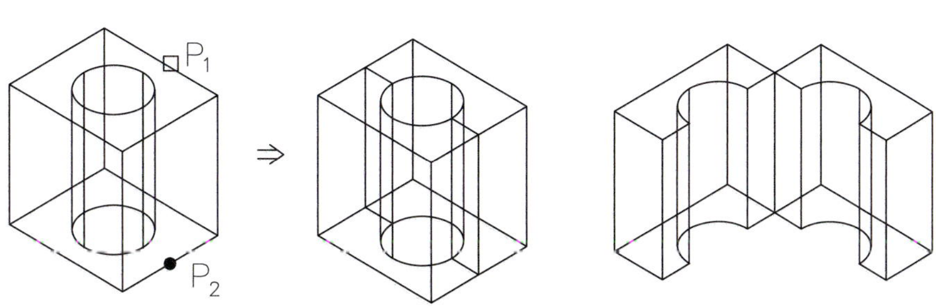

TIP

➡ SLICE 명령의 옵션

▸ **양쪽(Both)** : 자르기 후에 양쪽면으로 분리하여 유지

2 SECTION 명령

2차원 평면과 3차원 형상의 교차점을 이용하여 단면 영역을 생성하는 명령이다.

1) 명령어의 실행

Command : SECTION Enter↵

2) 명령어의 사용법 따라하기

❶ ▸명령 실행, (SECTION Enter↵)
▸자르기 할 솔리드 객체를 선택
▸명령 진행 (Enter↵)
▸단면으로 생성할 면의 첫 번째 점을 클릭
▸단면으로 생성할 면의 두 번째 점을 클릭
▸단면으로 생성할 면의 세 번째 점을 클릭

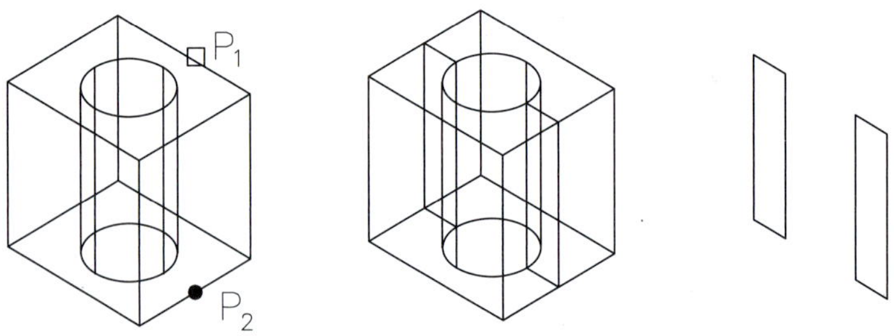

02 SECTION 3차원 형상의 복사 및 이동하기
_ 3DALIGN, 3DMOVE, 3DROTATE, MIRROR3D, 3DARRAY

1 3DALIGN 명령

3차원 작업공간에서 다른 객체와 이동 또는 회전하여 정렬한다.

1) 명령어의 실행

▸ 메뉴 표시줄 [Modify] – [3D Operations] – [3D Align] 선택

Command : 3DALIGN Enter↵

2) 명령어의 사용법 따라하기

❶ ▸ 명령 실행, (3DALIGN Enter↵)
▸ 정렬할 객체를 선택
▸ 명령 진행 (Enter↵)
▸ 정렬할 객체의 첫 번째 점 클릭 (P1)
▸ 정렬할 객체의 두 번째 점 클릭 (P1)
▸ 정렬할 객체의 세 번째 점 클릭 (P2)
▸ 정렬될 객체의 첫 번째 점 클릭 (P2)
▸ 정렬될 객체의 두 번째 점 클릭 (P3)
▸ 정렬될 객체의 세 번째 점 클릭 (P3)

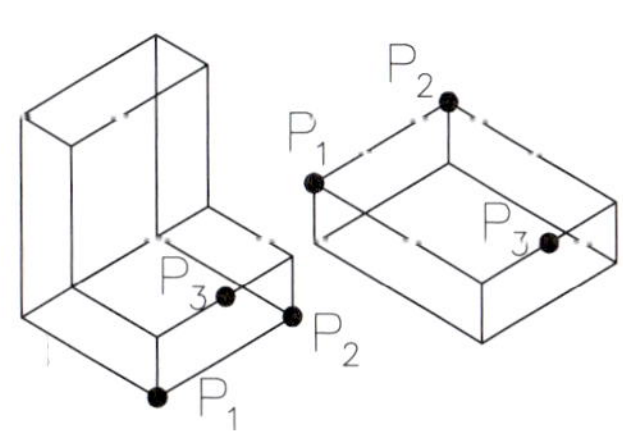

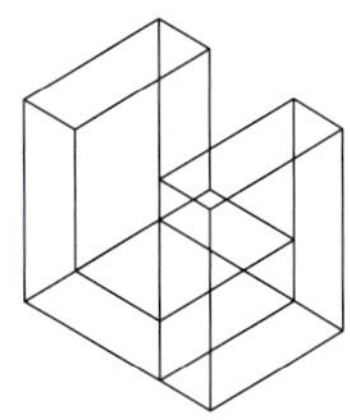

2 3DMOVE 명령

3차원 작업공간에서 객체를 지정한 방향, 거리로 이동시킨다.

1) 명령어의 실행

▸메뉴 표시줄 [Modify] – [3D Operations] – [3D Move] 선택

Command : 3DMOVE Enter↵

2) 명령어의 사용법 따라하기

❶ ▸명령 실행, (3DMOVE Enter↵)
▸이동할 객체를 선택
▸명령 진행 (Enter↵)
▸기준점을 클릭 (P1)
▸이동할 점을 클릭 (P2)

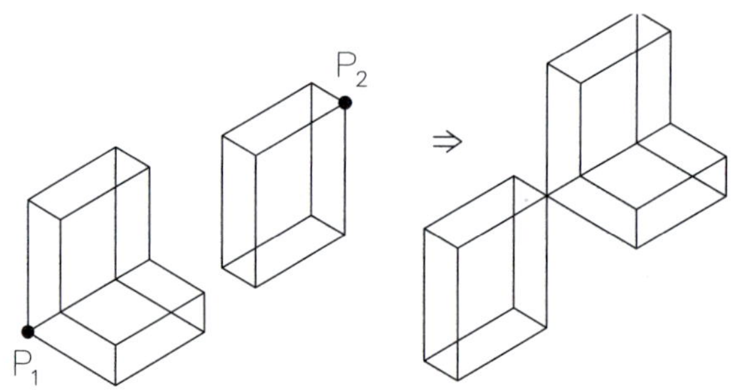

3 3DROTATE 명령

3차원 작업공간에서 객체를 기준축에 대하여 회전시킨다.

1) 명령어의 실행

▸메뉴 표시줄 [Modify] – [3D Operations] – [3D Rotate] 선택

Command : 3DROTATE Enter↵

2) 명령어의 사용법 따라하기

❶ ▸명령 실행, (3DROTATE Enter↵)
▸회전할 객체를 선택 (P1)
▸명령 진행 (Enter↵)
▸기준축을 선택 (P2, P3)
▸회전 각도를 입력 Enter↵

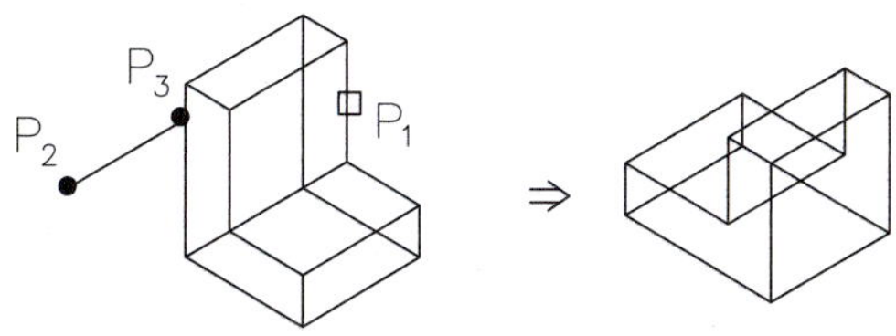

03 SECTION

3차원 형상을 2D 윤곽도로 변환하기 _ TILEMODE, MVIEW, MSPACE, PSPACE, SOLPROF

1 TILEMODE 명령

도면 공간 또는 모형 공간으로 설정한다.

1) 명령어의 실행

Command : TILEMODE Enter↵

2) 명령어의 사용법 따라하기

❶ ▸명령 실행, (TILEMODE Enter↵)
▸0 Enter↵ (도면 공간 전환)

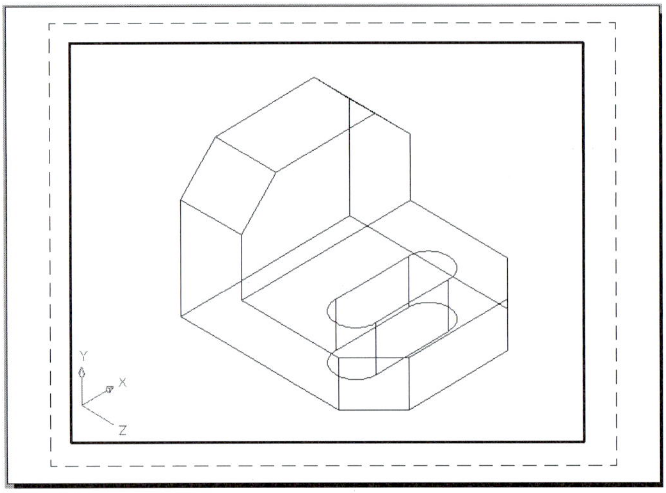

TIP

➡ TILEMODE 명령의 옵션

- 0 : 도면 공간으로 전환한다.
- 1 : 모형 공간으로 전환한다.

2 MVIEW 명령

배치 뷰포트를 작성하고 조정한다.

1) 명령어의 실행

- 메뉴 표시줄 [View] – [View Ports] 선택

Command : MVIEW Enter↵

TIP

➡ MVIEW 명령의 옵션

- 뷰포트 구석(Corner of viewport) : 직사각형 뷰포트의 첫 번째 구석을 지정
- 맞춤(Fit) : 인쇄 가능 영역을 가득 배치를 채우는 뷰포트를 작성
- 음영출력(Shadeplot) : 배치의 뷰포트가 출력되는 방법을 지정
- 잠금(Lock) : 선택한 뷰포트의 줌 축척 비율이 변경 구속
- 객체(Object) : 닫힌 폴리선, 다원 등을 지정하여 뷰포트로 변환
- 다각형(Polygonal) : 지정한 점을 이용하여 불규칙한 모양의 뷰포트를 작성
- 2 : 지정한 영역을 동일한 크기의 두 개의 뷰포트로 수평 또는 수직 분할

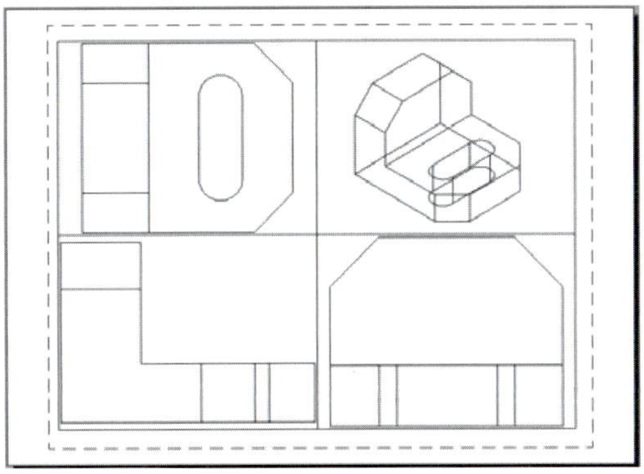

3 MSPACE 명령

도면 공간에서 모형 공간이 뷰포트로 전환한다.

1) 명령어의 실행

Command : MSPACE 또는 MS Enter↵

4 PSPACE 명령

모형 공간에서 도면 공간으로 뷰포트를 전환한다.

1) 명령어의 실행

Command : PSPACE 또는 PS Enter↵

5 SOLPROF 명령

도면 공간에서 3차원 형상의 윤곽 이미지를 작성하는 명령이다.

1) 명령어의 실행

▸메뉴 표시줄 [Draw] – [modeling] – [Setup] – [Profile] 선택

Command : SOLPROF Enter↵

2) 명령어의 사용법 따라하기

❶ ▸명령 실행, (TILEMODE Enter↵)
- ▸0 Enter↵
- ▸명령 실행, (MSPACE Enter↵) (모형 공간 뷰포트)
- ▸명령 실행, (VPMAX) Enter↵ (뷰포트 최대화)
- ▸명령 실행, (SOLPROF Enter↵)
- ▸윤곽 이미지를 작성할 솔리드 객체를 선택
- ▸명령 진행 (Enter↵)
- ▸Y Enter↵ (윤곽선을 도면층에 분리)
- ▸Y Enter↵ (평면에 윤곽선 투영)
- ▸N Enter↵ (선 모서리 삭제)
- ▸명령 실행, (TILEMODE Enter↵)
- ▸1 Enter↵
- ▸명령 실행, (UCS Enter↵)
- ▸V Enter↵ (현재 뷰포트)

TIP

➡ SOLPROF 명령으로 생성되는 도면층

- ▸PH-**** : 숨은선의 이미지를 기록하는 도면층
- ▸PV-**** : 외형선의 이미지를 기록하는 도면층

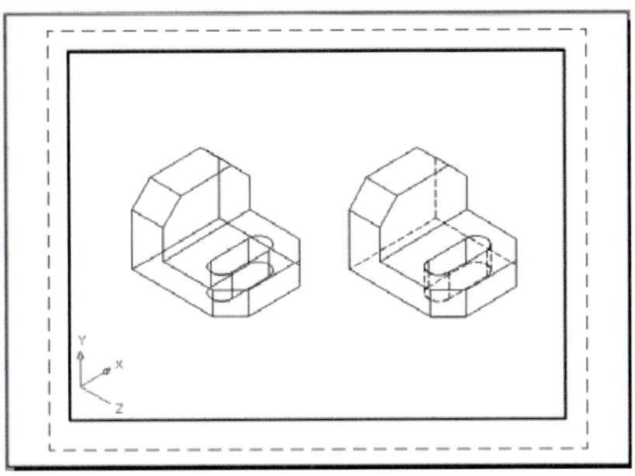

04

SECTION

예제 따라하기

1) 3차원 형상의 배치 및 조립도 만들기

각 부품을 한 도면파일에 불러와 아래 적절한 위치에 배치한다.

❶ ▸명령실행, (3DMOVE, COPY, ROTATE3D Enter↵)

❷ ▸명령실행, (3DALIGN Enter↵)
▸지지대 아래부분의 세 모서리 클릭
▸브라켓에 위의 점들에 대응하는 세 모서리 클릭

3. ▸명령실행, (3DALIGN Enter↵)
▸부시의 사분점과 중심점을 세점으로 클릭
▸지지대에 뒷면 구멍에 위의 점들에 대응하는 세 점 클릭

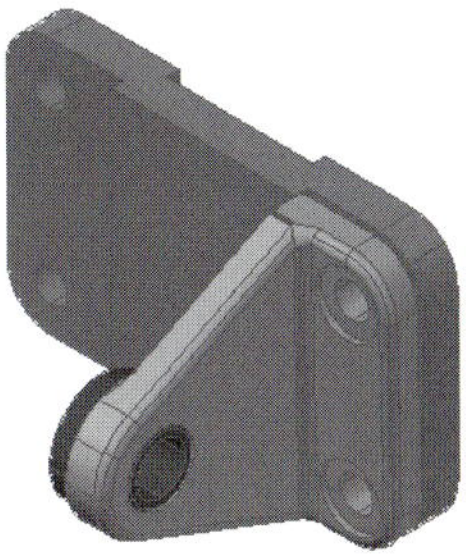

4. ▸명령실행, (3DALIGN Enter↵)
▸축의 사분점과 중심점을 세점으로 클릭
▸부시의 뒷면 구멍에 위의 점들에 대응하는 세 점 클릭

5. ▸명령실행, (3DALIGN Enter↵)
▸롤러의 사분점과 중심점을 세점으로 클릭
▸축의 한쪽 외경에 위의 점들에 대응하는 세 점 클릭

6. ▸명령실행, (3DALIGN Enter↵)
▸부시의 사분점과 중심점을 세 점으로클릭
▸축에 위의 점들에 대응하는 세 점을 클릭

❼ ▸명령실행, (3DALIGN Enter↵)
▸지지대 아래부분의 세 모서리 클릭
▸브라켓에 위의 점들에 대응하는 세 모서리 클릭

2) 3차원 형상의 절단면 만들기

❶ ▸명령실행,
(UCS, REC, EXT, SU Enter↵)
▸중심축으로 좌표계 이동
▸1/4에 해당하는 사각형 작성
▸풀리를 포함하도록 돌출
▸풀리에서 육면체 제거

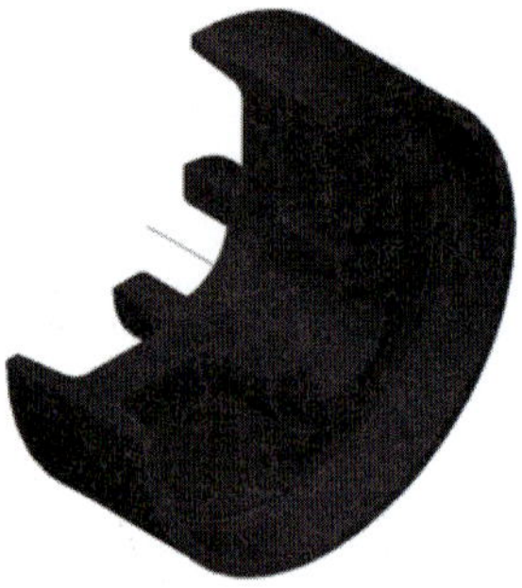

❷ ▸명령실행,
(UCS, REC, EXT, SU Enter↵)
▸중심축으로 좌표계 이동
▸1/4에 해당하는 사각형 작성
▸부시를 포함하도록 돌출
▸부시에서 육면체 제거

❸ ▸명령실행,
(UCS, REC, EXT, SU Enter↵)
▸중심축으로 좌표계 이동
▸1/4에 해당하는 사각형 작성
▸축을 포함하도록 돌출
▸축에서 육면체 제거

④ ▸ 명령실행,
(UCS, LINE, TRIM, REG, EXT, SU Enter↵)
▸ 가장 앞쪽 면으로 좌표계 이동
▸ 위 형상이 되도록 다각형 작성
▸ 브라켓을 포함하도록 돌출
▸ 브라켓에서 육면체 제거

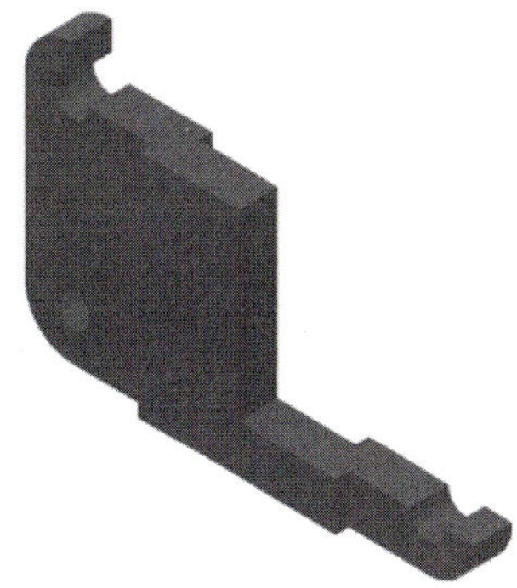

⑤ ▸ 명령실행,
(UCS, LINE, TRIM, REG, EXT, SU Enter↵)
▸ 가장 아랫쪽 면으로 좌표계 이동
▸ 위 형상이 되도록 다각형 작성
▸ 지지대를 포함하도록 돌출
▸ 지지대에서 육면체 제거

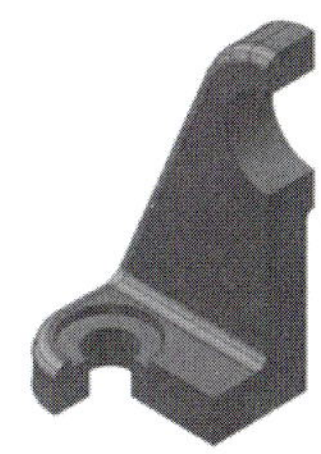

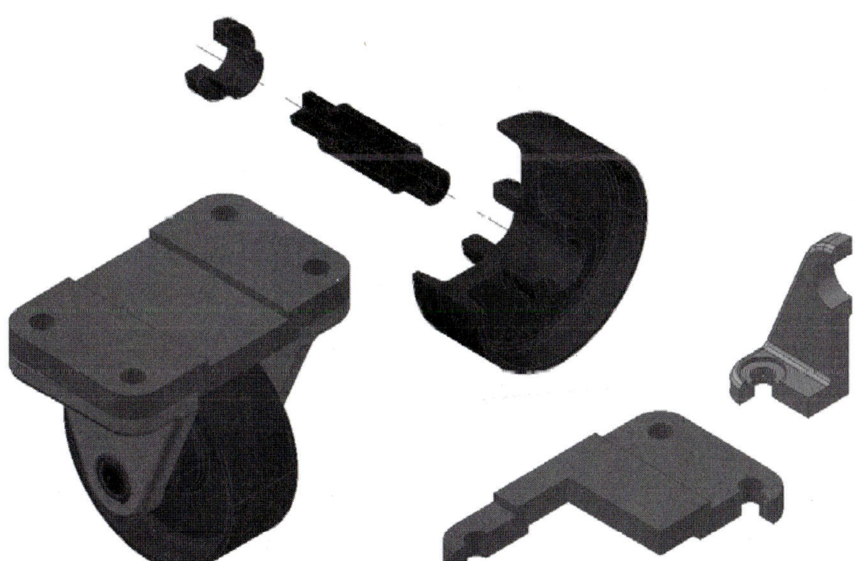

3) 3차원 형상의 2D 윤곽도 그리기

❶ ▸명령 실행, (TILEMODE Enter↵)

▸0 Enter↵

▸명령 실행, (MSPACE Enter↵)

▸명령 실행, (VPMAX) Enter↵

▸명령 실행, (SOLPROF Enter↵)

▸모든 솔리드 객체를 선택

▸명령 진행 (Enter↵)

▸Y Enter↵

▸Y Enter↵

▸N Enter↵

▸명령 실행, (TILEMODE Enter↵)

▸1 Enter↵

▸명령 실행, (UCS Enter↵)

▸V Enter↵

▸명령 실행, (Ctrl + C)

▸명령 실행, (NEW Enter↵)

▸Metric 선택

▸OK 클릭

▸명령 실행, (Ctrl + V)

※모든 객체를 같은 방법으로 완성

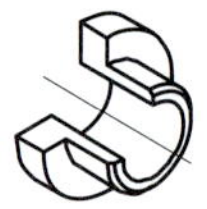

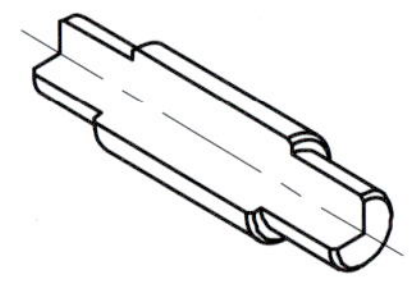

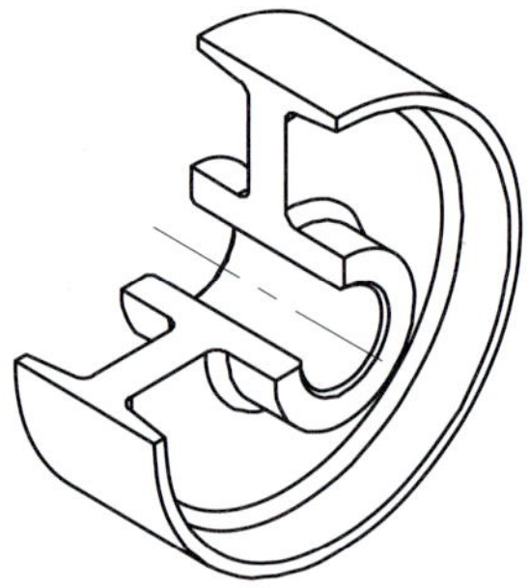

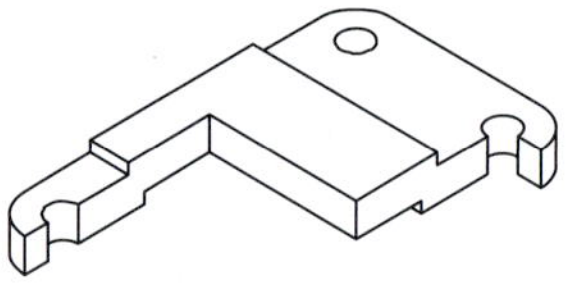

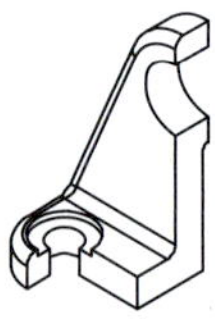

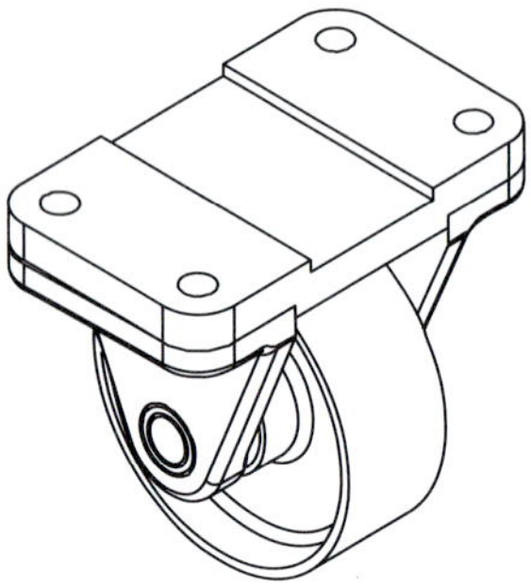

05 SECTION 연습 과제

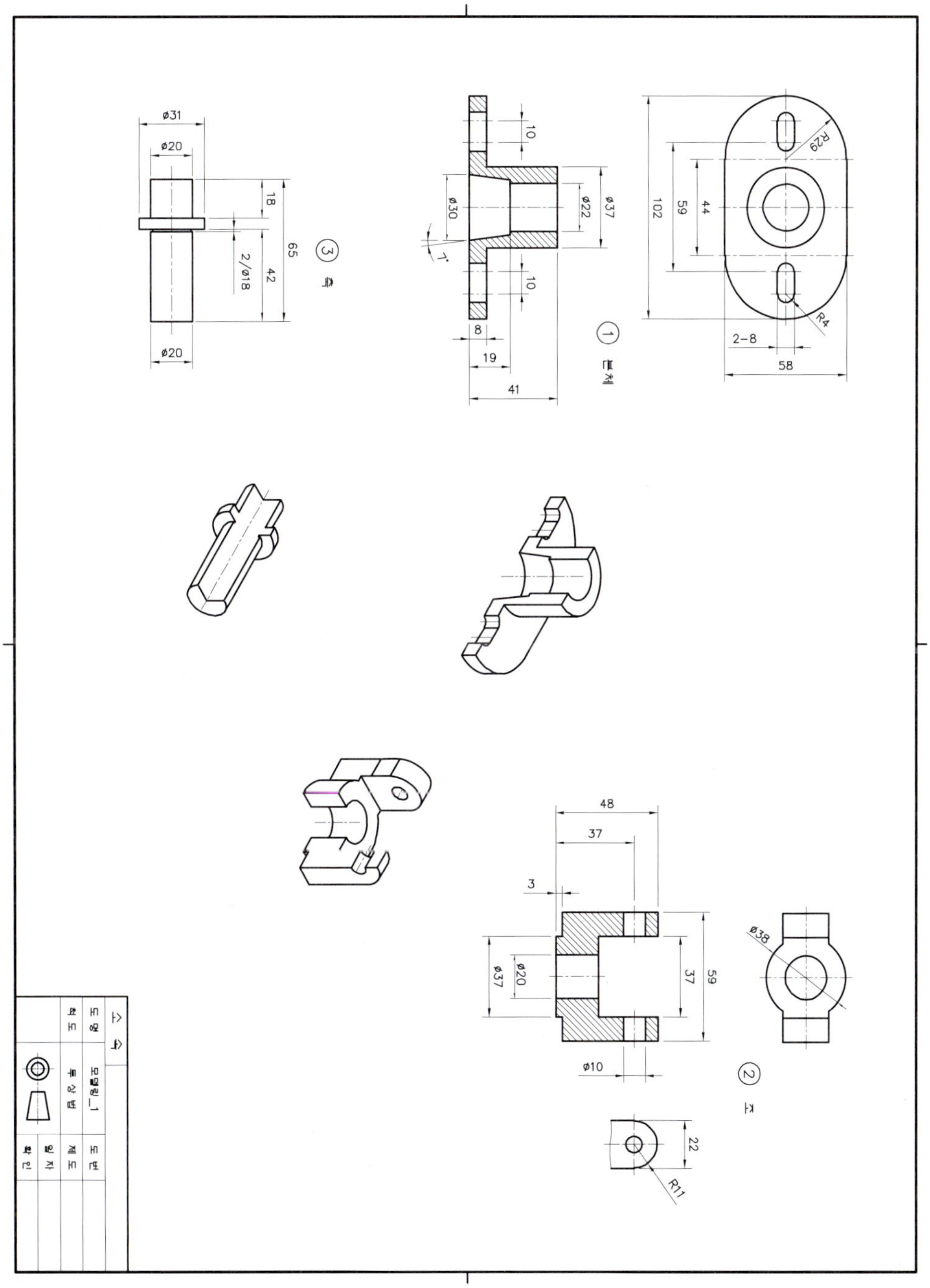

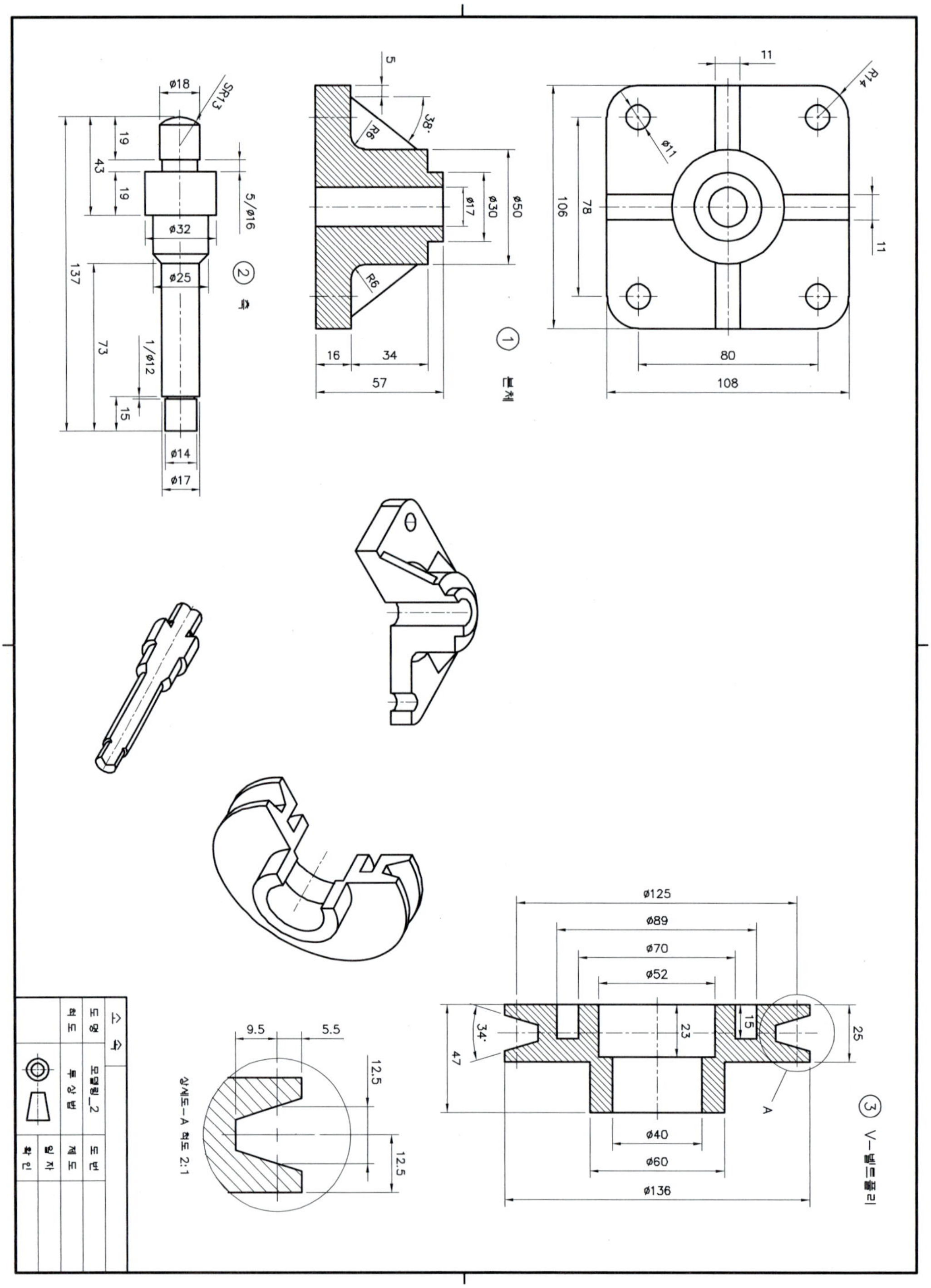
① 본체
② 축
③ V-벨트풀리
상세도-A 척도 2:1
소속
도명 모델링_2
척도
투상법
도번
제도
일자
확인

AutoCAD2013
전산기계제도 기초

1판 1쇄 2013년 3월 4일

저 자 황병복/고병갑/오 선/한규상/홍성일/김화정
발행인 송광헌
발행처 복두출판사
주 소 서울특별시 영등포구 문래동 1가 39
센터플러스 807호 (우) 150-091
전 화 (02) 2164-2580
FAX (02) 2164-2584
등 록 1993. 11. 22. 제 10-902 호

정가 : 16,000원
ISBN : 978-89-8000-822-3 93550

한국과학기술출판협회 회원사